GABRIEL VON SEIDL

Veronika Hofer (Hg.)

GABRIEL VON SEIDL
Architekt und Naturschützer

Mit Beiträgen von
Irmgard Bommersbach, Sigrid Epp, Reinhard Falter,
Gerti Fluhr-Meyer, Gabriele Schickel, Uli Walter

HUGENDUBEL

Die Deutsche Bibliothek - CIP-Einheitsaufnahme
Gabriel von Seidl : Architekt und Naturschützer /
Veronika Hofer (Hg.). Mit Beitr. von Irmgard Bommersbach … -
Kreuzlingen ; München : Hugendubel, 2002
ISBN 3-7205-2295-4

Lektorat: Claudia Göbel
Umschlaggestaltung: Zembsch'Werkstatt, München
Produktion: Maximiliane Seidl
Satz: Impressum, München
Druck und Bindung: Huber, Dießen
Printed in Germany

ISBN 3-7205-2295-4

Inhalt

Vorwort

Veronika Hofer

Gabriel von Seidl (1848–1913) war der prägende Münchner Architekt der Prinzregentenzeit. Was kann uns so ein Architekt heute noch sagen? Seine Bauten wirken auf den ersten Blick typisch für das 19. Jahrhundert: Sie wiederholen schon Dagewesenes, sind an Vergangenem orientiert. Dies stimmt aber nur auf den ersten Blick. Seidls Wohnhaus-Grundrisse sind ausgesprochen modern und funktional, sie entsprechen den Bedürfnissen der Bewohner, ja sogar denen der Kinder. Seidl war wohl einer der ersten Architekten, der in bürgerlichen Wohnhäusern Spielzimmer geplant hat, und das um 1900, als der Gedanke, dass Kinder mehr sind als Erwachsene, die noch wachsen müssen, gerade erst aufkam.

Auch in seiner Auffassung von Städtebau war Gabriel von Seidl durchaus modern: die Einbindung eines Neubaus in seine unmittelbare Umgebung war ihm ein großes Anliegen. Leider sind besonders schöne Beispiele für seine »Ambiente-Lösungen«, wie Seidl sie nannte, Kriegszerstörungen zum Opfer gefallen. Seidls Gestaltungsanspruch erstreckte sich auf alle Bereiche des Lebens. Zusammen mit Rudolf Seitz unterhielt er eine Firma für Inneneinrichtung. Er entwarf Möbel, Essbestecke, Biergläser, schmiedeeiserne Gitter und sogar Klaviere.

Seidl wollte mit seinen Bauten in erster Linie Gefühle ansprechen. Nach einer solchen Architektur sehnen sich die Menschen auch heute. Für ihn stand das Streben nach Schönheit und Harmonie im Vordergrund. Er wollte die heile Welt bauen, in der alles in Ordnung ist. Er bewegte sich nur in Kreisen, wo er zumindest den baulichen Rahmen für kleine heile Welten gestalten konnte.

Seidl engagierte sich deshalb nicht im sozialen Wohnungsbau, der im 19. Jahrhundert durch die zunehmende Industrialisierung eine Herausforderung für Architekten bedeutete. Die Arbeiterwohnungen interessierten ihn nur am Rande und auch nur in der Theorie. Die wenigen von ihm verwirklichten Wohnungen kamen nur für finanzkräftige bürgerliche Mieter in Betracht. Gabriel von Seidl stammte aus einem gutbürgerlichen Milieu, das ihm die Kontakte zur »guten Gesellschaft« leicht machte.

Seine ersten Bauaufgaben erhielt er aus der unmittelbaren Verwandtschaft, der Bierbrauer-Dynastie des Spatenbräus. Im Unterschied zu den typischen überschmückten Bierpalästen des Historismus schuf er klare, einfache Räume mit umlaufender Holzvertäfelung und frei stehenden Säulen: noch heute der Prototyp des bayerischen Wirtshauses. Von Seidl selbst wissen wir, dass er mit der Gestaltung seiner Wirtshäuser auch einen erzieherischen Anspruch in Geschmacksfragen erfüllen wollte. Es ist ihm gelungen: Wie kein anderer Architekt hat er das noch heute gültige Empfinden für »Gemütlichkeit« geprägt.

Aber Seidl begnügte sich nicht mit seiner Aufgabe als Architekt, seine Ambitionen in Bezug auf Harmonie und Schönheit gingen weit darüber hinaus: Er war nicht nur empfänglich für von Menschen geschaffene Schönheit, sondern hatte auch einen Blick für die Schönheit der Natur in der von ihm so geliebten oberbayerischen Heimat. Als er sah, dass die Isar ihren Charakter als Gebirgsfluss zu verlieren drohte, fühlte er sich zum Anwalt der wilden Isar berufen. Seidl war im Jahre 1902 Gründungsmitglied des »Isartalvereins«, dem es zu verdanken ist, dass die Isarufer zwischen München und Bad Tölz nicht mit hochherrschaftlichen Villen zugebaut sind. Seidl und seine Mitstreiter haben den öffentlichen Zugang zum Fluss vor allem durch Grundstückskäufe gesichert.

Seidl hat sich mit diesem Einsatz nicht nur Freunde gemacht, vielmehr hat er sogar gegen seine eigenen Interessen als Architekt gehandelt. Es ist ihm hoch anzurechnen, dass er auf die Planungsaufträge verzichtet hat, die mit Sicherheit an ihn herangetragen worden wären, wenn die so genannten Neureichen Zugriff auf die »Filet-Grundstücke« an der Isar gehabt hätten. Nach der Reichsgründung von 1871 waren nämlich viele Münchner Bürger zu großem Reichtum gekommen und stellten plötzlich eine neue, wichtige Schicht von Auftraggebern dar.

Es gab in der Prinzregentenzeit in München imposantere Figuren als Seidl. Er war der Prototyp eines Antihelden: klein, schmächtig, mit O-Beinen, wohl eher schüchtern und nicht sehr weltgewandt. Sein Wohnhaus bot keinen eleganten Rahmen für gesellschaftliche Ereignisse, sondern war als rein privater Rückzugsraum für Seidls Familie gedacht. Das alles müssen wir aber eher vermuten, als dass wir es wissen: Alle Unterlagen und Quellen sind im Zweiten Weltkrieg verbrannt. Eine Zusammenschau über Gabriel von Seidl und sein Werk ist nur über viele Umwege und das Zusammensetzen von unzähligen kleinen Mosaikstücken möglich geworden.

Das aufschlussreichste Dokument stammt von einem Mitarbeiter Seidls, Fritz Schumacher, der seine Lebenserinnerungen aufgeschrieben hat. Detailliert beschreibt er zum Beispiel, wie Seidl gearbeitet hat. Umgeben von hunderten von Zettelkästen und Schubläden, deren System sich nur ihm selbst erschlossen hat, nahm er bald hier, bald dort eine Zeichnung, ein Ornament heraus. Seidl überraschte seine Mitarbeiter mit schnellen und beeindruckenden Entwürfen. In seiner eher wortkargen Art gab er Anweisungen, war aber, wie Schumacher betont, ein warmer Mensch, bescheiden und vor allem - beharrlich! Zunächst wurde Gabriel von Seidl wohl von allen unterschätzt. Seine Beharrlichkeit war aber seine hervorstechendste Charaktereigenschaft. Wenn er sich etwas in den Kopf gesetzt hatte, dann hielt er daran fest, mit Geduld, Zähigkeit und Überzeugungskraft. Man denke nur daran, dass er den Tölzer Stadtvätern die Erlaubnis abgerungen hat, das Marienstift an der Isar komplett umzubauen, obwohl es mit immensem Aufwand in neugotische Formen gebracht worden war! Gabriel von Seidl baute übrigens nicht nur in München, Ober- und Niederbayern, sondern auch in Hessen, Rheinland-Pfalz, am Gardasee, in Straßburg, Bremen und Berlin.

Gabriel von Seidl war ein Wertkonservativer im klassischen Sinn, der ein gutes Gespür dafür hatte, welch zerstörerische Eingriffe der »Fortschritt« mit sich brachte. Der Mensch stand für ihn immer im Mittelpunkt, das zeigen seine Planungen als Architekt. Aber der Mensch durfte nie so sehr im Mittelpunkt stehen, dass die Natur darunter gelitten hätte. Ein Denkansatz, der heute moderner ist denn je.

Eine Künstlerbiographie in der Prinzregentenzeit

Sigrid Epp

Mehrere Porträts von der Hand des berühmten Malers Franz von Lenbach vermitteln einen Eindruck von der äußeren Erscheinung Seidls. Mit demselben ernsthaften und beobachtenden, wenn nicht gar misstrauisch zu nennenden Blick, dem charakteristischen Bürstenhaarschnitt und dem buschigen Kaiser-Wilhelm-II.-Schnauzbart, wie ihn seinerzeit ein großer Teil der Männer trug, gibt ihn auch eine Zeichnung des jungen Malers Franz Stuck wieder. Die Mitglieder der Künstlervereinigung »Allotria« hatten in ihrem Lokal sein Bild vor Augen, auf dem die in den Rock geschobene Hand ohne Zweifel auf die legendäre Geste Napoleons verweist und sicher nicht ohne Absicht gewählt ist. Abgesehen von seiner kleinen Statur dürfte Seidl auch durch seinen mitreißenden Überzeugungs- und Eroberungswillen (in künstlerischer Hinsicht!) an den Franzosenkaiser erinnert haben. Die Allotrianer haben zu Seidls 50. Geburtstag 1898 eine anschauliche Personenbeschreibung in ihrer Kneipzeitung hinterlassen:

Der Stich des jungen Franz Stuck zeigt den etwa dreißigjährigen Gabriel Seidl in der Zeit seiner ersten Erfolge als Architekt selbstbewusst und durchaus kämpferisch.

»Fremd sind Salb'n ihm und Odeure,
Parfümeure und Friseure,
Steh-Cravattl, Gigerlhosen,
Frack mit Chrysanthemen-Rosen,
Lange Nägel, Lackstiefletten,
Schnurrbartbinden, Bartwachsfett'n,
Denn sein Schnauzl, stark und klein,

Steht ihm ohne Wichs allein […]
Seine Beine kurz verschlungen,
Oberkörper stark gedrungen,
Kurz sein ganzer Körperbau,
Lustig, seidlisch, ganz genau.
Stark und massig wie ein Quader,
Künstlerblut in jeder Ader.«

Links: Gabriel von Seidl, ca. 1890. Rechts: Diese Karikatur von unbekannter Hand hatten die Allotrianer in ihrem Vereinslokal vor Augen. Der aufgerollte Plan, Maßstab, Zirkel und Richtmaß, das Postament und das Säulenfragment sind die Attribute der »Architectura«. Die »biegsame« Palme könnte durchaus eine Anspielung auf Seidls besondere Anpassungsfähigkeit sein.

Seidls »Praktikant auf Zeit« Fritz Schumacher beschrieb nicht nur sein Äußeres, sondern fügte eine menschliche Charakterisierung Seidls hinzu: »Wenn man ihn noch nicht kannte, sah man im ersten Augenblick nur eine kleine, verkrümmte Gestalt mit einem übergroßen hässlichen Kopfe; aber bald wurde man zweifelhaft darüber, ob diese Hässlichkeit nicht eigentlich eine Schönheit war […] wenn man mit ihm zu tun hatte, war der erste Eindruck lokal gefärbt, als erstes dachte man: ›Münchener Künstler‹, bald aber dachte man ›Künstler‹ schlechthin […] wenn er etwas durchsetzen wollte, mochte es sich um Winziges oder Großes handeln, hörte man zuerst die tiefe Liebe zu dem Ziel, das er zu erreichen trachtete, dann erst hörte man die Autorität […] und man glaubte ihm seine Liebe. Er konnte sich entzücken, dass es unmöglich war, nicht angesteckt zu werden.

Franz Stuck, selbst ermattet in der Kutsche liegend, charakterisierte seine Künstlerfreunde Gabriel von Seidl, Rudolf Seitz und Otto Hupp während einer gemeinsamen Studienreise nach Rom.

Manch einen hohen Herrn habe ich zuerst überlegen lächeln gesehen, wenn der naive Tonfall dieses Entzückens erklang, und in einigen Wochen hörte ich ihn bei gleichem Anlaß die gleichen Ausdrücke selber gebrauchen. Als Mensch blieb Seidl in seinen Sitten und Gewohnheiten bis zuletzt jenem bürgerlich-münchnerischen Charakter unverrückbar treu […] wohl hat er das Idyllisch-Bürgerliche mit unfehlbarer Treffsicherheit immer weiter gepflegt, aber daneben entfaltete er zugleich eine patrizierhafte Note, die ihn den Stil finden ließ für die repräsentativen Bedürfnisse der ›großen Herrn‹ […] Er wusste, dass er […] scheinbar kindliche[n] Zeichnungen für den Beschauer beleben konnte, denn was er wollte, steckte auch im unscheinbaren Kleide bereits in ihnen drin, und er hatte die Kraft, es anderen durch die Lebhaftigkeit seiner Persönlichkeit zum Vorschein kommen zu lassen.« Zwei Karikaturen bestätigen

diese Charakterisierung: Von Franz Stuck stammt die Schilderung einer Münchner Künstlergruppe auf einer Studienreise in Rom, wo Stuck und der »dicke Seitz« so schwer mit der römischen Hitze zu kämpfen hatten, dass sie den Monumenten keine Aufmerksamkeit widmen konnten und der Maler Otto Hupp bohèmehaftes Desinteresse zur Schau trug, während der deutlich o-beinige, schmächtig wirkende Seidl eifrig die Ziegelformation der römischen Stadtmauer zeichnete. Adolf Hengeler gab den stoisch vor sich hin paffenden Numismatiker Professor Hans Riggauer und den ungestört tafelnden Lenbach wieder, denen Seidl mit beredten Gesten etwas begreiflich zu machen

Die so genannten »Allotria«-Stühle weisen darauf hin, dass Adolf Hengeler mit dieser Karikatur eine Szene wiedergibt, wie sie sich vermutlich häufig in der Allotria abgespielt hat: Der engagierte Gabriel von Seidl ereifert sich über ein Thema, das ihm am Herzen liegt, und unterstreicht sein Plädoyer mit wilder Gestik, während seine Zuhörer, der Maler von Lenbach und der Numismatiker Riggauer, scheinbar unbeeindruckt bleiben.

versucht, Notizblatt und Stift neben seiner frugalen Brotzeit. Auch sein Freund, der Tölzer Bezirksamtmann August Fischer, schildert Seidls Eigenart, »Projekte und Pläne für Haus- und Ortsverschönerungen, die er sorglos plaudernd baute, und wobei er seine Worte immer mit dem erläuternden Stift begleitete, mit dem er in Ermangelung von Papier wohl auch zuweilen, nicht zur Freude der Hausfrau, auf das blanke Tischtuch« zu zeichnen.

ELTERNHAUS, AUSBILDUNG UND BERUFLICHE ANFÄNGE

Gabriel von Seidl stammt aus einem gutbürgerlichen Münchner Elternhaus: am 9. Dezember 1848 kam er als zweiter Sohn des Bäckermeisters Anton Seidl und der Therese Sedlmayr zur Welt. Die Brüder der Mutter waren Josef (1808-1875) und Gabriel Sedlmayr (1811-1891), die Besitzer der Franziskaner-Leist-Brauerei an der Hochstraße und des Spatenbräu an der Marsstraße. Beide sollten wichtige Auftraggeber Gabriels werden. Wie Gabriel von Seidl später selbst immer wieder betonte, ist seine Charakter- und Geschmacksbildung nachhaltig durch den Vater geformt worden, der schon früh die Schönheit und auch den Wert der damals noch gering geschätzten Überbleibsel deutschen Kunstgewerbes aus vergangenen Jahrhunderten schätzte und sammelte: »Nach und nach füllten sich all unsere Stuben mit altdeutschen Möbeln und Geräten, und wir Kinder, besonders aber ich, waren für die schönen Sachen Feuer und Flamme.« Die freundschaftlichen Kontakte, die der Vater mit bekannten Münchner Künstlern pflegte, wurden von der jüngeren Generation fortgesetzt: die Seidl-Söhne waren mit dem Maler Fritz August von Kaulbach, den Söhnen des Erzgießers Ferdinand von Miller und dem Kunstgewerbler Rudolf Seitz befreundet.

Ein wichtiger Treffpunkt für die Großfamilie Seidl-Sedlmayr und ihren großen Bekanntenkreis war der zwischen Karlstraße und Marsstraße gelegene »Seidl-Garten«.[1] Das Gartengrundstück lag an der Stelle des späteren Seidlschen Anwesens an der Marsstraße, das jedoch 1945 zusammen mit dem Familienarchiv verbrannt ist, an dessen Existenz aber die heutige Seidlstraße erinnert. Der Besitz stellte praktisch einen Schrebergarten dar, in dem Kastanien-, Nuß- und Apfelbäume standen und sogar Aprikosen, Trauben, Gemüse und grüner Spargel angebaut wurden. Die Seidl-Kinder mussten, wie sich Seidl noch im Alter erinnerte, im Sommer nach Schulschluss beim Gartengießen helfen. Auf einer Wiese baute der Vater nach eigenem Plan als Erstes ein Gartenhaus, das zunächst nur aus einem großen Zimmer bestand und später erweitert wurde. Außerdem diente das Grundstück der Familie als Naherholungsort, wie Gabriel von Seidl sich, analog zu Ciceros Beschreibung seiner Villa in der Nähe des heutigen Frascati, erinnerte: »Der Garten war also unser harmlos bescheidenes unermesslich glückliches Tusculum.« Die Freunde des Vaters klagten zwar darüber, dass das neue Feriendomizil der Seidls »gar zu weit von der Stadt entfernt« läge, aber sie kamen sonntags trotzdem zum Familientreffen. »Vom Haushalt in der Theatinerstraße war alles ins Gartenhaus gebracht worden, was entbehrlich, lädiert, altmodisch oder sonst nicht direkt zu gebrauchen war.« Reichte das Vorhandene nicht, so besorgte man es sich ganz einfach vom nahe gelegenen Wirtshaus. Als die Kinder größer wurden, veränderten sich nur die Anlässe für die Feiern im Gartenhäuschen, das jedes Mal mit der passenden Festdekoration umgestaltet wurde. Sowohl Faschingsbälle als auch

Familienfeiern fanden hier statt. Maskenbälle mit aufwändiger Ausstattung involvierten Freunde und Verwandte gleichermaßen: 1870 wurde ein »Hofball« gegeben, 1872 ein »Elfenreigen«. 1875 war der Kreis der Teilnehmer bereits so groß geworden, dass man das Fest mit dem Thema einer »Einquartierung in einem Städtchen zur Empire-Zeit«, in dem der Onkel Josef den Part des Bürgermeisters spielte, in die oberen Räume des damaligen Arzbergerkellers verlegen musste. An der Dekoration war maßgeblich Fritz Miller beteiligt, mit dem Seidl durch die Eheschließung seiner Cousine Rosine Sedlmayr auch verwandt war. 1876 wurde »Eine Poststation auf der alten Brennerstraße«, für das ein eigenes Ritterschauspiel komponiert worden war, im noch größeren Franziskanerkeller veranstaltet. Unter den Mitwirkenden waren zum Beispiel der königliche Ministerialrat von Ziegler und die Oberhummers, die in späteren Jahren auch Auftraggeber Gabriel von Seidls werden sollten.

Der Vater verbrachte nach einem Unfall im März 1868 die Rekonvaleszenz in einem Rollstuhl in diesem Garten, verstarb aber schon ein Jahr später. Nach der Übergabe des Gartens an die drei Brüder im Jahre 1879 errichtete Gabriel auf dem an der Marsstraße gelegenen Teil sein nachweislich erstes Bauwerk: sein eigenes Haus. Hier, in

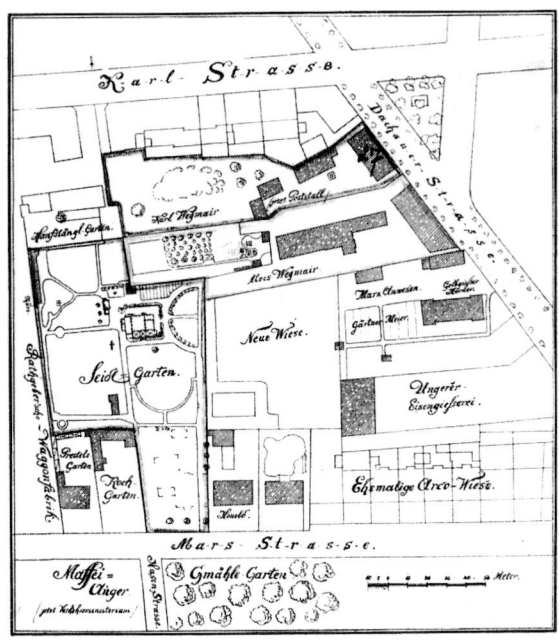

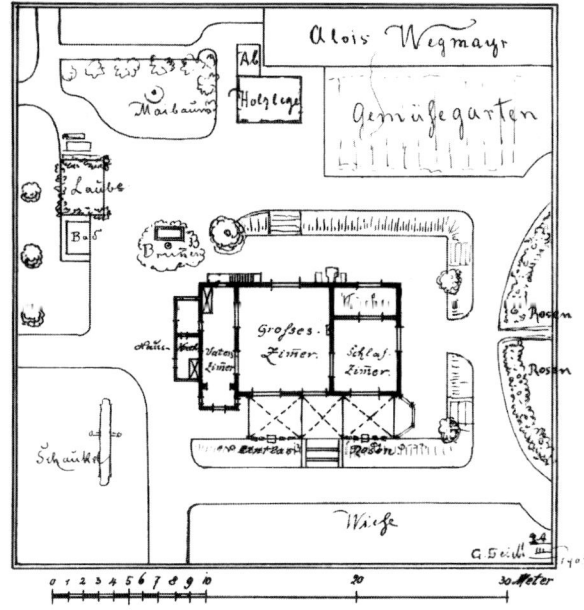

Oben: Der Lageplan des Seidl-Gartens zeigt die Zone um den heutigen Rundfunkplatz. Mit dem Ausbau der ehemaligen Hasenstraße über die Karlstraße bis hin zum Stiglmaierplatz wurde das Seidlsche Anwesen geteilt. So entstand die Seidlstraße.
Unten: Eine Lageskizze von der Hand Gabriel von Seidls zeigt das »Spielparadies« der Seidl-Kinder. Darin gab es neben dem Gartenhäuschen mit Veranda Blumenbeete und einen Gemüsegarten, einen Brunnen, eine Laube, die Holzlege und den Abort, jede Menge Bäume und Sträucher und sogar einen eigenen Maibaum.

der Nr. 28, sollten die verwitwete Mutter, die ledigen Geschwister und später auch die Familie des Bruders wohnen. Ein Teil der Wohnungen wurde auch vermietet. 1890 gründete Seidl mit der Ingolstädter Förstertochter Franziska Neunzert selbst eine Familie. An der Marsstraße wurden 1889 auch die »Seidl'schen Bäckersrelicten« des älteren Bruders Anton errichtet, ein Großbetrieb für Brot, Waffeln und Kekse, der laut Fritz Schumacher »die Quelle des Wohlstandes der Familie bildete«.

Anton Seidl gab 1867 den Anstoß zum Bau einer Kegelbahn an der östlichen Grenzmauer zum Grundstück der Waggonfabrik Rathgeber. Ihre Innenausstattung besorgten der Vater und der frischgebackene Ingenieurstudent Gabriel. Offensichtlich war das Kegelhaus um einen alten Eichenbaum herum gebaut worden, der, nachdem er abgestorben war, »alljährlich mit frischen Zweigen benagelt wurde«. Weitere Kegelbahnen hatte es bis dahin nur im Spatengarten und bei Alois Roeckl in der Schwanthalerstraße gegeben, deren Kunden nun auf der Seidlschen Bahn zu finden waren. Kegelabend war zunächst am Samstag. Nach dem Einbau eines Ofens konnte Anton die Bewirtung, die bis dahin aus kaltem Aufschnitt bestanden hatte, um gesottenes Kraut und später um »mit Wacholder eingeriebenen Schweinebraten nebst Erbsenbrei« erweitern. Seit 1877 gab es außerdem eine »Mittwochskegelbahn«, zu der sich regelmäßig bekannte Münchner Künstler zusammenfanden. Ein Bild von F. A. Kaulbach von 1880 gibt diesen gesellschaftlichen Treffpunkt wieder. Durch den Malerfürsten Lenbach stießen außerdem »die interessantesten Männer«² als Gäste dazu. Das Ansehen des Gastgebers Anton Seidl war so groß, dass die Künstler ihm zu seiner Hochzeit eine silberne, gravierte Kegelkugel mit einer Figur der Fortuna schenkten.

Anton Seidl, der schon 1898 verstorbene ältere Bruder Gabriels, galt bei vielen als der künstlerisch begabteste der Seidl-Brüder, obwohl er den Beruf des Vaters ergriffen hatte. Er war 1876 »Hofbäcker« geworden. Der Kunstkritiker Friedrich Pecht spricht 1888 sogar von den »Münchener Bauten des Anton Seidl«! Anton Seidl war 1872, noch vor Gabriel, außerordentliches Mitglied des Kunstgewerbevereins geworden. Er ist sogar in das Gefolge der an der Einweihung des neuen Kunstgewerbehauses maßgeblich beteiligten Künstler aufgenommen worden, wie auf der 1878 entstandenen Karikatur von Ferdinand Barth zu sehen ist. Es scheint, als habe der künstlerisch interessierte, vielleicht auch dilettierende Anton den entscheidenden Anstoß für die ersten künstlerischen Gehversuche der jüngeren Brüder gegeben, wie sich die Enkelin Antons, Sibylle Seidl-Obermayer, erinnerte: »Um ihm zu einem Start zu verhelfen, verfiel mein Großvater auf diese Idee: Es fand gerade zu dieser Zeit eine große Ausstellung in München statt und im Komité dieser Veranstaltung war mein Großvater. Er zeichnete nun die Pläne für ein Jagdzimmer, ließ sie in verkleinertem Maßstab ausführen und befestigte ein Schild mit dem Namen seines Bruders Gabriel daran. Dieser war höchst erstaunt, da er von all dem keine Ahnung hatte, aber daraufhin immer mehr Aufträge bei ihm eingingen. So wuchs er immer mehr in seine Aufgabe hinein […].« Damit ist der große Publikumsschlager des »Wohnzimmers im altdeutschen Stil« auf der Kunst- und Kunstgewerbeausstellung von 1876 gemeint, das Gabriel von Seidl mit einem Schlag bekannt machen sollte. Bei seinem jüngsten Bruder Emanuel scheint Anton Seidl ebenfalls »Schicksal« gespielt zu haben: »Auch er wurde zum Architekten ausgebildet, übte diesen Beruf aber zunächst nicht aus. Als er durch unglückliche Umstände sein

Den Bau der Kegelbahn im Seidl-Garten bewerkstelligten Anton und Gabriel von Seidl zusammen mit ihrem Vater weitgehend allein. Sie entwickelte sich zu einem gesellschaftlichen Treffpunkt für die Münchner Künstlerschaft. Im Hintergrund sind die Fabrikhallen der Rathgeberschen Waggonfabrik zu sehen.

Vermögen verloren hatte, veranlasste ihn mein Großvater, die Pläne für eine große Ausstellung zu machen. Er stellte ihm sein großes Gartenhaus im Seidlgarten zur Verfügung, sperrte ihn dort ein und zwang ihn so - gestärkt mit schwarzem Kaffee und natürlich reichlichem Essen -, die Zeichnungen in Rekordzeit auszuarbeiten. Die Pläne wurden angenommen, sein Name genannt und auch er wurde ein vielgesuchter Architekt […].« Die Rede ist von den Ausstellungsbauten am Isarkai für die Internationale Kunstausstellung 1888, die Emanuel Seidl als Architekt bekannt machten.

Von 1882 bis zum Antritt seiner Regentschaft im Jahre 1886 wurde die Seidlsche Kegelbahn jeden Montag samt Hausmeister dem Prinzen Luit-

Ferdinand Barth hat die Einweihung des Kunstgewerbehauses in der Pacellistraße 1878 festgehalten: Im Festzug marschieren das »Triumvirat« Seidl, Seitz und Gedon, Präsident Ferdinand von Miller, der das junge Münchner Kunstgewerbe an der Hand führt, und der hagere Anton Seidl im Zylinder mit einer Bäckerstandarte.

pold zur Verfügung gestellt. Später trat sein Sohn Prinz Ludwig, der spätere Ludwig III., an seine Stelle. »Von unserer Familie war nie jemand auf der Montagskegelbahn, aber es war uns eine Ehre, dass die Mutter das Häuschen so hohen Gästen zur Verfügung stellen konnte.« Seidls Bericht bestätigt den Mythos der ungezwungenen gesellschaftlichen Vermischung in Münchens Atmosphäre, wie sie der Architekt Fritz Schumacher staunend beschreibt: »denn hier pflegte die künstlerische Elite Münchens als Gast des Bäckermeisters zu kegeln, und niemals fehlten die königlichen Prinzen dabei«. Kronprinz Rupprecht von Bayern war zumindest bis zu seiner Heirat und seiner Übersiedelung nach Bamberg 1900 des Öfteren Gast auf der Künstlerkegelbahn am Mittwoch.

Schumacher bezeichnete diese legendäre Kegelbahn einmal als »in gewisser Hinsicht die wichtigste seiner [Seidls] Bauten«, weil hier bei ungezwungenem Zusammensein sicher wichtige gesellschaftliche Kontakte geknüpft und gepflegt wurden. Diese Institution blieb bei der notwendig gewordenen Verlängerung der Hasenstraße bis zum Stiglmaierplatz 1901 erhalten und wurde von Gabriel von Seidls Sohn Ludwig weitergeführt. Allerdings fiel ihr ein guter Teil des Seidl-Gartens und ein Teil des alten Gartenhäuschens zum Opfer. Fritz Schumacher hatte es während seiner »Lehrzeit« im Büro Seidls, also in den frühen 1890er Jahren, noch kennen gelernt: »ein behagliches kleines Bürohaus, das da im Garten der Marsstraße unter Bäumen lag und gar nicht wie eine gewöhnliche Arbeitsstätte aussah«, »ein

Die Keimzelle für Familienfeiern und gemütliches Beisammensein im Freundeskreis bildete das Gartenhaus im Seidl-Garten.

kleines Atelierhäusl unter alten Bäumen, natürlich mit einem Erker, vor dem der Zeichentisch des Meisters steht, obwohl Seidl ein großes, hohes Atelier mit einem reizenden Bibliothek-Alkoven besitzt. Er kann sich aber nicht dazu entschließen, das schmucklose winzige Studio zu verlassen, in welchem er zwischen Mappenschränken und Tischen kaum Platz hat, sich zu bewegen und Gäste zu empfangen«.

Gabriel von Seidl hat nie einen Hehl daraus gemacht, dass er ein eher mittelmäßiger und wenig ernster Schüler und später auch Student gewesen ist. Er war Mitglied der schlagenden Studentenverbindung »Germania«, deren Corpshaus in der Kanalstraße er 1906 neu gestalten sollte. Nach dem nur kurzzeitig erwogenen Plan, Maler zu werden, absolvierte er nach dem Willen des Vaters eine Schlosserlehre in der Maffeischen Maschinenfabrik und besuchte dann das eben eröffnete, zur Technischen Universität umgewandelte Polytechnikum, um Ingenieur zu werden. Nach der Rückkehr aus dem Krieg von 1870/71 wechselte er jedoch zum Fach der Architektur. Er studierte vornehmlich bei Gottfried Neureuther und schloß das Studium 1874 ab. Für die Bauleitungen, die dem jungen Architekten angeblich nach dem Abschluss seines Studiums anvertraut wurden, fehlen Belege. Vielleicht beaufsichtigte er 1874/75 in der Theatinerstraße 33 den Umbau und die Erneuerung der Verkaufsräume der Bäckerei seines Bruders Anton? Oder er wurde nach Beendigung des Krieges unter Baumeister Steinmetz am Bau der neuen Handschuhfabrik seines Schwagers Christian Roeckl in der Isartalstraße 4 engagiert. Noch wahrscheinlicher ist jedoch, dass er das neue Haus seines Onkels und Paten Gabriel Sedlmayr vollendete, der nach der Übergabe des Betriebs an seine Söhne Karl (1847-1915), Johann (1846-1900) und Anton (1849-1920) 1874

seinen Wohnsitz von der Hochstraße in die Marsstraße 17/18 verlegt hatte. Die Anlagen für die Produktion des Spatenbräu-Biers, die sich bereits seit 1852 hier befanden, wurden seither fortwährend erweitert, und es ist gut möglich, dass Gabriel Seidl seine ersten praktischen Erfahrungen auf dieser Baustelle machte. In die frühesten Schaffensjahre fällt außerdem der Bau einer nicht näher bestimmbaren »Conservenfabrik« in Sendling.

Münchner Verflechtungen

Gabriel von Seidl hat weder durch eine blendende Erscheinung noch durch gewandtes Auftreten auf dem gesellschaftlichen Parkett gewirkt. Aber die Zugehörigkeit zum alteingesessenen Münchner Bürgertum und seine verwandtschaftlichen Verbindungen zum Großbürgertum sicherte ihm eine gute Startposition. Sie vermittelte ihm Bildung und Ausbildung und bot ihm Gelegenheit, sich zu bewähren. Sein Onkel Gabriel Sedlmayr wurde schließlich mit dem Bau des Gasthauses »Deutsches Haus« einer seiner ersten Auftraggeber. Beide Onkel und Seidls Cousin Gabriel Sedlmayr (1850-1931), der Nachfolger in der Franziskaner-Leist-Brauerei, gaben ihm auch in späteren Jahren die Errichtung neuer »Bierpaläste« in Auftrag und leisteten damit nicht nur ihrem eigenen Produkt, dem neuen Exportartikel Bier, sondern auch der Verbreitung des »Seidlschen Bierbarocks« Vorschub. Schließlich soll Gabriel von Seidl für seine Cousins auch 1889-92 die fast schlossartig wirkenden Erweiterungsbauten um das Zentralkesselhaus und die Mälzerei an der heutigen Zirkus-Krone-Straße gebaut haben.

Die Verflechtungen innerhalb der Münchner Gesellschaft, in denen immer wieder dieselben

Persönlichkeiten erscheinen, hat Fritz Schumacher anschaulich in seiner Autobiographie geschildert. Der Student aus Norddeutschland bekam die Chance, während der Wettbewerbsphase zum Bau des Bayerischen Nationalmuseums ein zweiwöchiges Praktikum im Studio Seidls zu absolvieren. Offenbar konnte er, trotz des geringen Verdienstes, sein Glück kaum fassen, »[da] Seidl mit drei oder vier Menschen in seinem Atelier auskam, manch einer außer mir das gleiche Ideal verfolgte und eigentlich ein Norddeutscher in die ausgesprochen süddeutsche Atmosphäre dieses Mannes gar nicht hinpasste«. Als sich Schumacher am Ende seines Studiums und seiner finanziellen Möglichkeiten ohne Aussichten auf eine Beschäftigung sah, fuhr er nach Bozen zum Schloss Karneid, dem Besitz von Professor Fritz und Reichsrat Ferdinand von Miller. Dort traf er außerdem Seidls Freund, Rudolf Seitz, den kunstsinnigen Grafen Moy, einen der Auftraggeber Seidls, und den Kunstsammler Alexander Günther, der dem jungen Schumacher bei dieser Gelegenheit den Auftrag zum Umbau seiner in der Nähe gelegenen mittelalterlichen Burg Pröfels erteilte.

Die Zugehörigkeit zur Künstlervereinigung Allotria war entscheidend für Seidls Werdegang. Die Allotria war eine »Vereinigung von Männern, die sich verbinden, um miteinander fröhlich zu sein, um miteinander gemeinsamen Idealen nachzustreben«,[3] gegründet 1873 infolge eines Streits junger Künstler mit der Münchner Künstlergenossenschaft und ihrem Präsidenten Konrad Hoff über die Art, wie Kunstwerke auf der Wiener Weltausstellung zu präsentieren seien. Wichtige (außerordentliche) Allotrianer waren neben den Künstlern Mitglieder der angesehenen Münchner Gesellschaft, unter ihnen auch Seidls Angehörige. In den folgenden Jahrzehnten sollte sich die

Allotria zum Sammelpunkt eher konservativer und rückwärts gewandter Künstler entwickeln, die den Verein, vor allem unter dem von 1879 bis zu seinem Tod 1904 »gewalttätigen und gewaltig tätigen«[4] Präsidenten Lenbach, zu einer Plattform entwickeln, auf der lukrative Aufträge verteilt wurden.

Drei Künstler aus dem Allotrianerkreis sollten Seidls künstlerischen Werdegang nachhaltig beeinflussen: der Historienmaler Rudolf Seitz, der Kunstgewerbler und Bildhauer Lorenz Gedon und der Maler Franz von Lenbach.

Die mächtige Figur Franz von Lenbachs (1836 bis 1904) bildete in jeder Hinsicht einen krassen Gegensatz zu Gabriel von Seidl. Nichtsdestotrotz waren die beiden Männer eng befreundet und viele der von Lenbach Porträtierten wurden spätere Auftraggeber Seidls, den Lenbach vertraulich ›mein Seidl‹ zu nennen pflegte. Dem Einsatz und Einfluss Lenbachs ist letztlich auch die Entstehung des Bayerischen Nationalmuseums zu verdanken, dessen Bau Seidls Karriere als Münchner Architekt endgültig zum Durchbruch verholfen hat. Über die Art der Zusammenarbeit an den Bauten der Villa Lenbachs, des Künstlerhauses und des Rathauses in Lenbachs Geburtsort Schrobenhausen sind wir hinreichend unterrichtet. Die prächtige, ja pompöse Innenausstattung der Lenbach-Villa unterscheidet sich nachhaltig vom Seidl-Stil und geht wohl ausschließlich auf Lenbachs Absicht der Selbstinszenierung und seiner Auffassung von der »Hofhaltung« eines Malerfürsten zurück. Auch beim Bau des Künstlerhauses, das doch zu den Hauptwerken Seidls zählt, wurde die tatsächliche Machtverteilung innerhalb der Künstlerschaft offenbar. Seidl hatte ursprünglich die Absicht gehabt, aus dem großen Saal ein gemütliches Lokal zu machen, aber Lenbach plante einen repräsentativen Rahmen - und setzte sich durch. Nach dem Zeugnis von Gedons Schwiegersohn Franz Naager, der als Maler an der aufwändigen Innenausstattung des Künstlerhauses beteiligt war, war Lenbachs Wille hier maßgebend: »Bei der Besprechung des Planes erschien auch Lenbach. Zuerst kamen bellend der schwarze und der weiße Spitz herein und kündeten von der Ankunft des Malerfürsten. ›Grüß di Gott, Gabi, des muß der schönste Saal von der ganzen Welt wer'n.‹ – ›Ja mei', wir hab'n ja kein Geld!‹ – ›Des wer'n mer glei' hab'n. Der Plafond muß schwarz und gold und rot sein, a ganz's Firmament muß nauf, man muß an Zauberei glaub'n.‹ Seidl wurde um eine Nuance kleiner. ›Dann an die Wänd' g'hörn große Gobelins, wenn ma keine echt'n hab'n, kopiern ma die von Cluny in Paris, das sind die schönsten auf der Welt, die kopiert der Herr v. Mann wunderbar. Ringsum g'hört Marmor und wenn ma kein hab'n, nehma mir Gips und vergoldnen. Das macht der Ruhdorfer. Und Tizians und Velasquezs g'hörn rein, die laß ma halt kopiern. Überhaupt viel Gold – Gold ist Gold, Farb is Dreck.‹ Nach diesen lapidaren Aussprüchen wurde Seidl noch kleiner und als Lenbach hinausgerauscht war, sagte er: ›Ja, ja, recht hat er schon, und wenn er's will, müß ma's halt machen. Er is ja der Hausherr.‹«

Seidl und Lenbach arbeiteten auch bei anderer Gelegenheit zusammen: Ein wichtiger Beitrag zur Prestigepflege für das Deutsche Kaiserreich, der fest in der Hand der Allotria-Mitglieder war, war Seidls Gestaltung des Repräsentationssaales für die Weltausstellung in Chicago 1893. Der prachtvolle Raum sollte die »hervorragendsten Gegenstände des deutschen Kunstgewerbes aufnehmen« und zugleich »einer aus allen Weltteilen zusammengeströmten Besucherschaft«[5] imponieren. Für den Plafondschmuck schuf Lenbach neun Bilder und Otto Hupp die dekorative Malerei. Auch Ru-

Adolf Hengeler stellte zum 60. Geburtstag von Gabriel von Seidl das in München herrschende Künstlertrio so dar, dass der Maler Lenbach und der Kunstgewerbler Seitz als Genien-Engel den Lorbeerkranz um die Büste des Jubilars winden.

dolf Seitz hatte wohl seinen Anteil daran, denn die Gesamtgestaltung geht deutlich auf den Saal in der Burg Trausnitz zurück und Seitz hatte 1882 in Landshut den Rathaussaal mit Fresken neu ausgestattet. Der Auftrag scheint geradezu symptomatisch für die künstlerische Situation in München, wo Seidl, Seitz und Lenbach »im Besitz aller gesellschaftlichen Konnexionen in der Beamtenund Finanzaristokratie«[6] waren.

Rudolf Seitz (1842–1910) hat als »Dichter mit dem Griffel«, wie ihn Seidl nannte, Möbel, Raumausstattungen und graphische Schmuckarbeiten erdacht, aber nur wenig hat sich aus seinem Œuvre erhalten. 1891 dekorierte er den zweiten Laden von Anton Seidl in der Kaufingerstraße mit Fayencemalerei und entwarf für ihn Verpackungen. Für den Schwager Seidls, den Handschuhfabrikanten Roeckl, erfand er die Holzsilhouette einer Tölzer Bäuerin, »mit einem Korb an jedem Arme, deren Deckel als Klapptischchen konstruiert sind [...]«, die aber nach

Rudolf Seitz gestaltete für die »Seidlschen Bäckers-
relicte« die Inneneinrichtung des zweiten Ladens in der
Kaufingerstraße und die Verpackung für Lebkuchen.

anderer Deutung eine auf Stellung suchende
Köchin darstellt, wie der in den Ausschnitt ge-
steckte Löffel zeigt.

Seidl nannte sich »mit Stolz seinen [Seitz']
Schüler und betonte stets, dass der einfache, hei-
matliche Zug, der den Charakter der Münchner
Architektur auszeichnete, zum guten Teil auf Seitz
zurückzuführen sei.« Seitz war künstlerisch den
Formen der deutschen Renaissance verpflichtet.
Ein scharfzüngiger Kommentar aus Allotrianer-
kreisen beschreibt ihn treffend:

»Wie der Vollmond strahlst du mild
in des eignen Fettes Glanze,
weil du zum Reflektor dienst von der Sonne
Renaissance.
Zu ihr betet Rudolf Seitz
Und - der liebe Gott verzeiht's.«

Geschmacksbildend hat auf ihn sicherlich zunächst sein Vater, der königliche Hoftheater-
direktor Franz von Seitz, gewirkt, der ihm auch
zu den ersten Aufträgen im bayerischen Königs-
haus verholfen hatte. Rudolf Seitz war bei Piloty
zum Historien- und Kirchenmaler ausgebildet
worden. 1883 wurde er per königlicher Verfügung zweiter Konservator am Bayerischen Nationalmuseum mit dem Auftrag, der Leitung des
Museums mit Rat und Tat zur Seite zu stehen,
bevor er 1888 schließlich Akademieprofessor
wurde.

Nach der erfolgreichen Eröffnung des Neuen
Bayerischen Nationalmuseums, dessen Form und
Einrichtung der erfolgreichen Zusammenarbeit
mit Seidl zu verdanken war, erhielten beide
Künstler das Ritterkreuz des Königlichen Ver-
dienstordens, das mit dem persönlichen Adel verbunden war. Auf die Auswahl des Architekten
von St. Anna im Lehel, in deren Bauausschuss
Seitz zeitweise den Vorsitz innehatte, dürfte er
keinen geringen Einfluss gehabt haben.

Die deftig-joviale Persönlichkeit von Seitz
spiegelt sich in einigen Gedichten von seiner
Hand wider:

»Die traurigen langen Gesichter,
Die ewig nur Schlechtes erkennen,
Die möchte ich Arschlöcher nennen,
Ich lob mir die Schönheitsdichter.
Der Pessimist hält sich für gescheiter,
Zwar bringt er's doch auch nicht weiter.«[7]

Einige erhaltene Briefe Seidls geben den locker-vertraulichen, wenig ernsthaften und ironischen Ton zwischen den beiden Künstlern wieder: »Lieber Freund Seitz! Nix was bumeln! - und grad gar nix, als wie alleweil bloß nur bummeln! Von schreiben, von Lesen - von Arbeiten - gar keine Iden! Ausschaugn wie ein Indianer, (fr)essen auch nicht wesentlich anders, kurzum - recht brav und wacker! Schad dass bald vorbei ist! Sacrament! Fliegt mir auf einmal ein Heuschreck am Briefbeginn und derschreckt mich. Der hat so ausgschaut« - und hier findet sich eine Zeichnung - »Wenn du grad Spaß dran findest, ein paar Strich zu machen, wär es schon recht rentabel«, vom 19. März 1889.[8]

Lorenz Gedon (1843-83), der nach einer »Antiquitätenhändler-Lehre« bei seinem Vater zum Bildhauer ausgebildet worden war, aber daneben auch die Akademie besuchte, stattete um 1864 Lenbachs erstes Münchner Atelier in der Luisenstraße 17 aus. Gemeinsamer Gönner der beiden Künstler wurde Graf Schack. Seidl hat seinen Freund Gedon noch Jahrzehnte nach dessen frühem Tod offen als Vorbild bewundert. Seine Formvorstellungen haben vor allem die Inneneinrichtungen Seidls nachhaltig beeinflusst. Er war es, der den jungen Seidl in die Wormser Auftraggeberkreise einführte. Im Gegenzug arbeitete Gedon an vielen Bauten Seidls mit. Gedon hatte eigentlich mit den Fassadengestaltungen des Hauses von Graf Schack und des Hotels Bellevue am Karlsplatz (vollendet 1880) die »Deutsche Renaissance« in München eingeführt. Sein Einfluss war trotz seines frühen Todes enorm. Der »Schneckentrottel« oder »Lorenz der Prächtige«, wie er von seinen Gesinnungsfreunden in

Die König-Ludwig-Centenarfeier wurde 1888 als öffentliches Volksfest mit Festzug gefeiert. Fritz August Kaulbach hielt in mehreren »Historienbildern« die Wagen der Bäcker, Müller und Landwirte fest, die Gabriel und Emanuel von Seidl arrangiert hatten.

Zwei Wirtshausbauten (oben »Zum blinden Schützen«, darunter »Zum Goldenen Hirschen«) und der Gabentempel von der Festarchitektur zum VII. Deutschen Bundesschießen, die Gabriel Seidl und Rudolf Seitz 1881 auf der Theresienwiese realisierten.

Anspielung auf seine bevorzugten Schmuckformen und den Florentiner Medicifürsten liebevollspöttisch betitelt wurde, soll auch seit 1874 eine Werkstätte für Wohnungseinrichtung unterhalten haben. Damit wäre er der Einrichtungsfirma »Seitz & Seidl« nur vorangegangen. Gedon verstand sich selbst als Maler-Bildhauer oder Maler-Architekt, wie es die großen alten Meister gewesen waren.

In gewissem Sinn wurde Seidl Gedons Nachfolger, als »neue Arrangeure der Feste, Hausarchitekten und Raumschöpfer vonnöten waren.«[9] Die ephemeren Festbauten, von namhaften Architekten entworfen, die das Stadtbild anlässlich öffentlicher Großveranstaltungen gleichsam umformten, wirkten zugleich stilbildend für das Münchner Bauwesen der 1880er Jahre, denn sie konnten, wie die Ausstellungsbauten von 1888, noch weitere drei Jahre an Ort und Stelle verbleiben. Beispielsweise war Seidl zusammen mit Seitz verantwortlich für die Gestaltung des Festplatzes zum 70. Geburtstag des von Lenbach verehrten Reichskanzlers Bismarck am 28.3.1885, die Ludwig Herterich in einem Bild festgehalten hat. Die abendliche Festdekoration auf dem Königsplatz, »auf dem die hellenischen Bauten König Ludwigs I. für gewöhnlich in nordischer Kühle frieren«, wurde beschrieben als »was malerische Schönheit betrifft, wohl im Reiche nicht übertroffen [...] Die Feier fand abends bei vollkommener Dunkelheit statt und das künstlerische Arrangement, zu dessen Mittelpunkt die einfach schönen Propyläen gewählt waren, stammte zum großen Teile auch von Allotrianern. Bismarcks Kolossalbüste stand vor dem mächtigen Thor, von dessen Höhe die Flammen großer Pechpfannen loderten. Vor dem Thor ragten figurenbekrönte Obelisken auf, lange Flammenreihen verbanden die einzelnen Bauwerke. [...] usw. Es war eine große, mächtige Bewegung in der ganzen Menschenmasse und das prächtige künstlerische Bild, das sich den Augen der Leute darbot, hatte nicht das wenigste dazu gethan.«[10]

Seidl war, zusammen mit den Ausstattern und Arrangeuren Seitz und Gedon, Architekt des Festplatzes für das »VII. Deutsche Bundesschießen« 1881 auf der Theresienwiese. Der Festplatz

Die Architektenbrüder Gabriel und Emanuel von Seidl.

hatte die Wirkung eines Amphitheaters mit einem von zwei Türmen flankierten Portal. Zu den ephemeren Bauten aus Holz, Pappe, Leinwand und Farbe gehörten außerdem vier Wirtshäuser und ein Gabentempel im Zentrum.

Ein Volksfest war die König-Ludwig-I.-Centenarfeier in München, die wegen des Todes Ludwigs II. erst 1888 stattfinden konnte. In deren verschiedenen Festkomitees saßen u. a. Ferdinand von Miller, Gabriel Sedlmayr sen., Rudolf Seitz und Anton Seidl. Als Architekten und Arrangeure fungierten beide Seidl-Brüder, die Kaulbach vier Bilder als Dokumentation in Auftrag gaben. Der Bäckerssohn Gabriel von Seidl arrangierte

die Bäcker- und Müllergruppe: »Voraus ging ein festlicher Erntezug mit Bauern in ihrer Sonntagstracht, die eine Sonne und eine Figur von Gottvater trugen, mit der Inschrift ›An Gottes Segen ist alles gelegen‹, und mit Garbenbündeln und den Bauernheiligen Isidor und Notburga, dann folgten vom Feld kommende Landleute und ein Erntewagen mit der Inschrift ›Wie du säst so wirst du ernten‹. Die Müller scharten sich um einen Wagen mit einer Mühle, Tauben, Fischnetzen und Mülleseln, die mit Säcken beladen waren. Die Bäcker in einer blauen Tracht, mit nackten Armen, weißem Schurz und den Bäckerschaufeln trugen ein Spalier mit Emblemen aus Backwerk, ihnen folgte ein Wagen mit Backwerk und ein zweiter Wagen mit Ludwig dem Bayern und den Bäckergesellen von Ampfing«,[11] die mit dem Reichsadler und den Schenkungsurkunden an die Verleihung von Privilegien erinnern sollten.

Seidls Arbeitsweise und sein »Formenschatz«

Seidl war, darin stimmen alle späteren Beurteilungen überein, ein Vertreter des Eklektizismus, wie Schumacher präzisiert, des »beseelten Eklektizismus, der voll innerer Wärme und gleichsam naiv an seine Aufgaben heranging, obschon er seine Anregungen und seine Ziele in der Architektur und den Dekorationsformen vergangener Zeiten suchte«. Die Arbeitsweise Seidls, die nicht auf wissenschaftlichen Studien beruhte, sondern Details von Vorbildern frei komponierte, ist von Schumacher geschildert worden: »Sein ganzes Zimmer war ringsherum gleichsam getäfelt mit Pappkasten, die nach Begriffen geordnete Photographien enthielten; auf diesem Material spielte er mit unfehlbarem Gedächtnis wie auf einer Klaviatur, und so konnte er bei allem, was er zeichnete und anordnete, sofort irgendein Bildchen aus diesem Schatze auftauchen lassen. Es wäre aber ganz falsch, zu glauben, dass er nun aus diesen Dingen seine Arbeiten zusammenfügte; alle die Bilder, die gewürdigt wurden, in dieser Sammlung Aufnahme zu finden, waren Erlebnisse, die er einmal gehabt hatte: sie waren ein Herbarium seiner künstlerischen Entzückungen. So lebten diese Motive eigentlich in seiner Seele, und wenn er sie hervorholte, dann geschah es mehr als Gradmesser und als Kontrolle. […] denn die alten Motive ordneten sich stets dem lebendigen Gedanken ein, und bei der Durchbildung wurden sie neu ge-

schaffen. In dieser Durchbildung zeigte sich Seidls Meisterschaft. Wenn wir ihm ein Dutzend Naturdetails in Kohle vorbereitet hatten, die alle übereinander auf einer großen Tafel hingen, und er kam nun mit seinem Blaustift und fuhr mit sicherer Hand an ihnen herunter, Blatt für Blatt wie einen Abreißkalender mit unglaublicher Geschwindigkeit erledigend, dann sahen wir die Sicherheit einer Vorstellungswelt, die man sich nur selber schaffen, nicht anderen absehen kann. Innerlich trug er fraglos das ganze Gebilde, das entstehen sollte, fertig mit sich herum, aber er brachte immer nur einzelne Ecken zu Papier, und zwar ganz ohne Schiene und Winkel, in eigentümlich unordentlichen Strichen, die gar nichts Belebendes an sich hatten, aber doch eine eigentümlich suggestive Wirkung besaßen. Wenn man ein solches gekritzeltes Blatt in eine ordentliche Zeichnung übertrug, merkte man plötzlich mit Erstaunen, wie schwer es war, den Reiz zu erhaschen, der in ihm bereits gelegen hatte. All diese kleinen Teile wurden dann im Büro durchgearbeitet, in richtige Maße gebracht, die Schnitte dafür abgeleitet, und allmählich fügte sich so Stück für Stück das Bild des Gewollten zusammen, an dem in diesem ersten Zustand kaum noch etwas geändert wurde. Die Selbstkritik setzte dann später um so schärfer ein. Das alles ging scheinbar so mühelos und, wie ich zuerst glaubte, so zufällig vor sich, dass die Sache fertig war, als ich meinte, sie sollte nun anfangen. Mit der gleichen unheimlichen Schnelligkeit entstanden seine perspektivischen Skizzen. Oft, wenn eine Sache ihn noch nicht gepackt hatte, verschob er Aufträge mit den naivsten Ausreden monatelang, und wenn dann schließlich der Besuch nicht mehr abzuwenden oder die Reise nicht zu vermeiden war, wurde im letzten Augenblick mit Blei- und Buntstift ein Bild hergestellt.« Der Nachruf von Seidls Berufskollegen Friedrich von Thiersch bestätigt Seidls ungewöhnliche und unspektakuläre Arbeitsweise: »Er war kein Freund einseitiger und brillanter Darstellung in seinen Entwürfen. Seine Zeichnungen [...] waren zunächst anspruchslos [...] Es lag ihm durchaus fern, von vornherein den Bauplan in allen seinen Einzelheiten festzustellen und darnach pedantisch auszuführen. Er liebte es vielmehr, den Rohbau herzustellen und sich an dem Eindruck der wirklichen Räume vollends über die künstlerische Ausstattung klar zu werden. Erst während der Entstehung reifte das Werk zu dem heran, was dem Meister vorschwebte [...] Der Schwerpunkt des baukünstlerischen Schaffens lag für ihn in der Ausführung selbst [...] und wenn er selbst im Bau Hand anlegte, was nicht selten geschah, so musste man über die Sicherheit staunen.«

Diese Vorgehensweise setzte größtes Vertrauen des Auftraggebers in seinen Architekten voraus,

Der Erker im Wohnzimmer von Anton Seidl im »altdeutschen Stil«, der Gemütlichkeit und Gediegenheit ausstrahlen sollte.

zumindest aber eine kontinuierliche Zusammenarbeit. Umso bedauerlicher ist es, dass wir zu keinem einzigen Bauwerk Seidls über Briefwechsel oder andere Quellen verfügen, anhand derer wir dieses Werden nachvollziehen könnten. Wahrscheinlich ist das gemeinsame Band vieler Auftraggeber Seidls die persönliche Bekanntschaft aus dem Kunstgewerbeverein und aus der Allotria, wo sich Gleichgesinnte mit ähnlichen Stil- und Wertvorstellungen zusammenfanden. Die Vermittlung von Empfindungen und Ansprüchen, die sie an ihr neues Heim stellten, musste daher nicht über detailgetreue Entwürfe erfolgen. Ein Satz aus einem Nachruf lässt es vermuten: »Wer in das Haus irgendeines Allotrianers kommt, findet dort genau den Seidlschen Schönheitsbegriff verkörpert.«[12] Bislang ist auch kein einziger Auftrag bekannt, der mit Missstimmungen oder Enttäuschung seitens der Auftraggeber geendet hätte.

SEIDL IN DER BEURTEILUNG DER ZEITGENÖSSISCHEN »MODERNEN«

War Seidl also unumstritten? Die Stellung, die er sich nach 1900 erworben hatte, ist schließlich einigen zu unanfechtbar geworden. Obwohl er seine Schmuckformen an der »Volkskunst« orientierte, war Seidl der Architekt der Reichen. Der Sohn des Malers Toni Stadler, einem Freund und Auftraggeber Seidls, äußerte sich abschätzig über die »Münchner Szene, in der man sich, sofern man Geld hatte und Seidl kannte, von diesem sein Haus bauen ließ«.[13] Seidl hat wenige theoretische Erörterungen hinterlassen, es sei denn zu den Voraussetzungen des sozialen Wohnungsbaus, an dem er sich allerdings nie selbst beteiligte. Das Projekt eines Volkskundemuseums auf der Kohleninsel

brachte er zusammen mit Oskar von Miller zu Fall, andererseits argumentierte er in seinem Aufruf zur Erhaltung der alten Augustinerkirche an der Neuhauser Straße, dass man sie als dringend benötigten Ausstellungsraum für das Kunstgewerbe nutzen könne.

Seidls Baustil, mit dem er 1900 durch Künstlerhaus und Nationalmuseum berühmt wurde, hatte sich zur Zeit seiner größten Erfolge eigentlich schon überlebt, so dass das Künstlerhaus, »Höhepunkt und Abgesang dieser Münchner Dekorationskunst […] einmalig in Aufwand und Pomp in Europa« als »Schwanengesang der Alten« verspottet wurde. Gabriel von Seidl und Franz von Lenbach als die Verantwortlichen und Drahtzieher des »alten Stils« ziehen den Kahn mit dem Künstlerhaus-Modell, während Rudolf von Seitz als Gondoliere kräftig nachhilft. Die als Galionsfigur missbrauchte Athena als Beschützerin der Künste schwitzt bereits und braucht die Krücke, so wie ein Großteil der am Ufer zur Einweihung versammelten betagten Anhänger. Mit ihren schwarzen Fahnen scheinen sie sich zu einem Begräbnis versammelt zu haben. Eine humoristische Hommage anlässlich des 50. Geburtstags des Meisterarchitekten formuliert es so:

> »I bin der Gibi-Gabi
> Und mach mer nix draus,
> Ob's schimpfen, ob's lachen,
> I laß halt nöt aus.
> Mein'm Onkel, dem Spaten,
> Dem hab' i' was baut,
> Die Vettern und Bas'n,
> Bua, de hab'n g'schaut.
> I bau für den Spaten,
> I bau für den Staat
> Und für mein liab's München
> An Gibi-Salat.«[14]

„DAS KÜNSTLERHAUS IST DER SCHWANENGESANG DER ALTEN" +R I P +

Adolf Hengeler karikierte die Einweihung des Künstlerhauses 1900 als »Schwanengesang der Alten«.

Schließlich wurde seinem »sicheren Gefühl für bürgerliches Maß und Schmuckbedürfnis [...] nachgerühmt, er könne Neubauten so ins Münchener Stadtbild einfügen, als hätten sie schon immer da gestanden«.[15] Aber diese »kleinstädtischen Ideale« wurden von Adolf Loos, einem der Vertreter einer neuen Generation, als »Münchnerei« und »Stil [...] von München-Dachau« bezeichnet und gipfelten in der Formulierung: »Wenn man vergißt, daß die Welt 400 Jahre älter geworden ist, hat man von [Seidls] Bauten den rechten Genuß.« Hermann Obrist qualifizierte die Münchner Kunstszene so ab, dass »München im eigenen, sehr guten, selbst gemachten Renaissancefett ersticke«.[16] Der Bruch mit der jüngeren Künstlergeneration bahnte sich zunächst 1892 in der Bildung der »Sezession« an. Sie war die erste in einer ganzen Reihe von Abspaltungen jüngerer Künstler wie Stuck, Liebermann, Slevogt und Corinth. Als 1897 die neuen Talente Richard Riemerschmid und Karl Groß in die Vereinsleitung des Kunstgewerbevereins gewählt wurden und

überdies die graphische Umgestaltung der Vereinszeitschrift beschlossen werden sollte, trat Seidl als zweiter Vorsitzender zurück und wollte auch seinen Posten in der Redaktionskommission räumen. Er begründete dies offiziell mit »Zeitmangel«. Es bedurfte des diplomatischen Geschicks des Redakteurs Leopold Gmelin, der die Parteien beschwichtigte, was allerdings dazu führte, dass »Riemerschmid die 2. Kommission räumen musste und Seidl gnädig wieder eintrat«.[17] Trotzdem bedeutete dieser Eklat den Verlust der Vormachtstellung des Kunstgewerbevereins. Mit der Gründung der Zeitschrift Jugend durch den ehemaligen Renaissance-Vorkämpfer Georg Hirth 1896, mit der Gründung der »Vereinigten Werkstätten für Kunst im Handwerk« 1897/98 und schließlich mit der Gründung der »Münchner Vereinigung für angewandte Kunst« (= Münchner Bund) 1903 schwand der Einfluss des Kunstgewerbevereins weiter. Der ehemalige Seidl-Schüler Theodor Fischer disqualifizierte die von Seidl und Seitz vertretenen Absichten in der musealen Präsentation als »Stil-Maskerade«. Das »Seidl-Zimmer […] im romanischen Stil […] und der zierlichen Formensprache der Renaissance« mit einem kassettierten und von Otto Hupp bemalten Plafond auf der Pariser Weltausstellung 1900 wurde nicht mehr enthusiastisch kommentiert. Vielmehr wunderte man sich, dass die Anlehnung an die Tradition mit ihrer altväterischen Anmut immer noch einen »Clou« darstellte. Einen Nachruf auf den Bildhauer Franz Xaver Krieger, der auch an der Ausstattung des Künstlerhauses gearbeitet hatte, nutzte Seidl zu einem Seitenhieb auf die Schmuckformen des Jugendstils: statt »geschmackvoller Rosetten, geschnitzter Zierleisten, Kränzen und graziöser Festons« wolle man nun »Natur, für die handwerkliche Übersetzung und Anwendung der Natur« aber habe man kein Auge. Seidls Gesinnungsgenossen spielten humorvoll auf seine konservative Haltung an:

»Modern - Habt's mi gern.
Sezession - Hand davon.
Impressionist - Mist.
[…]
Hol't den Fortschritt der Teifi,
I lachet dazua!«[18]

Die Anfänge als Innenarchitekt

Sigrid Epp

Die Gestaltung von Innenräumen stellt einen wesentlichen Teil des Schaffens von Gabriel von Seidl dar. Da wir aber keine theoretischen Äußerungen Seidls zur Inneneinrichtung besitzen, müssen wir Georg Hirths grundlegendes Werk »Das deutsche Zimmer der Renaissance«, das zwischen 1879 und 1881 zum ersten Mal erschien und mehrere Auflagen erlebte, als theoretischen Unterbau zu den Stilprinzipien der Vertreter der »Deutschen Renaissance« heranziehen. Das ist gerechtfertigt, weil Hirth zahlreiche Entwürfe Seidls abbildet, um seine Ausführungen zu illustrieren.

Programmatisch heißt es da: »Da steht neben dem goldig leuchtenden Kunstschrank aus Eschenholz die düstere italienische Truhe - zu einem bequemen Sopha verarbeitet, das mit einem modernen Plüsch überzogen ist; über der Vertäfelung die neue Imitation einer spanischen Ledertapete neben einem flandrischen Gobelin, auf dem Gesims neben alten Zinnkrügen und einem wirklichen oder imitierten ›Hirschvogel‹ auch

Gabriel von Seidl mit Tochter Gabriele.

Georg Hirth veröffentlichte in seinem »Deutschen
Zimmer der Renaissance« einige Entwürfe für Wohn-
zimmereinrichtungen von G. v. Seidl. Sie sind als
Schnitte aufgefasst und zeigen Wandaufrisse mit Erkern,
Fensteröffnungen, Wandvertäfelungen, Kachelöfen,
Türen und Mobiliar. Er illustriert seine Erörterungen
auch mit Seidls Detailentwürfen für Möbel, Türen
oder Kassettendecken.

Als ideales Beispiel für eine Einrichtung im Stil der Deutschen Renaissance bildet Hirth das Wohnzimmer in seinem eigenen Haus ab.

französische Fayencen und italienische Majoliken; der mächtige grüne Ofen hebt sich von einem farbenprächtigen armenischen oder persischen Teppich ab; über dem Tisch mit gewundenen Säulen schwebt ein moderner Petroleum-Lüster, in den Fenstern mit Butzenscheiben und Wappenbildern stehen englische Blumentöpfe usw. Das ist ein der Kürze halber sog. ›altdeutsches‹ Zimmer. Wenn man aber den gebildeten Inhaber desselben fragt, warum er das alles so gemacht habe, dann wird man nicht zur Antwort bekommen ›Weil's die deutsche Renaissance genau so und nicht anders will‹, sondern: ›weil's mich so freut, weil's zusammenstimmt und weil's schön, nett, gemütlich und lustig ist.‹« Das Werk wollte keine Geschichte der Möbelkunst, sondern eine Art bürgerliches Bildungsbuch darstellen und vertritt die Stilrichtung der Deutschen Renaissance, die sich allmählich zur offiziellen Kunstrichtung der Prinzregentenzeit entwickelte. Sie ist Teil eines überschwänglichen Nationalismus, der sich nach dem Krieg von 1870/71 in ganz Deutschland breit machte und der in den Formen der deutschen Kunst des 16. und 17. Jahrhunderts seine Ideale verkörpert sah. Das führte zu einer ausgedehnten wissenschaftlichen Erforschung dieser Epoche. Das »Deutsche Zimmer« stellte nur eines der Werke dar, die das Publikum mit zahlreichen Abbildungen über die Kunstwerke aus der Deutschen Renaissance informierten. Hirth selbst hat mit

einer ohne System und ohne Chronologie zusammengetragenen, aber höchst einflussreichen Sammlung von Formvorlagen für Kunsthandwerker, dem »Formenschatz«, ein weiteres wichtiges Werk für die zeitgenössischen Künstler verfasst. Die von Wilhelm Lübke erstmals 1873 herausgegebene, reich illustrierte »Geschichte der Renaissance in Deutschland« und K. E. O. Fritschs »Denkmäler der deutschen Renaissance« (1880 bis 1884) boten außerdem eine beträchtliche Anzahl von Beispielen, die auch Seidl als Vorbilder dienten. Kostbare Kachelöfen wie in der Burg Trausnitz in Landshut, in Schloss Velthurns in Südtirol oder aus Schloss Tratzberg finden sich in Seidls Inneneinrichtungen wieder, ebenso die dunklen Wandvertäfelungen und Türrahmungen aus Holz oder die schweren Kassettendecken. Auch Erkerstübchen mit Butzenscheiben finden sich in Lübkes Beispielsammlung.

Hirth war selbst ein glühender Anhänger dieser Stilrichtung und stellte in seinem Buch ideale Zimmereinrichtungen aus seinem eigenen Heim vor, das der Architekt Leonhard Romeis 1883/84 an der Ecke Brienner Straße/Luisenstraße errichtet hatte. Aber auch das Haus des königlichen Hoftheaterdirektors und Freundes der Familie Seidl, Franz von Seitz, in der Liebigstraße 10 galt als Hort und Bilderbuch für die Formen der Deutschen Renaissance: Im Speisezimmer fehlen weder die Wandvertäfelung noch der Kachelofen noch die schwere Balkendecke. Sprenggiebel mit einer Büste als Türbekrönung, gedrehte Säulen und Kugelbeine an den Möbeln, achteckige Spiegel, die auf dem Gesims der Vertäfelung und der schweren Anrichte aufgereihten Nippes und schließlich das Hirschgeweih an der Wand schaffen eine verwirrende Vielfalt von Einzelformen.

Hirth widmet sich ausführlich dem Erker als Teil eines echten altdeutschen Zimmers. Er sei das lichtdurchflutete »frauliche gemüthliche Lieblingsplätzchen, wo des Hauses Töchterlein gern Blumen pflegt, Strümpfe stopft und Geschichten liest«. Offensichtlich haben die Erörterungen von Eduard Fentsch und von Wilhelm Heinrich Riehl hier Pate gestanden. Fentsch bezeichnete in seiner ethnographisch-historischen Studie Münchens, die er im Auftrag König Maximilians II. erstellt hat, den Erker als die Stelle, »welche sich die Hausfrau vorbehielt, nicht nur, weil sie - die an die vier Wände des heimathlichen Hauses gebunden war - dort am meisten Befriedigung für ihre Neugierde fand; sondern insbesondere auch, weil sie von diesem Platze aus die Aussicht auf die

Oben: Auch die Einrichtung des Esszimmers im Haus von Franz von Seitz galt G. Hirth als Vorzeigebeispiel. Unten: Von G. v. Seidl stammt der Entwurf für das Wohnzimmer mit eingesetztem Erkerstübchen, gedacht für jene, deren Wohnung über keinen am Außenbau vortretenden echten Erker verfügte.

Kinder am besten üben konnte«. Riehl erklärte in seiner Studie »Die Familie« von 1855, die nachweislich zur Lektüre im Kunstgewerbeverein gehörte, den soziologischen Aspekt des Erkers: »Das architektonische Symbol für die Stellung des Einzelnen zur Familie war im alten Hause der Erker. Im Erker, der eigentlich zum Familienzimmer, zur Wohnhalle gehört, findet der Einzelne sowohl seinen Arbeits-, Spiel- und Schmoll-Winkel, er kann sich dorthin zurückziehen, aber er kann sich nicht abschließen, denn der Erker ist gegen das Zimmer hin offen.« Butzenscheiben als »beruhigende Lichtvermittler und Lichtzerstreuer«, die sogar einen Vorhang ersetzen konnten, werden ebenso stimmungsvoll beschrieben wie ein in der Zeitschrift des Kunstgewerbevereins abgebildeter Ofenentwurf von Rudolf Seitz: »Ein Ofen bildet seiner Wirkung nach einen Übergang zum Möbel; er wirkt einmal als fester Bestandteil des Zimmers; da er nicht beweglich ist, gehört er nicht zum Mobiliar, und doch wirkt er in dem Raum, welchen er einnimmt, in ähnlicher Weise wie ein Möbel. In Folge dieser doppelten Wirkung trägt er nicht wenig dazu bei, einen Raum stimmungsvoll oder stimmungslos zu machen. Viele werden es in unserer nicht gerade poetisch angelegten Zeit empfunden haben, dass die Feuerstätte einem Zimmer den Zauber des Heimlichen zu verleihen vermag […] Je nach dem Charakter des Zimmers, welches der Ofen zu schmücken und zu erwärmen hätte, könnte die Wahl der Eckfiguren getroffen werden, anders für ein Jagdzimmer, anders für ein Studierzimmer, wieder anders für ein Speisezimmer.«[1]

Die Zusammenstellung von kraft- und charaktervollen Formen aus der deutschen Renaissance wird am eindringlichsten durch die Räume demonstriert, die Lorenz Gedon in den 70er Jahren gestaltete. Das in einer Baracke an der Stadtmau-

Otto Strützel hat in einer Zeichnung die von Lorenz Gedon stammende Einrichtung des zweiten Allotria-Vereinslokals festgehalten, das etwa an der Stelle des heutigen Künstlerhauses lag.

er gelegene, zweite Versammlungslokal der Allotria stattete er mit Sackleinwand, Latten, dürrem Gerüst, Laubwerk, Gips, Goldbronze und Leimfarbe aus. Otto Strützel hat es in einer Zeichnung festgehalten: Von dem Kreuzgratgewölbe hängen die hölzernen Lüsterweibchen, die Lunetten sind mit einem Relief und Bildern gefüllt, der Türsturz mit ornamental reliefierten Schnitzereien wie in mittelalterlichen Kirchen geschmückt. Das Mobiliar aus Wirtshaustischen und Stühlen ist durch eine geschnitzte Anrichte mit einem stimmungsvollen Arrangement von Gegenständen vervoll-

Lorenz Gedon entwarf auch die Einrichtung der Trinkstube im Kunstgewerbehaus in der Pacelli-straße.

ständigt und vermittelt den Eindruck qualvoller Enge. Durch eine Zeichnung von Rudolf Seitz und Heinrich Lossow sind wir über das Aussehen der von Gedon eingerichteten Trinkstube im Münchner Kunstgewerbehaus unterrichtet. Sie enthält im Wesentlichen alle Formen, die die Seidlschen Interieurs im Stil des behaglichen Wohnzimmers charakterisieren.

Das Kunstgewerbe

Nach Fentschs Schilderung des ansonsten beklagenswert ärmlichen Münchner gewerblichen Lebens in den 50er Jahren des 19. Jahrhunderts waren gerade die Gewerbe der Kistler (Schreiner), Schlosser und Buchbinder vorzüglich geeignet, einen Wandel in der kunstgewerblichen Produktion herbeizuführen, weil ihnen der Handel mit nicht selbst gefertigten Waren untersagt war. So konnten sich tüchtige Schreiner heranbilden, die außerdem durch die beginnenden großen Industrieausstellungen zum Wettbewerb angeregt wur-

den. Als weiterer starker Faktor des Gewerbelebens nennt Fentsch das Baugewerbe, vor allem gefördert durch die großen königlichen Bauaufträge. So machte sich der Stilwandel vor allem in der Architektur und im Kunstgewerbe bemerkbar. Unechte Materialien und Material surrogate wurden zu dieser Zeit ebenso beklagt wie die Tatsache, dass Millionen deutschen Nationalvermögens nach Frankreich, dem Hauptlieferanten von kunstgewerblichen Produkten, flossen.

1850 hatte Oberbaurat August von Voit (1801 bis 1870) den »Verein zur Ausbildung der Gewerke« gegründet, der sich, unter königlichem Protektorat, in den folgenden Jahrzehnten als »Kunstgewerbeverein« für die Münchner Kunstszene zum Schmelztiegel schlechthin entwickeln sollte. In den verschiedenen Kommissionen für die Ausstellungshalle, die Vereinszeitschrift, die Bildungseinrichtungen des Vereins und das Finanzwesen saßen die bedeutendsten Künstler und einflussreichsten Bürger Münchens, darunter auch Gabriel Seidl, Gabriel Sedlmayr senior und Anton Seidl. Unter den zahlenden Mitgliedern befand sich ein hoher Prozentsatz von Auftraggebern Seidls aus der bayerischen und hessischen Aristokratie und Finanzaristokratie. Der Kunstgewerbeverein stellte, neben der Allotria, die zweite wichtige Quelle für potentielle Auftraggeber dar und gab Gabriel von Seidl mit der Kunst- und Kunstgewerbeausstellung 1876 die Gelegenheit, zum ersten Mal als Künstler an die Öffentlichkeit zu treten.

Diese Ausstellung organisierte der erste Vorsitzende des Kunstgewerbevereins, Ferdinand von Miller, auch im Hinblick auf die Feier des 25jährigen Bestehens des Vereins. Das wesentlich Neue daran war, dass die einzelnen Ausstellungsgegenstände in vollständig eingerichteten Innenräumen zur Wirkung gebracht wurden. Statt das Publikum mit der eintönigen Reihung von gleichartigen Gegenständen zu langweilen, erreichte man auf diese Art, dass stilistisch einheitliche Räume, von der Küche bis zum reichen Prunkgemach, auf den Besucher als Ganzes wirken konnten.

Nach dem Ausstellungsführer zeigte das »Kabinett N.o 89 […] in strengster Durchführung die Wohnstube einer wohlhabenden Bürgerfamilie des 16. Jahrhunderts.« Der österreichische Kommentator der Ausstellung, Bruno Bucher, gibt in seinem Bericht über die dort vertretene Kunstindustrie die Wirkung dieses Raums so anschaulich wieder, dass die Faszination, die er auf die Ausstellungsbesucher ausübte, spürbar wird: »[Er] hat den Charakter der Wohnstube in einem Bürger- oder Bauern-

Zwei Ansichten des »Wohnzimmers im deutschen Renaissancestil« von Gabriel von Seidl, das einen wirklichen Publikumsschlager auf der Kunst- und Kunstgewerbeausstellung von 1876 darstellte.

hause. Da fehlt nichts von dem, was einem solchen Gelasse das Heimliche, Gemüthliche verleiht, nicht das breite, mit flachem Bogen abschließende Fenster, mit reichverziertem Oberlichtgitter und dem Blumengitter, hinter welchem Töpfe mit blühenden Nelken aufgestellt sind, nicht der alterthümliche Kachelofen, der Tisch mit Kreuzfüßen, die geschnitzten Sessel, das Tischtuch und das Handtuch von farbig gesticktem Linnen, nicht die Butzenscheiben im Erkerfenster und nicht der abgegriffene Kalender in Quartformat an der Wand. Wenn etwas die Behaglichkeit des Ganzen beeinträchtigt, so sind es die zu licht von der dunklen Umrahmung abstechenden Füllungen in dem Getäfel der Decke; aber den Fehler gleicht die Zeit, d. h. der Rauch, schon aus. Ein etwas coketter Zug ist in dieser Einrichtung nicht zu verkennen, sie scheint für einen Genremaler gestellt zu sein. Und doch würde dies Zimmer wenig an Reiz einbüßen, wenn das Absichtliche und zum Theile den heutigen Lebensgewohnheiten nicht mehr Entsprechende in der Staffage wegfiele, und jedermann gesteht sich ein, dass man es im Ganzen doch nicht mit einer bloßen Decoration zu thun habe. Wie es da ist, würde das Zimmer einen neidenswerthen Bestandteil jedes Landhauses bilden, des Landhauses, weil die Gradlinigkeit aus unseren modernen Städten die lauschigen und malerischen Winkel und Ecken verdrängt hat, welche unserer Art und unserem Klima in so hohem Grade zusagen. […] Die Aufnahme der Formen der deutschen Renaissance ist entschieden keine Modesache, sondern die Rückkehr zu dem, was unserem Wesen am meisten angemessen erscheint. […] sie spricht uns mit heimatlichen Lauten an, sie vermag in allen älteren Städten noch anzuknüpfen an vorhandene Denkmäler, sie bequemt sich auf das leichteste unserer Weise zu leben an, deren nationale Züge

im Laufe der letzten Jahrhunderte ja keineswegs gänzlich verwischt worden sind. Es ist gewiß kein Zufall, dass kein anderes von den Zimmern der Ausstellung so viel besucht, so eingehend und […] andächtig betrachtet wird, wie dieses Seidl'sche […] Jeder möchte da wohnen, während er die meisten anderen Räume nur bewundert.«

Ganz offensichtlich war im Konzept nichts dem Zufall überlassen worden, die Einrichtung in den Details so perfekt und suggestiv, wie sie den realistischen Bühnenbildern des zeitgenössischen Theaters eigen war. Die Gegenüberstellung mit dem von Pössenbacher eingerichteten Cabinet N.o 90, ebenfalls im Stil der deutschen Renaissance, macht umso deutlicher, warum Seidls Entwurf so ansprechend auf die Besucher gewirkt haben muss. Zwar gab es auch bei Pössenbacher eine Vertäfelung und einen Erker; aber die größeren Dimensionen, die luxuriösere Möblierung mit mattem Nussbaum und dunkelgebeiztem Eichenholz, Marmortischplatte und Gobelin-Imitation, wiesen bereits »auf eine Patrizierbehausung hin« und erzielten somit eine geringere Breitenwirkung. Das Rococo-Cabinet der Firma Radspieler hingegen lehnte Bucher wegen seiner »wüsten Übertreibungen und der brutalen Überladung mit Gold« gänzlich ab.

Der Katalog der Ausstellung gibt auch die Namen derer an, die die Seidlschen Entwürfe ausführten. Sie sollten auch in Zukunft seine Ideen in die Tat umsetzen: Vertäfelung und Decke hatte die Waggonfabrik J. Rathgeber angefertigt, Oberlicht- und Blumengitter der Münchner Schlossermeister Dietrich Bußmann und Pokal und Schmuckgegenstände, sowie die Standuhr und der Bronzelüster der Bildhauer und Ciseleur Adolf Halbreiter. Die Bordüren von Tisch- und Handtuch hatten Amalie und Marie, die Schwestern Gabriel von Seidls, gestickt.

Das Renaissancemagazin »Seitz & Seidl«

Mit diesem Erfolg waren die Weichen für die berufliche Zukunft gestellt. 1877 gründete Gabriel von Seidl mit Rudolf Seitz »und einigen Freunden«, unter ihnen sein jüngerer Bruder Emanuel, die Firma »Seitz & Seidl«. Sie ist im Münchner Adressbuch von 1879/80 mit einem Comptoir in der Ickstattstraße als »Fabrikation kunstgewerblicher Gegenstände und Handel mit denselben« bezeichnet. Daneben gab es im Branchenverzeichnis nur noch den Architekten Otto Aufleger, der in der Thierschstraße ein Atelier für die »Imitation altertümlicher Geräte« besaß. 1880/81 war »Seitz & Seidl« umgezogen in das Rückgebäude des Maximiliansplatzes 6 und mit Eingang in der Max-Joseph-Straße, also nahe der Stelle, wo Seidl einige Jahrzehnte später das Palais Siegfried Dreys bauen sollte. Nur wenige Jahre später, 1885/86, waren im Münchner Adressbuch bereits achtzehn, 1887 sogar sechsundzwanzig Kunstgewerbliche Ateliers und Magazine eingetragen. »Seitz & Seidl« hatte also, wie es scheint, einen wahren Boom ausgelöst. Zu diesem Zeitpunkt stiegen die beiden Gründer wegen der »allzu großen Inanspruchnahme [...] auf ihren Spezialgebieten« aus dem Geschäft aus, das für etliche Jahre von Emanuel Seidl weitergeführt wurde. Einer Geschäftsanzeige im Adressbuch des Kunstgewerbevereins von 1888 zufolge boten »Seitz & Seidl« »Einrichtungen und dekorative Ausstattung von Wohn- und Repräsentationsräumen« an. Ihre Produkte konnte man zu dieser Zeit auch in Kommissionslagern in Leipzig, Berlin, Frankfurt, Düsseldorf, Karlsruhe und Stuttgart kaufen.

Womöglich hat Gabriel von Seidl dieses Geschäft nur als Zwischenlösung empfunden, oder

Eine Geschäftsanzeige von »Seitz & Seidl« im Adressbuch des Kunstgewerbevereins von 1883, das auch die Schutzmarke mit Palette und Hammer enthält.

zumindest nicht allzu ernsthaft betrieben, weil sein Lebensunterhalt wohl nicht vom Geschäftserfolg abhängig war, wie man aus der Kneipzeitung der Allotria von 1883 schließen könnte:

»Du des Dicken Compagnon
Treibst die Sache mehr gemüthlich,
Und so geht denn das Geschäft
Lustig vorwärts, harmlos friedlich,

Gienge es auch schließlich krumm,
Keiner kümmert sich darum.
Von dem Compagnongeschäft
Will ich lieber nichts verrathen
Er ist selbst ein flotter Kerl
Und ein Vetter auch vom Spaten.
Baut dabei manch deutsches Haus
Nur als Kneipwart schmeißt ihn naus.«

Auf Dauer konnte dem »Renaissancemagazin« kein großer geschäftlicher Erfolg beschieden sein, denn offenbar war Seitz kein guter Geschäftsmann und arbeitete nicht gern auf Bestellung.

Die Produkte stellten zunächst Prototypen dar, die wohl kaum als Serien in Produktion gehen sollten. Dass es dabei Ausnahmen gab, lässt ein Kommentar zu einem Kachelofen-Entwurf von Seitz vermuten. In diesem Fall war die industrielle Vorabfertigung wohl nicht möglich, die Anfertigung eines Einzelstückes aber nicht rentabel genug. Bei Kleinmöbeln oder dekorativen Geschenkartikeln, die sich vor allem für die Aussteuer und als originelle Geschenkideen anboten, stellte sich dieses Problem gar nicht erst. Ziel war es, mit den Formen des eigentlich bürgerlichen Renaissancestils Geschmack und Qualität auf breiter Ebene in die deutschen Wohnungen zu bringen.[2] Eine Schutzmarke garantierte die materialgerechte und handwerklich hochwertige Verarbeitung nach den Originalzeichnungen. Das »Renaissancemagazin von Seitz und Seidl in München« wurde später auch als die »erste Werkstätte für angewandte Kunst«[3] bezeichnet.

Während also offenbar Gabriel Seidl mehr für den geschäftlichen Bereich zuständig war, wie man aus der Bemerkung »Ideale suchen – das Reale buchen« schließen könnte, stellte der beleibte Seitz das künstlerische Zugpferd der Firma dar. Ein Allotria-Kommentar von 1898 drückt es so aus:

»Laßt dicke Menschen um mich sein«, sagte Gabi, »denn mit Speck fängt man Mäuse – Seitz und Seidl hieß die Firma«. Seitz galt, wie sein Vater, als sachverständiger Berater der Handwerker, die seine Entwürfe ausführen sollten. Ihre Namen finden sich bereits in den Gästelisten der Seidlschen Kegelbahn. Minna Seitz, die Schwester Rudolfs, war außerdem die zweite Ehefrau von Kommerzienrat Franz Radspieler, so dass Entwurf und Ausführung vermutlich in mehr als einem Fall »in der Familie« blieben.

Der Schmied Josef Rathgeber († 1865) stellte in der Marsstraße, in unmittelbarer Nachbarschaft zum Seidlschen Garten, seit 1852 Eisenbahnwaggons her. Sein Nachfolger, Kommerzienrat Josef Rathgeber jun. (1846–1903), musste die Firma in einer wirtschaftlichen Dürreperiode in der Mitte der 70er Jahre mit der Produktion von Schulbänken und Möbeln, ja sogar mit der Übernahme von Bauarbeiten über Wasser halten und wurde auf diese Weise vermutlich mit Arbeiten für »Seitz & Seidl« betraut.[4]

Die Möbelfirma Anton Pössenbacher existierte zwar schon seit 1784, aber erst unter dem Enkel gleichen Namens und dessen Sohn Heinrich nahm ihre Produktion einen beträchtlichen Aufschwung, vor allem mit der Ausgestaltung der Neubauten König Ludwigs II., für die Pössenbacher dann 1887 zum »Hofmöbellieferanten« ernannt wurde. Der Firmensitz wurde 1873 von der Herzogspitalstraße 10 in die Jahnstraße / Ecke Baumstraße verlegt und wesentlich vergrößert, so dass das Unternehmen zeitweise zusätzlich zu den Schreinergesellen 80 Bildhauer beschäftigte.[5] Von 1902 bis 1925 stellte Pössenbacher seine Erzeugnisse an der Brienner Straße 55 / Ecke Wittelsbacher Platz und am Odeonsplatz in einem vornehmen Einrichtungshaus aus. Die Firma wurde später für die Projektierung und Ausführung des ganzen Innenausbaus vornehmer Häuser und Hotels, ja sogar von Schiffen, international bekannt. Nach der Beteiligung an der Restauration des neuen Reichstagsgebäudes und des Hotel Adlon hatte Pössenbacher auch eine Vertretung in Berlin.[6]

Der Vergolder Josef Radspieler (1819-1904) spezialisierte sich, zusammen mit seinem Sohn Franz (1845-1920) und seinem Schwiegersohn Anton Lippert, einem engen Freund von Anton Seidl jun., auf geschnitzte Bilder- und Spiegelrahmen in Neurenaissance- und Rokokoformen, auf Lüsterweibchen aus Hirschgeweihen und Geweihschilder. Als Schmuck für »Trinkstübchen und gotisierende Kegelbahnen« waren beispielsweise seine Nachbildungen der Grasserschen Moriskentänzer vom Rathaus sehr gefragte Artikel. Peter von Seidlein, der Enkel des Kommerzienrats Franz Radspieler, erinnerte sich noch an eine Modelliermasse, die so genannte »Massa«, aus der die ornamentalen Schmuckformen nachgebildet wurden, die feines Schnitzwerk suggerieren sollten, das dann vergoldet oder bemalt wurde. Zu Radspielers Kunden zählten nicht nur Maler wie Lenbach, Gabriel Max, Schwind und Böcklin, sondern auch der Adel, die Kirche und der Hof! Franz Radspieler war Mitglied der Allotria und stellte für deren »außerordentliche Treffen« auch gern seinen Garten an der »Hundskugel 7«, der heutigen Hackenstraße, zur Verfügung, wo die Firma 1848 hingezogen war.

Ferdinand von Miller (1813-1887) hatte zusammen mit seinen drei Söhnen Ferdinand jun., Fritz (1840-1921) und Ludwig 1873 die staatliche Erzgießerei gekauft, in der Schwanthalers Bavaria gegossen worden war. Er war den Seidls nicht nur freundschaftlich und verwandtschaftlich verbunden, sondern arbeitete bei den verschiedenen öffentlichen Veranstaltungen in entscheidenden Positionen mit. Etliche der Entwerfer für »Seitz & Seidl« trafen sich auf Anregung des alten Miller und seiner fünf Söhne regelmäßig im Kunstgewerbehaus oder unterrichteten an der königlichen Kunstgewerbeschule. Unter ihnen waren Ferdinand Barth (1842-92), der Architekt und Kunstgewerbler Adolf Seder (1842-1881) sowie die Gold- und Silberschmiede Adolf Halbreiter (1839-1898) und der Juwelier und Goldschmied Karl Winterhalter (bis 1899). Hofschlossermeister Dietrich Bußmann (1835-1905) machte aus seiner »Kunstschmiede-Werkstätte« an der Adalbertstraße 8 später eine »Eisenconstructionswerkstätte mit Dampfbetrieb« für Aufzugkonstruktionen.[7] Der Düsseldorfer Maler Otto Hupp (1859 bis 1949) und der Bildhauer Anton Pruska (1846 bis 1930) gehörten ebenfalls zu diesem Kreis.

Leider hat sich, wenn es denn einen gab, kein Katalog der angebotenen Erzeugnisse von »Seitz & Seidl« erhalten, so dass man einen Teil ihrer Produkte aus der Zeitschrift des Kunstgewerbevereins rekonstruieren muss, die damit auch eine Art Werbeträger für die Firma darstellte. Überhaupt scheint der Kunstgewerbeverein das erste und beste Verkaufsforum gewesen zu sein. »Ursprünglich eine von Gabriel von Seidl und Rudolf Seitz ins Leben gerufene Sammelverkaufsstelle geschmackvoller und charakteristischer Erzeugnisse des Münchner Kunstgewerbes«, sei »Seitz & Seidl«, so der Wahlmünchner August Fester, später leider »in das Fahrwasser des Bazars« geraten und habe »seine Spezialität zum großen Teil eingebüßt.« Einige der Arrangements aus Kleinmöbeln sind offensichtlich im Innenhof des »Renaissancemagazins« unter Arkaden und vor den stimmungsvollen Butzenfenstern im Freien ausgestellt und fotografiert worden, und erwecken so für den heutigen Betrachter unfreiwilligerweise den Eindruck eines Trödelmarkts. Das Ange-

Buffet, Bierbock, Schachtisch, Laterne und verschiedene
Gefäße von »Seitz & Seidl«.

Stuhl, Sofa, Fauteuil, Kinderstuhl, Tisch mit Krügen und
Gläsern von »Seitz & Seidl«.

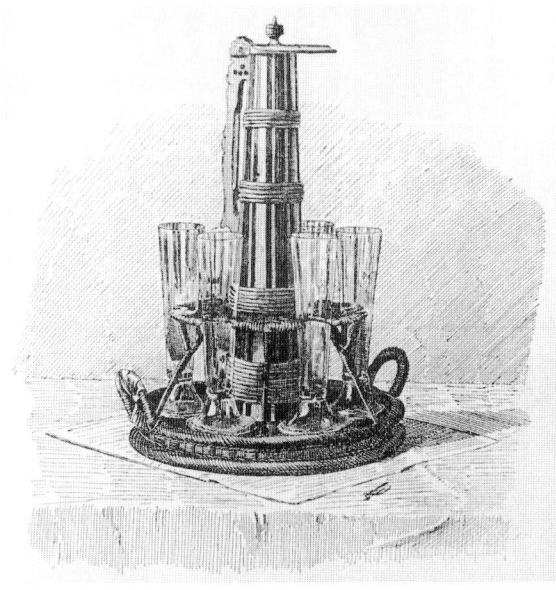

Bierservice von »Seitz & Seidl«.

Pianino von »Seitz & Seidl«.

bot umfasste »einfache, dem täglichen Gebrauch dienende Einrichtungsgegenstände, welche durch ihre künstlerische Form den Räumen, für die sie bestimmt sind, ein stimmungsvolles Aussehen verleihen sollen« bis hin zu ganzen Zimmereinrichtungen. Trinkgefäße scheinen eine Spezialität von »Seitz & Seidl« gewesen zu sein, wie die von Otto Hupp bunt bemalten »Pitschen in Ahornholz« und ein Bierservice mit einer aus Ahorn- und Zwetschgenholz gefertigten, im Innern »gepichten« Pitsche zeigen. Der neue, schlankere Bierglas-Typus sollte die Kohlensäure mehr binden, der höhere Deckel das Herausquellen des Schaums verhindern. Glatter, geätzter Zinn sollte leichter zu reinigen sein und das freie Spiel des Lichts auf der Oberfläche begünstigen. Nur wenige Produkte aus dem »Renaissancemagazin« sind, soweit bis jetzt bekannt, tatsächlich erhalten wie ein folgendermaßen kommentiertes Pianino: »Aus der Idee, daß jedes vielsaitige Instrument durch die verschiedenen Längen der Saiten eine geschweifte Hauptform erhalten muß und daß diese, zum künstlerischen Ausdruck gebracht, den wahren Charakter des Instruments am besten versinnbildlicht, entstand die Form [...] Letzteres ist nach vorn offen und nur zum Schutze gegen Staub mit Seide bespannt, so daß der volle Ton hervordringen kann, ohne daß der Deckel geöffnet werden muß. In Folge der veränderten Hauptform entstand auch eine neue Konstruktion des Instrumentes selbst, welche durch Herrn Ehret ausgeführt wurde.«

INNENEINRICHTUNGEN VON GABRIEL VON SEIDL

Leider ist es heute unmöglich, eine komplette Liste der von Gabriel von Seidl ausgeführten Inneneinrichtungen vorzulegen - sie sind noch schwerer zu erfassen als seine Bauten. Natürlich hatte er, gemäß seiner Auffassung von der Konstruktion eines Hauses von innen nach außen, »eine Vorliebe für stilvolle Durchbildung ganzer Häuser [...] mit einer bis ins kleinste Detail gestalteten inneren Ausstattung.« Bei der Gestaltung von Wohnräumen haben aber sicher der Geschmack und vor allem die persönlichen Bedürfnisse des Auftraggebers eine ausschlaggebende Rolle gespielt, deshalb wird man wohl in jedem Fall einschränkende Auflagen vermuten dürfen. Die Innenraumgestaltung des Seidlschen Landhauses kann nur bedingt als Dokument für seine Stilprinzipien herangezogen werden, da es

Die Wohndiele im Landhaus von Gabriel von Seidl in Bad Tölz.

Eine Ansicht aus dem Wohnzimmer von Anton Seidl, dessen Einrichtung sein Bruder Gabriel entworfen hat.

Das Wohnzimmer im Haus von Hugo Oberhummer in Obersendling, entworfen von G. v. Seidl.

Das Esszimmer im Haus des Malers Toni Stadler, entworfen von seinem Freund G. v. Seidl.

Die Studierstube nach gotischer Art, entworfen von G. v. Seidl für den Ministerialrat von Ziegler.

Ein Innenraum aus dem Haus von Lorenz Gedon, das vorbildlich für einige Raumdekorationen G. v. Seidls wurde.

anders genutzt wurde als eine repräsentative Stadtwohnung oder gar das Adelspalais. Deshalb soll an dieser Stelle vor allem die Bandbreite von Seidls Schaffen als Innenarchitekt aufgezeigt werden, ohne jeweils spezifizieren zu können, wie hoch sein gestalterischer Anteil gewesen ist.

Hier, wie in seiner Tätigkeit als Architekt, stehen am Beginn seiner Karriere die Auftraggeber aus dem persönlichen Bekanntenkreis. Sowohl für den Laden seines Bruders Anton als auch für dessen Wohnung lieferte er Entwürfe. Mit den Malern Toni Stadler, Franz von Lenbach und Friedrich August Kaulbach, deren Häuser er auch erbaute, verband ihn jahrelange Freundschaft. In Fritz von Millers Haus gestaltete er wenigstens die Diele, in Paul Heyses das Esszimmer,[8] während er im Haus des Kommerzienrates Hugo Oberhummer in Obersendling wohl alle repräsentativen Räume entwarf. Die Oberhummers waren Mitinhaber des Textileinzelhandelsgeschäfts »Roman Mayr« an der Ecke Kaufinger-/Rosenstraße, das Seidl 1887 ebenfalls durchgreifend verändert hatte und das nach der Zerstörung im Krieg durch den »Kaufhof am Marienplatz« ersetzt wurde. Zu Seidls alten Bekannten zählte der Kabinettsekretär des bayrischen Königs, Ministerialrat Dr. von Ziegler, für den Seidl ein Studierzimmer einrichtete, das »durch die einfachsten dekorativen Mittel nach gothischer Art zur reizvollsten

Wirkung ausgestaltet […] möglichst viele Wandkästen mit Beschlägen aus getriebener Eisenarbeit mit bunter Bemalung« enthielt. Im Vergleich zu dem »gotischen Saal« aus Gedons Privathaus springt die Vorbildhaftigkeit der Gedonschen Formensprache ins Auge. Im Schrobenhausener Ratssaal sollte dieselbe Gewölbeform in völlig anderer Wirkung wieder verwendet werden.

Ein wichtiger Auftrag für die Firma »Seitz & Seidl« war ohne Zweifel die Einrichtung des »Gasthofs zur Burg« im Auftrag des Nürnberger Großindustriellen Theodor von Cramer-Klett, der die Herrschaft Hohenaschau 1875 vom Grafen Preysing erworben hatte. Für sich selbst und seine Familie ließ er sich ein ehemaliges Forsthaus in eine herrschaftliche Villa im Neorenaissancestil umbauen, für seine zu erwartenden Gäste wurde 1879/80 durch Gabriel Seidl und Rudolf Seitz das ehemalige Gerichtsschreiber- und spätere »Stadl-Wirtshaus« in eine »stilvolle Herberge des Mittelalters« umgewandelt, die »dadurch zu einer Sehenswürdigkeit im ganzen bayerischen Gebirge wurde«, ja »in dieser Art seines Gleichen nicht in Deutschland finden« mochte.[9] Da das »Gasthaus zur Burg« inzwischen zum »Burghotel« vergrößert wurde, sind wir zur Rekonstruktion auf die Beschreibung eines Reisenden aus dem Jahr 1880 angewiesen: »Alles und Jedes in der Einrichtung ist bis in's kleinste Detail im altdeutschen Geschmack aus- und durchgeführt. Schon der große in künstlichem Blattwerk geschmiedete Glockengriff an der Hausthür ist beachtenswerth. Zu ebener Erde befinden sich die Schenk- und Wirtschaftsräume, prächtig getäfelte Zimmer mit geschnitzten Buffets, festen eichenen Tischen und

hochlehnigen Stühlen. Große, vielarmige messingene Leuchter hängen von der Holzdecke herab, die mit ihrem Licht dem Gemache ein trauliches Ansehen geben [...] das kleinere Kneip- oder Herrenzimmer erschien auch jetzt als ein Muster der Gemüthlichkeit und Behaglichkeit. Die Fremdenzimmer in den oberen Stockwerken muthen einen gar erst recht alterthümlich an. Bettstellen, Stühle, Waschtische und Kleiderspinden, sogar der Stiefelknecht - Alles scheint wie aus einem gut situirten Bürgerhaus des 15. und 16. Jahrhunderts herausgeholt. Die Einrichtung eines jeden dieser Zimmer ist verschieden, aber je-

Für die Ausstattung des prächtigen Saals im Schrobenhausener Rathaus trug Franz von Lenbach persönlich Sorge.

de durch und durch einheitlich, auch in der Farbe und Bemalung des Holzwerkes [...] Hier hätten wir also ein Stück wiederhergestelltes Alterthum gehabt.«

Aus dem frühen Entwurf eines »Hauseingang[s] für ein Wohnhaus in bürgerlichem Charakter« wählte Graf Berchem für sein böhmisches Jagdschloss einige Details. In der Erläuterung werden die praktisch begründeten Stilprinzipien Seidls deutlich: den Schmuck sollte hauptsächlich das Gitterwerk des Haustür-Oberlichts und des Parterrefensters darstellen, während Wand- und Türeinfassung aus Haustein schlicht gehalten

waren. Die Türflügel waren wegen der Kosten und der Wetterbeständigkeit mit Jalouxbrettern aufgedoppelt und nur durch Löwenköpfe mit Henkeln und Rosetten belebt. Ein kleines Vordach als Wetterschutz und ein kleines Fenster zum Begutachten der Kommenden, sowie ein Glockenzug, eine Laterne, Bank und ein Wasserspeier gehörten ebenfalls dazu. Der Eindruck sollte schlicht, bürgerlich und solide sein. Für dieses Schloss entwarf Seidl außerdem einen Kronleuchter, der von Adolf Halbreiter ausgeführt wurde. Als Thema mit Variationen stellten sich für die Villa des J. C. Schoen in Worms ganz ähnliche Aufgaben.

Hauseingang für ein bürgerliches Haus von G. v. Seidl. Die Ausarbeitung der Details reicht bis hin zur Bepflanzung, um den Entwurf so stimmungsvoll wie möglich zu machen.

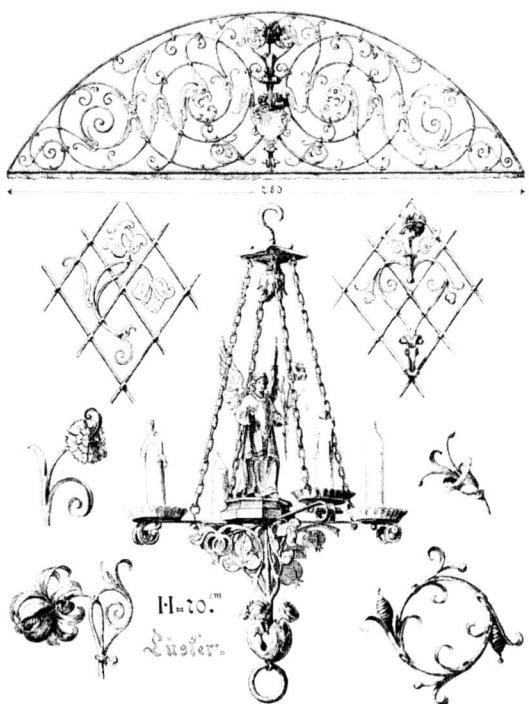

Oben: Die unermüdlichen Variationen der Schmuckformen zeigen verschiedene Entwürfe für Schlosserarbeiten von G. v. Seidl.

Für die Villa »Mathildenhof« in Worms wurden der Kronleuchter mit einer Figur, das Oberlichtgitter und das Stiegengitterfenster nach Entwürfen von G. v. Seidl angefertigt.

Oben: Den Salon im
Gräflich Arnimschen
Schloss in Bad Muskau
hellte G. v. Seidl trotz
der Vertäfelung und der
Kassettendecke mit
Stuck auf.
Unten: Im Palais Toerring-
Jettenbach sollte die
Innenraumgestaltung
G. v. Seidls den richtigen
Rahmen für wertvolle
Sammlerstücke bilden.

Dass Seidl sich auf Wunsch und bei Bedarf schon
sehr früh von den rustikalen Formen der deutschen Renaissance zu lösen verstand, zeigt die
Saalausstattung des Gräflich Arnim'schen Schlosses in Bad Muskau bei Rothenburg an der Lausit-
zer Neiße. Die mit Stuck verzierten, korbbogenförmigen Raumteiler hellen den riesigen Saal
wohltuend auf. Wenig später sollte Seidl für den
Verwandten der von Arnim, Graf Waldemar von
Oriola, ein Schloss im hessischen Büdesheim bau-
en und auch hier die Inneneinrichtung wesentlich
mitgestalten. Davon sind immerhin so viele Details erhalten, dass die einstige Pracht zu ahnen ist.
Das schmiedeeiserne Stiegengeländer erinnert an
die von Hofschlossermeister Bußmann angefertig-
ten Entwürfe Seidls, die Kassettendecken, Holz-
vertäfelungen und -einbauten sowie die intarsier-
ten Türen stellen meisterliche Schreinerarbeiten
dar. Kamine und Türrahmungen stehen denen in

Die Gestaltung der Räume des Clubhauses im Preysing-Palais stellt den Höhepunkt des Raumkünstlers G. v. Seidl dar.

Gastraum im Preysing-Palais.

Renaissancepalästen nicht nach. Stilistisch unterschiedliche Decken- und Wandmalereien sind zum Teil von Otto Hupp ausgeführt worden.

Nach Umbauten auf den Landsitzen der im Kunstgewerbeverein engagierten Grafen Moy und Toerring-Jettenbach wurde Seidl später auch mit der Neugestaltung von Innenräumen in deren Münchner Stadtpalais beauftragt. Hier galten ähnliche Regeln wie bei Umgestaltungen historischer Bausubstanz. Seidls Innenraumgestaltung kam die Aufgabe zu, für die kostbaren Antiquitäten des Hauses Toerring aus wertvollen Gemälden alter Meister, Gobelins und alter Möbel einen Rahmen zu bilden. Formen und Farbe mussten genau ausbalanciert werden, um künstlerische Harmonie aus Alt und Neu zu erreichen.

Eine besondere Aufgabe waren die Inneneinrichtungen von Galsträumen. Über das Repertoire der »Bierburgen« hinaus löste Seidl auch hier die unterschiedlichsten Aufgaben. So richtete er das in der Barer Straße gelegene dritte Lokal der »Allotria« ein. Dazu wandelte er einen bereits bestehenden Saal so um, dass er sowohl im Erdgeschoss als auch im ersten Stock seitlich von Korridoren begleitet wurde. Der holzverschalten Tonnenwölbung entsprechend erhielt der Saal durch ein halbrundes Oberlichtfenster Seitenlicht - eine Lösung, die Seidl im Ratssaal des Schrobenhausener Rathauses noch einmal anwenden sollte. An den Schmalseiten befanden sich, neben einem gewölbten geräumigen Vorzimmer, eine kleine Bühne und eine stilvolle Empore oberhalb einer Arkade, hinter der sich ein Billardsaal anschloss, mit den so genannten Allotria-Stühlen; »einem gut imitierten, aus altgetöntem Gips an die eine Wand gebauten romanischen Portal, allerlei geschmackvollem altem Maßwerk« und »am Geländer der Emporentreppe nur ein Bild, nämlich ein Porträt Lenbachs, im Erker die Redebühne, eine Bühne und ein Flügel«. Dieses gemütliche Ambiente bildete über Jahre hinaus die Heimat für die Treffen der Allotrianer.

Ein Spätwerk Seidlscher Ausstattung war das Restaurant des Clubhauses im Preysingpalais. Auch in dieser völlig anders gearteten Umgebung wusste er den richtigen Ton zu treffen. Die Wirkung im Vergleich zu den immer ein wenig düster wirkenden Wirtsstuben früherer Zeiten ist verblüffend: »Seidl [...] schaffte Klarheit im münchnerisch dekorativen Sinn, hielt fein die Melodien Effners in den Stuckarbeiten, schloß klar die Türen rundlich ab, stellte glatte Säulen hinein und gab dem Ganzen durch die hellen, freundlich vornehmen Wände mit den eingelassenen Bildern und den prächtig umrahmten Spiegeln einen äußerst vornehmen modernen Ausdruck.«[10] Mit dem spezifisch münchnerischen Ton sind auch die

angrenzenden Oberlichträume im Stil des Muschelhofes der Residenz und die Spiegelrahmungen aus Majolika gemeint, die aus der Nymphenburger Manufaktur stammten.

Das Ende der »deutschen Renaissance« in der Innenarchitektur

Hirth hat die folgenden Ausgaben seines »Deutschen Zimmers« um weitere Stilepochen erweitert und sich keineswegs mit Haut und Haar der Neurenaissance verschrieben. Die vierte erweiterte Ausgabe ließ er von Karl Rosner schreiben. Er selbst distanzierte sich im Nachwort von der Vehemenz, mit der er einst die deutsche Renaissance als den einzig akzeptablen Stil vertreten hatte. Er plädierte nun für Stilpluralismus und Individualismus und bestritt, dass das »absolut Schöne« existiere. So kamen, wie der Münchner Felix Schlagintweit die neue Einrichtungsideologie beschreibt, Vorkämpfer des neuen Kunsthandwerks zum Zug. »Ein aufrechter, auch beim Möbelbau um jeden Preis aufrichtiger Künstler konnte die dicken Ziersäulen an einem Renaissanceschrank, wenn sie sich mit den Türen bewegten, als verlogen und widersinnig nur verdammen. Eine Säule, die sich mit einer Tür herausbewegt, trägt doch nichts. Es beleidigt das Gefühl, wenn dann das Gesims in der Luft hängt. Oder man hörte, im Gegensatz zum Sofa müsste ein Stuhl vor allem leicht sein, weil man ihn schnell dahin und dorthin stellen wolle. Auch bestand eine große Vorliebe für Türangeln und Beschläge, die außen angebracht sind. Da sieht man das Wesen der Konstruktion sogleich mit Wohlgefallen [...] Längst bevor es Allgemeingut wurde, schritten Innen- und Außenarchitekten [...] über die

Butzenscheibenlyrik des Trompeters von Säckingen, über Gedons Schackgalerie im klobigen Renaissanceprunk, über das Kameltaschensofa, über die Biedermeierei, und nicht ohne Kampf und Krampf in den Jugendstil hinein und bald auch wieder heraus – bis endlich als oberstes Gesetz die Echtheit des Materials, die Güte und Ehrlichkeit des Handwerklichen an einem Bau oder Möbel, an einem Teppich, einem Gobelin oder sonst einem Kunstgegenstand neben der künstlerischen Form- und Farbgebung vor dem Ornament blieb […] Schon wollten die meisten Leute ihre Schlösser, Säle und Wohnungen nicht mehr ausschließlich ›antik‹, teils echt, teils imitiert, schmücken […] Mit welcher Wonne entdeckten wir […] fast täglich etwas unerhört Schönes, Neues und Kostbares in den Schaufenstern um den Odeonsplatz […] Aber hie und da bringen wir auch heute noch von der Dult oder von einem versteckten Händler irgendein altes Kunstgut […] mit nach Hause, der sich in unsere Modernität liebenswürdig einfügt.«

Die Stücke aus der Vergangenheit wurden so wieder Sammlungsobjekte, die als Schaustücke in die zeitgenössisch gestaltete Umgebung eingefügt wurden. Damit wuchs, nach den versuchten Stildiktaten, die Individualität im Zusammenstellen der Wohnungseinrichtung, und so »wurde auf einem Künstlerfeste einem die Scherzfrage vorgelegt: Haben Sie schon Möbel verkünstelt oder Kunst vermöbelt?«[11]

Gabriel von Seidl und der Heimatstil

Irmgard Bommersbach

Der so genannte Heimatstil entwickelte sich aus einem gesellschaftlichen Bedürfnis: Die Industrialisierung mit ihren sozialen Folgen und Umweltzerstörungen hatte im deutschen Bildungsbürgertum das Bewusstsein für einen drohenden Verlust an Kultur und Lebensqualität geschärft.

In der Kunst äußerte sich dies in einer Rückbesinnung auf gewachsene Traditionen, die sich auch in einem zunehmenden Interesse an der Volkskunst offenbarte. Diese Wertschätzung war vor allem als Ausdruck einer Suche nach Heimatverbundenheit, nach kultureller Identität zu sehen. In Architektenkreisen übte man zunehmend Kritik an der serienmäßigen Massenproduktion kunstgewerblicher Gegenstände wie Möbel, Hausrat und Wohnungsschmuck.

In England hatten die Erfahrungen mit den modernen Produktionsmethoden in den 1860er Jahren zur »Arts-and-Crafts«-Bewegung geführt, die einen persönlichen Bezug des Künstlers oder Handwerkers zum Schaffensprozess forderte. Sie trat für schlichte, am Zweck orientierte Formen ein, wie sie Ende des 18. Jahrhunderts in Gebrauch waren. Diese englische Bewegung wurde in Deutschland in den 1890er Jahren rezipiert und hatte wesentlichen Einfluss auf die Entwicklung des Heimatstils in der Volkskunst und darüber hinaus in der Architektur. Vor allem wandte sich die neue Richtung gegen die übersteigerten Formen des Historismus. Die Überwindung des Stilpluralismus der Gründerjahre ist ihr bleibender Verdienst.

Neben den englischen Einflüssen waren für den Heimatstil zwei Quellen von Bedeutung: das bürgerliche Bauen des 18. Jahrhunderts, wie es sich im Biedermeierstil konzentrierte, und die regionalen bäuerlichen Bautraditionen. Genau genommen war der Biedermeierstil weit in Europa verbreitet und hatte somit keinen regionalen Bezug. Doch man empfand die schlichten Putzbauten mit ihrem hohen Walm- oder Mansarddach als volkstümlich, beschaulich und besonders gut in Ortsbild und Landschaft integriert. Goethes Gartenhaus in Weimar ist dafür ein frühes und weit bekanntes Beispiel. Die klaren Strukturen des Außenbaus mit den einfach eingeschnittenen Fenstern und dem besonders hohen Walmdach entsprachen den Anforderungen des Heimatstils an Einfachheit, »Wahrhaftigkeit«, gute Maßverhältnisse und eine Schönheit, die sich aus der Zweckmäßigkeit ergibt.[1]

Diese Kriterien erfüllte auch das Bauernhaus. Das oberbayerische Gebirgshaus beispielsweise zeigt auf das Notwendige reduzierte Formen: ein einfaches, hell verputztes Mauerwerk, das Obergeschoss umziehende Lauben und ein ausladendes flaches Satteldach. Die breit gelagerten Bauten vermitteln den Eindruck behaglicher Geborgenheit. In seinen Skizzenbüchern hat Gabriel von Seidl auch Häuser mit steilem Satteldach und verbrettertem Giebel aus der Gegend von Tölz festgehalten. Er bemerkte dazu: »Häuser mit steilem Dach [...] im Gegensatz zum flachen Legschindeldach mit Steinbeschwerung des eigentlichen Bauernhauses. – Also eine verfeinerte, dem Städtischen zugeneigte Art.«[2] Meist waren diese Bauten nicht bäuerlichen Ursprungs, sondern Handwerkerhäuser, deren hohes Dach zusätzlichen Wohn- und Lagerraum schuf.

Ausgehend von den beschriebenen Grundformen des Biedermeier- und Bauernhauses wurden Grund- und Aufriss frei nach modernen Wohnbedürfnissen entwickelt. Architektonischer Schmuck wie Zwerchgiebel, Erker, Balkone oder Lauben wurden sparsam eingesetzt und die Fassaden durch farbig gestrichene Fensterklappläden und Spaliergitter belebt. Dem Dach kam eine dominierende Rolle zu, denn der »Schutz und Schirm des ganzen Hauses« sollte »als Hauptglied ein Drittel oder die Hälfte der Gesamthöhe des Hauses betragen«.[3]

Frei stehende Landhäuser sollten höchstens zweistöckig errichtet werden, damit sie sich gut in die umgebende Landschaft einfügten. Im Gegensatz zum Stadthaus lagen die Wohnräume des Landhauses »im Garten, nicht über dem Garten«, naturverbunden zu ebener Erde.[4]

Während regionale Vorbilder in erster Linie das äußere Erscheinungsbild der Heimatarchitektur prägten, wurde die Grundrissgestaltung von der Entwicklung des englischen Landhauses angeregt. Gegenüber der Biedermeierzeit hatte sich das Wohnbedürfnis wesentlich verändert. Hatte man früher die Raumaufteilung der Stadtwohnung mit großen Repräsentationsräumen und engen Zimmern für den persönlichen Bedarf häufig auf das Landhaus übertragen, so stand nun die Bequemlichkeit für die Familie im Vordergrund. Der Wohnbereich umfasste oft mehrere Zimmer, manchmal auch ein Kinderspielzimmer; es wurden Bäder eingerichtet und die Küche größer und heller gestaltet.[5] Landhäuser im Bauernhausstil übernahmen regelmäßig nur die äußere Form ihres Vorbildes, während der Grundriss auf den Bedarf der Bewohner zugeschnitten war.

Gabriel von Seidls Landhausbauten zeigen seine Einstellung zum landschaftsgebundenen Bauen und zur Natur. Lange bevor sich das allgemeine Interesse auf die bodenständige Bauweise richtete, hatte er sich mit Heimatkunst beschäftigt. Von Beginn an (1902) war er aktives Mitglied des Bayerischen Vereins für Volkskunst und Volkskunde. Gemeinsam mit anderen führenden Münchner Architekten wie Carl Hocheder, August Thiersch und Hans Grässel nahm er regen Anteil an der Bauberatung des Vereins, der Bauwilligen die Ideen des Heimatschutzes nahe brachte.

Bereits 1886 hatte Seidl für Major Maximilian von Heyl in Berchtesgaden ein Landhaus errichtet, das aus dem Bauernhaus des Oberlandes entwickelt war. Es gilt als frühestes Beispiel für die Übernahme örtlicher Bautradition im Berchtesgadener Raum. Vorbilder dafür gab es am Starnberger See, von denen Seidl gewiss das 1856 gebaute Landhaus Moritz von Schwinds kannte, da der Maler mit seinem Vater befreundet war.

Seidl verwendete historisierende Elemente nicht versatzstückartig. Vielmehr brachte er sie in einen inneren Zusammenhang mit der Gesamtkomposition und nutzte sie als Stimmungsträger. Es war eine seiner Stärken, Grund- und Aufriss so ineinander zu arbeiten, dass die Fassade vollendet rhythmisiert und die Innenräume bestmöglich belichtet waren. Die Grundrisse legte er nach rein funktionellen Gesichtspunkten an; beson

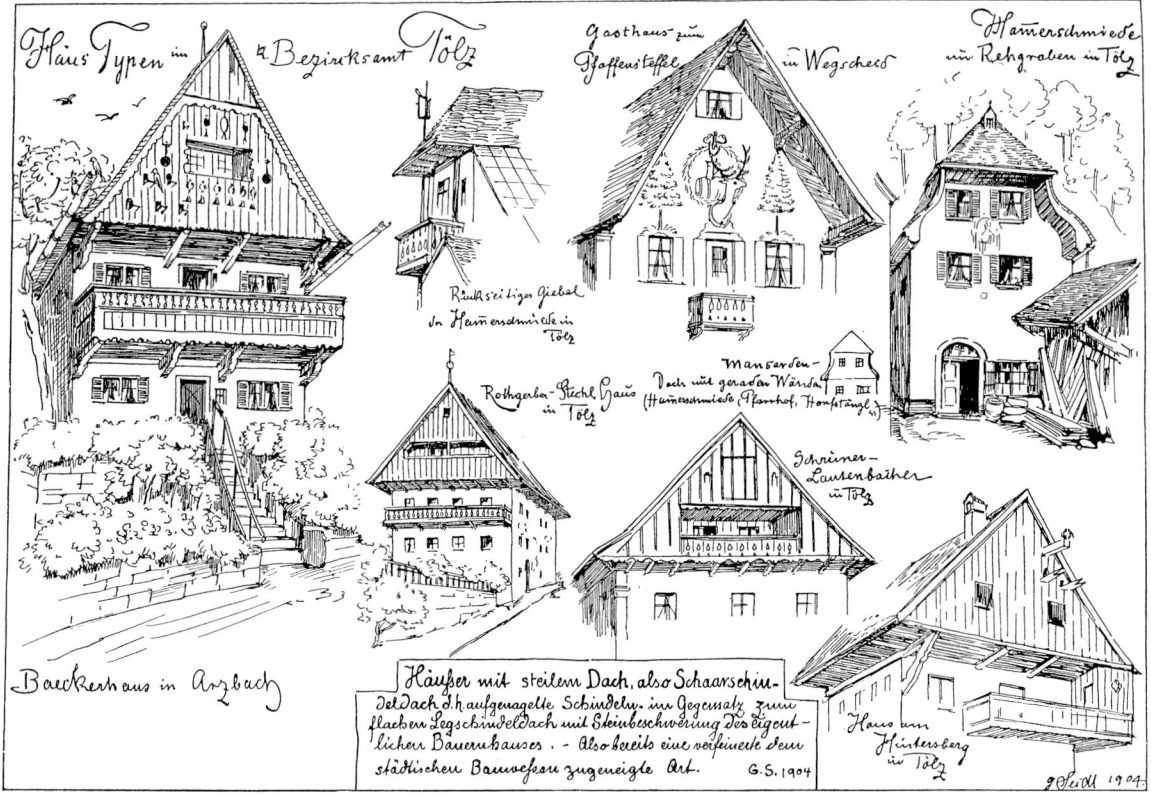

Aus Gabriel von Seidls Skizzenbüchern, Haustypen im Bezirk Bad Tölz.

ders erwähnenswert sind hier die geräumigen Dielen und Treppenhäuser, die auch kleineren Bauten Großzügigkeit verliehen.

Gabriel von Seidl stellte seine Landhäuser mit großer Einfühlung in die Landschaft. Wohnräume und Terrassen sollten die schönste Aussicht bieten und nach Osten oder Süden ausgerichtet sein. Er wählte den Bauplatz möglichst etwas abseits der Straße, um das Haus vor der Öffentlichkeit abzuschirmen. Leider ist bei keinem der zum Teil sehr großen Anwesen die Gartenanlage erhalten.

LANDHAUS MAXIMILIAN VON HEYL IN BERCHTESGADEN

Das erste Landhaus, das Seidl in Bayern baute, war das bereits erwähnte Haus der Familie von Heyl in Berchtesgaden. Die »Villa Doris«, so genannt nach der Frau des Bauherrn, ist sehr gut erhalten und bis auf einen im Jahr 1910 erfolgten Anbau unverändert.[6] Anfang der 1890er Jahre wurde das Haus an den Grafen von Waldersee verkauft. Seine Witwe, eine geborene von Haniel, lebte auf dem Anwesen bis zu ihrem Tod 1955. Wegen ihres sozialen Engagements war sie in Berchtesgaden sehr beliebt. Die am Haus vorbeiführende Straße

»Villa Doris« in Berchtesgaden, Südwestfassade mit Giebellaube und Salettl.

ist nach ihr benannt. Von den Erben wurden große Teile des Grundstücks verkauft, sie sind heute bebaut.

Bei der Gestaltung des Außenbaus gelang es Seidl, in schöpferischer Weise zwei eigentlich gegensätzliche Elemente miteinander in Einklang zu bringen. Das flach geneigte, weit vorkragende Satteldach über einem in Holzblockkonstruktion ausgeführten Kniestock und die Hochbalkone an den Giebelseiten verbinden den Bau mit der bäuerlichen Bautradition des Berchtesgadener Landes. Andererseits tragen die Wandabwicklungen der Fassaden auch städtisch-herrschaftliche Züge. Dazu gehören zum Beispiel das Rotmarmorportal und das mit einem originellen Stuckornament bekrönte Rundbogenfenster des Treppenhauserkers an der Eingangsfront. Eine Besonderheit sind die hier eingemauerten Spolien, »ein Epitaph eines Priesters von 1601 und ein Wappen- und Inschriftenstein von 1560, die im Sinne des malerischen Späthistorismus das Gebäude wie ein in historischen Prozessen gewachsenes erscheinen lassen wollen.«[7] Sie sind auch ein Hinweis auf die Kunstsinnigkeit des Bauherrn, der in seinem Wormser Wohnsitz eine große Sammlung von Bildern und Skulpturen besaß.

Um die malerische Wirkung des Außenbaus zu steigern, ist an der talwärts gelegenen Südostfront ein flacher durchfensterter Erker mit geschweiftem Dach angebracht. An der Ecke zur Südwestfassade steht ein ursprünglich offenes polygonales Salettl, dessen Haube mit Holzschindeln gedeckt ist.

Aus der Entfernung fügt sich der Bau in die umgebende Landschaft ein, die Nähe vermittelt dem Betrachter das eigentlich städtische Wesen des Baus. Auch die Lage im Grundstück wurde von Seidl mit Bedacht gewählt. Er stellte das Haus unterhalb der Straße nach Reichenhall in einen steil abfallenden Südosthang. Von dort bietet sich eine herrliche Aussicht auf das Panorama der Berchtesgadener Berge.

LANDHAUS WILHELM VON SCHOEN IN BERCHTESGADEN

Bereits 1886 hatte Seidl bei der Gestaltung der »Villa Doris« örtliche Bautraditionen aufgenommen. Bei dem Landhaus des Legationsrates Wilhelm von Schoen, das Seidl ab 1890 nur wenige hundert Meter von der »Villa Doris« entfernt errichtete, tritt diese Tendenz noch stärker hervor.[8] Über einem aufgemauerten, weiß verputzten Erdgeschoss auf rechteckigem Grundriss erstellte Seidl das Obergeschoss in Holzblockkonstruktion. Zur Nutzung des Dachraums unter dem flachen, weit ausladenden Satteldach wurde ein Kniestock aufgesetzt. Das Dach war mit Legschindeln gedeckt und mit Steinen beschwert, wie ein zeitgenössisches Foto zeigt.[9] Zum Repertoire des traditionellen Bauernhauses gehören auch die Balkone, die die ganze Breite der Giebelseiten einnehmen und die Sprossenfenster mit den grün gestrichenen Klappläden. Einzelne Elemente wie der über beide Hauptgeschosse reichende Runderker an der Südostecke des Hauses oder die Korbbogenform der Türöffnungen und der Treppenhausfenster heben den Bau allerdings vom Bauernhaus ab.

Seidl nutzte das im Verhältnis zur Länge relativ schmale Grundstück bestmöglich aus. Der Lageplan zeigt, dass jeweils die Ecken des Baus den kürzesten Abstand zur Grundstücksgrenze haben. Die größte Distanz zur Grenze hat die Südfassade, hinter der Wohn- und Speisezimmer lagen. In diese Richtung fällt das Gelände ab und gibt den Blick frei auf die Berggipfel jenseits des Tales. Im Jahr 1916 wurde das Gebäude nach Norden und Westen wesentlich erweitert, da die Familie ihr Sommerhaus während des Kriegs ganzjährig bewohnen wollte. Die Holzblockkonstruktion wurde abgetragen und durch einen Steinbau ersetzt. Die neu konstruierten Fassaden wurden ganz im Sinne Seidls gestaltet; der ursprünglich etwas überdimensioniert wirkende Runderker verlor in der neuen Südostansicht angenehm an Gewicht.

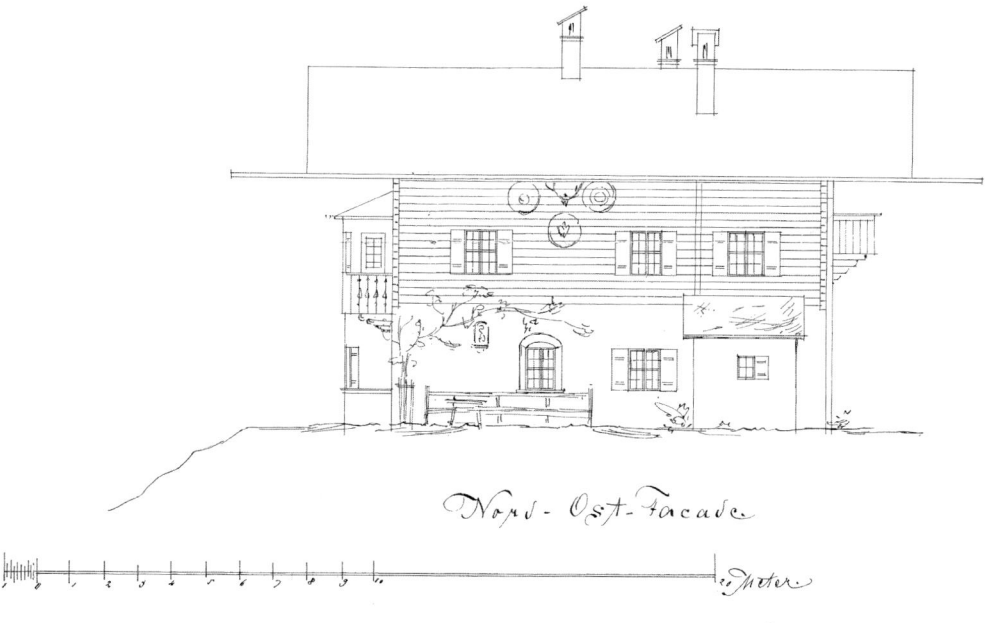

Aufriss der Nordostfassade zum Landhaus von Wilhelm von Schoen in Berchtesgaden.

Neugestaltete
Eingangsfassade
des Landhauses
Julius C. Schoens
in Berchtesgaden.

LANDHAUS JULIUS C. SCHOEN IN BERCHTESGADEN

Noch im gleichen Jahr erhielt Gabriel von Seidl von Julius C. Schoen, einem Bruder des Legationsrates Wilhelm von Schoen, den Auftrag, sein Berchtesgadener Landhaus zu erweitern. Der von Seidl signierte Plan[10] wurde am 13. November 1890 genehmigt und war laut »Bauvollendungsanzeige« bis 15. Juli 1891 ausgeführt. Das Haus liegt knapp hundert Meter oberhalb der ehemals Heylschen Villa auf einem Wiesenplateau.

Der vorhandene Bau, ein einfacher zweigeschossiger Kubus von zehn Metern Breite und gut 13 Metern Länge, besaß ein flaches Satteldach, das mit hölzernen Legschindeln gedeckt war.[11] Der Bauherr wird vor allem mit der Eingangssituation des Hauses unzufrieden gewesen sein.

Der Raum für Flur und Treppenhaus des traufseitig erschlossenen Hauses war mit viereinhalb Quadratmetern Grundfläche viel zu knapp bemessen. Die Zimmertüren konnten nur bei geschlossener Haustüre geöffnet werden und zwei Räume waren vom Flur aus überhaupt nicht zu erreichen. Um großzügigere Verhältnisse zu schaffen, errichtete Seidl an der nordöstlichen Giebelfront einen dreigeschossigen Anbau, der in jeder Etage einen zusätzlichen Raum bot. Im Erdgeschoss nahm er die Küche auf, so dass der angrenzende ehemalige Küchenraum der Diele zugeordnet werden konnte. Der enge Treppenaufgang wurde abgebrochen und in einen Treppenhauserker verlegt, den Seidl an der Traufseite des Hauses neben dem Eingang hochziehen ließ. Für die innere Organisation des Haushalts bot die mehr als verdreifachte Fläche der Diele einen außerordentlichen Gewinn; für den Außenbau bedeuteten die Anbauten eine Wendung vom schlichten bäuerlichen Charakter zur asymmetrischen Fassadengestaltung späthistoristischer Landhäuser. Wie häufig versuchte Seidl in seiner Formensprache das Gemüt anzusprechen und das Haus einladend wirken zu lassen. Hier waren es das zierliche hölzerne Salettl, das geschweifte Vordach über der Haustür, die Sitzbank neben dem Eingang und die Spaliergitter an den Anbauten. Das Haus ist heute in Gemeindebesitz. Es ist bis zur Unkenntlichkeit umgebaut und wirkt verwahrlost.

LANDHAUS HUPP IN OBERSCHLEISSHEIM

Mit dem Maler und Heraldiker Otto Hupp arbeitete Seidl seit Ende der 1870er Jahre oft und gerne zusammen. Er war ihm auch freundschaftlich verbunden. Im Jahr 1891 entwarf er für ihn ein Wohnhaus, das weit vor den Toren Münchens in Oberschleißheim entstehen sollte.[12] Dieses Haus war nicht als Landhaus für gelegentliche Aufenthalte gedacht, sondern sollte Hupp als ständiger Wohnsitz dienen. Schon seit 1882 wohnte Hupp mit seiner Frau in Oberschleißheim, um dem Lärm der Großstadt zu entfliehen.[13] Das Grundstück, das Hupp im Mai 1891 erwarb, lag damals außerhalb des Ortes an der Mittenheimerstraße und grenzte nach Norden an die Hirschplanallee. Im Juni 1892 konnte er einen angrenzenden Garten erwerben, so dass ihm bei Baubeginn fast ein Hektar Land zur Verfügung

stand.[14] Das Haus ist fast unverändert erhalten. Bis 1984 wurde es von Hupps Adoptivtochter bewohnt. Seither steht es leer. Im Jahr 1997 kaufte es die Baugenossenschaft Ober- und Unterschleißheim, die es sanieren will.[15] Die spätere Nutzung ist derzeit noch offen.

Über einem fast quadratischen Grundriss von gut elf Metern Seitenlänge steht ein schlichter zweigeschossiger Putzbau mit hohem Zeltdach. Als Vorbild für die Grundform des Hauses könnte man die äußeren Pavillons des nahe gelegenen Schleißheimer Schlosses ansehen, in dessen unmittelbarer Umgebung die Hupps seit 1882 wohnten. Der knappe Dachüberstand, durch ein hölzernes Kastengesims an die Wandflächen angeschlossen, entspricht der traditionellen örtlichen Bauweise. Die schnörkellos klaren Linien des Außenbaus werden nur an zwei Seiten unterbrochen. Der Westfassade ist ein flacher polygonaler Treppenhauserker mit großem Korbbogen-

Wohnhaus Otto Hupp in Oberschleißheim in einer Aufnahme um 1900.

fenster und geschweiftem Kupferdach vorgelegt. Über die ganze Breite der Südfassade zieht sich eine gedeckte Loggia, durch die der Zugang zum Haus erfolgt. Sie ist der einzige Bauteil, der verändert wurde. Ursprünglich trug sie ein Pultdach, das ebenso wie das Hausdach mit Ziegeln gedeckt war. Wohl in den sechziger Jahren wurde eine gerade Decke eingezogen und eine Brüstung aufgemauert, um das Loggiendach als Balkon zu nutzen. Die in drei beziehungsweise vier Fensterachsen gegliederten Fassaden sind regelmäßig, doch nicht symmetrisch angelegt. Alle Fenster haben Rechteckform und richten sich in Anordnung und Größe nach der Nutzung des Raumes, den sie belichten sollen. Zur besseren Wärmeisolierung sind die Fenster als so genannte Kastenfenster ausgebildet. Sie sind mit grüngestrichenen Klappläden ausgestattet, die die schlichten weißen Putzflächen freundlich beleben.[16]

Der Bau kann weder eindeutig dem Typus des Landhauses noch dem des städtischen Wohnhauses zugeordnet werden. Er besitzt Charakteristika von beiden. Die freie Lage, die einfache Putzausführung der Fassaden und der Verzicht auf die Ausbildung einer Hauptfassade erfüllen Kriterien des Landhausbaus. Doch fehlt der beim Landhaus übliche direkte Zugang zum Garten. Es wurde keine Terrasse angelegt. Die Wohnebene ist nicht dem Bodenniveau angenähert, sondern erst über elf Stufen zu erreichen.

Der Grundriss wurde ganz auf die Bedürfnisse des Bauherrn zugeschnitten. Abgesehen vom Fenster des Toilettenvorraums gibt es nach Süden nur ein einziges Fenster, das Dielenfenster im Obergeschoss. Bei dem dritten auf der Abbildung sichtbaren Fenster handelt es sich um ein Blindfenster, das nur aus Gründen der Fassadensymmetrie angebracht wurde. Als Künstler bevorzugte Hupp Nordlicht. Bis auf das Wohnzimmer, das auch ein Westfenster besitzt, waren alle Haupträume nach Norden und Osten ausgerichtet, während die Nebenräume nach Süden und Westen lagen. Auch die Raumaufteilung war ungewöhnlich. Im Erdgeschoss erschloss die geräumige Diele Küche, Esszimmer und ein kleines Ostzimmer, das nicht beheizbar war. Im Obergeschoss waren das Wohnzimmer mit direktem Zugang zum Arbeitszimmer und das kleine ebenfalls nicht beheizbare Schlafzimmer untergebracht. Das Haus verfügte über kein Badezimmer.

Bemerkenswert ist die erhaltene Ausstattung: Die Diele besitzt ein Scheingewölbe auf Holzkonstruktion, Türen und Türstöcke sind noch original erhalten. In Ess-, Wohn- und Arbeitszimmer sind Wandverkleidungen aus Fichtenholz mit Schrank- und Sitzbankeinbauten noch in relativ gutem Zustand. Die Decke und den oberen Teil der Wände des Schlafzimmers hatte Hupp mit grünem Rankenwerk auf tiefblauem Grund bemalt, das stilistisch an die florale Ornamentik der Präraffeliten erinnert. In der Deckenmitte ist in einem runden Medaillon der Heimatort seiner Frau, Bogen bei Straubing, dargestellt. Erhalten ist auch die Ausmalung des Dachzimmers, das Hupp 1909 für seine Adoptivtochter mit verschlungenen Blattranken und balzenden Wiedehopfen zierte.[17]

Landhaus des Freiherrn von Thielmann in Kreuth

Kurz vor der Jahrhundertwende baute Gabriel von Seidl für den Freiherrn Max von Thielmann, der die Position eines Staatssekretärs im Reichsschatzamt in Berlin innehatte, ein Landhaus in Dorf Kreuth. Die Pläne sind am 12. September 1898 datiert und von Seidl signiert.[18] Im Jahr

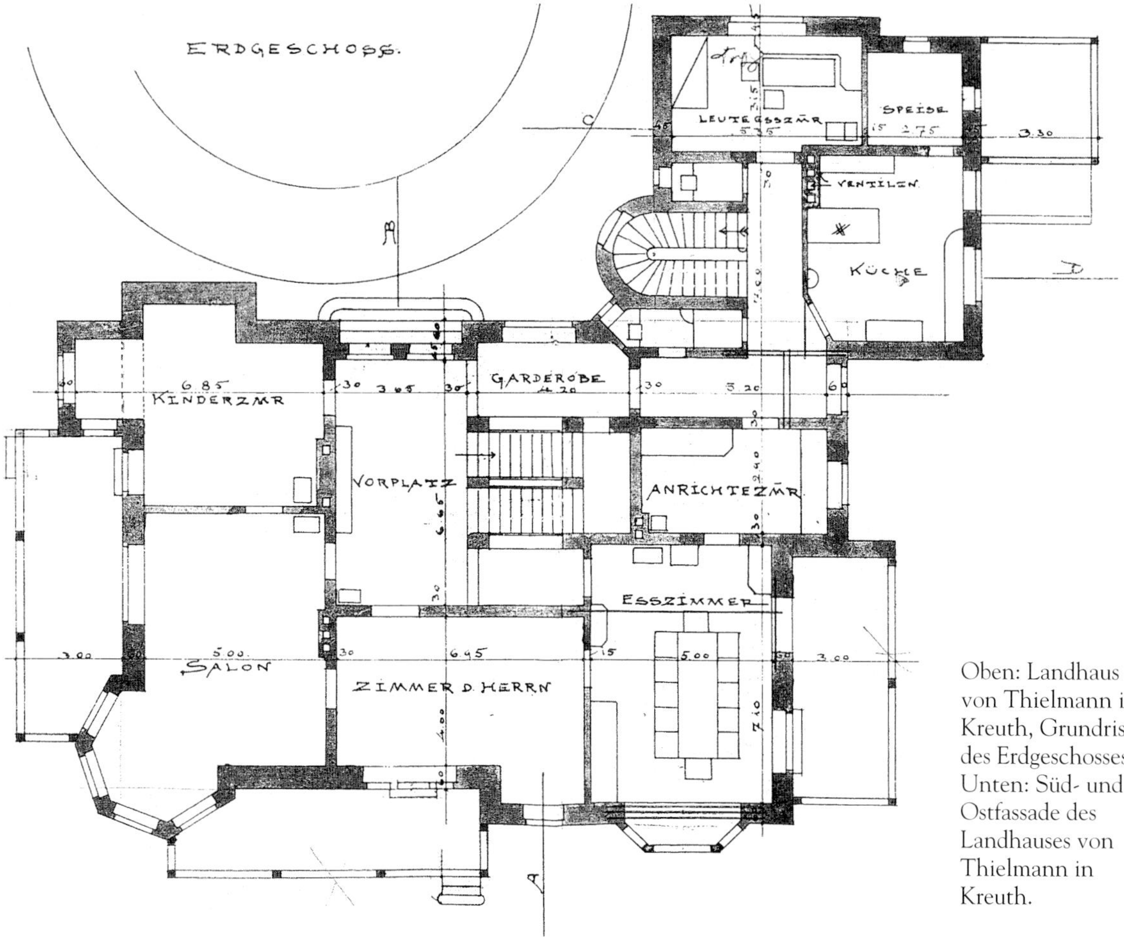

ERDGESCHOSS.

LEUTE ESSZMR
SPEISE
VENTILIN
KÜCHE
KINDERZMR
GARDEROBE
VORPLATZ
ANRICHTEZMR
ESSZIMMER
SALON
ZIMMER D. HERRN

Oben: Landhaus
von Thielmann in
Kreuth, Grundriss
des Erdgeschosses.
Unten: Süd- und
Ostfassade des
Landhauses von
Thielmann in
Kreuth.

1900 konnte der Bau bezogen werden. Die Villa ist erhalten und wurde nie umgebaut. Dennoch gibt es Veränderungen am Außenbau, die den Gesamteindruck schmälern. Der Blickfang der Westfassade, das Turmgeschoss des runden Treppenhauserkers wurde mitsamt der bekrönenden Zwiebelhaube abgetragen. Außerdem sind die drei hölzernen Loggien, die den Wohnräumen vorgelegt waren, abgebrochen. Auch die Bemalung des Hauses, die barockisierenden Fensterrahmungen, die Medaillons über der Eingangsloggia und am Erker der Südostecke, sind verloren.

Das Haus steht oberhalb des Dorfes im ehemals weitläufigen Grundstück an der Kante eines Osthangs. In diese Richtung orientieren sich auch die Wohnräume und bieten einen schönen Blick ins Tal und auf die umliegenden Berge.

Im Grunde besteht das Gebäude aus einem rechteckigen Kubus, dem im Westen neben dem Eingangsbereich ein Funktionstrakt angegliedert wurde. Um das zentrale Treppenhaus gruppieren sich ein Kinderspielzimmer, der Salon mit dem geräumigen Eckerker, das Herrenzimmer und das großzügige Esszimmer. Nach Westen mit direktem Zugang zum Esszimmer folgt eine Anrichte. Von dort aus ist über einen Flur der Wirtschaftstrakt mit Küche, Speisekammer und »Leutezimmer« zu erreichen. Dieser Teil des Hauses verfügt über ein eigenes Treppenhaus und enthielt im Obergeschoss wohl Schlafzimmer für das Personal. Im ersten Stock des Haupttrakts lagen die Schlafräume der Eheleute, ein Kinderschlafzimmer, je ein Zimmer für Erzieherin und »Jungfer« und ein Badezimmer.

Der ganze Bau scheint vom Grundriss her entwickelt. Jeder Raum wurde, dem Bedürfnis folgend, mit Nischen, Erkern und vorgelegten Terrassen ausgestattet, die dann am Außenbau in Erscheinung treten. Souverän gruppierte Seidl diese Fülle architektonischer Details. Mit dem asymmetrischen Fassadenaufbau zielte er auf eine malerische Wirkung. Das gleiche gilt für das nach allen Seiten abgewalmte Dach. Nach drei Seiten sind Giebel mit weit vorkragendem Schopfwalm ausgebildet, die beim Betrachter die Assoziation von Schutz und Geborgenheit aufkommen lassen.

LANDHAUS KESTER IN FÜRSTENFELDBRUCK

In der Sommerfrische des Jahres 1899 erarbeitete Gabriel von Seidl Pläne zu einer Villa für den Lederfabrikanten Ludwig Kester aus München. Ludwig Kester war vom leitenden Angestellten zum Miteigentümer der »Actien-Gesellschaft für Lederfabrikation« in Giesing aufgestiegen und beabsichtigte kurz vor der Jahrhundertwende in den Ruhestand zu treten.[19] Er verkaufte seine Anteile am Unternehmen und erwarb in Bruck an der Äußeren Dachauerstraße ein Terrain von etwa 60 000 Quadratmetern, um für sich und seine Frau einen Altersruhesitz bauen zu lassen. Dort wollte er sich seinem Hobby, der Gladiolenzucht, widmen.[20] Möglicherweise folgte das Ehepaar auch einem Trend der

Landhaus Kester in Fürstenfeldbruck.

Zeit, die Großstadt zu verlassen, um in gesünderer Umgebung »vor den Toren Münchens mit schattigen Wäldern und heilkräftigen kalten und warmen Amperbädern bei reinster ozonreicher Luft« zu leben.[21]

Im Jahr 1900 konnte das Haus bezogen werden. Das Ehepaar Kester hatte sich übrigens bewusst für das Seidlsche Projekt entschieden. Vorher hatten sie ein Angebot der Münchener Architekten Helbig & Haiger eingeholt.[22] Diese Pläne zeigen einen zweigeschossigen schlichten Putzbau mit abgewalmtem Dach, dessen Formen durch den Jugendstil geprägt sind. Den Kesters schien dieser Entwurf jedoch nicht gefallen zu haben.

Bis 1988 blieb die Villa im Besitz der Familie. Zuletzt wurde sie von den Schwestern Miriam und Gabriele Haeusler bewohnt. Da beide ohne Erben waren, errichteten sie eine Stiftung für Kultur und Wissenschaft, der nach ihrem Tod das gesamte Vermögen zufiel. Die Verantwortlichen der Kester-Haeusler-Stiftung haben die Villa, die im Originalzustand erhalten ist, vorbildlich restaurieren lassen. Sie dient heute der Stiftung als Geschäftsstelle und bietet einen intimen Rahmen für Veranstaltungen.

Entsprechend den Vorschriften errichtete Seidl die Villa nahe der Straße, nur fünf Meter hinter der Baulinie. Die Dachauerstraße war zur Bauzeit noch nicht befestigt, das Haus stand völlig frei.[23] Der zweigeschossige, hochaufragende Baukörper wird von einem Schopfwalmdach abgeschlossen. Zum Garten hin, auf der Nordseite, ist ein Zwerchhaus vorgelagert, das ebenfalls ein abgewalmtes Dach trägt. Die Hauptfassade zur Straßenseite ist nach Süden ausgerichtet. Sie wird von sehr unterschiedlichen, beinahe gegensätzlichen Elementen geprägt. Das elegante barockisierende Mittelfeld mit Figurennische und einem von Ignaz Günther inspirierten Madonnenrelief

wird von einem ebenfalls dem Barock entlehnten Ziergiebel mit seitlichen Voluten bekrönt. Dieser vornehme Zug wird unterlaufen durch das schlichte hölzerne Vordach, das die vorgelegte Terrasse gegen Witterungseinflüsse schützen soll und quer über das Mittelfeld geführt ist. Auch die Altane auf dem seitlichen Erker erinnert in ihrer Holzkonstruktion mit flachem Satteldach eher an bäuerliche Bauweisen.

Die von Seidl gewählte Putzgliederung des Außenbaus nimmt örtliche Traditionen auf. So stehen glatt verputzte Ecklisenen den in Rauputz ausgeführten Wandflächen gegenüber. Auch das in Traufhöhe umlaufende profilierte Gesims und der knappe Dachüberstand entsprechen regionaler Gepflogenheit. Der einzige wohl nicht original erhaltene Bauteil ist die zum weitläufigen Garten hin orientierte nordseitige Terrasse mit darüber liegendem Balkon. Brüstungen, Stützen und Decken sind in Beton ausgeführt. Im Originalplan ist hier eine Holzkonstruktion vorgesehen.

Die Zitate aus der Barockzeit, die den gesellschaftlichen Anspruch des Bauherrn dokumentieren, ergeben zusammen mit den Bezügen zur »heimischen Bauweise«, den grün gestrichenen Klappläden und den das Erdgeschoss umziehenden Spaliergittern ein pittoreskes Bild.

LANDHAUS HEINRICH ROECKL IN BAD TÖLZ

Konsul Heinrich Roeckl, der Münchner Handschuhfabrikant, kannte und liebte den Ort Tölz und seine Umgebung. Häufig hatte er dort mit seiner Familie den Sommer verbracht. Mit seinem Onkel, Gabriel von Seidl, verband ihn eine besondere Beziehung. Da Roeckl früh den Vater verloren hatte, wurde Seidl sein väterlicher Freund und Ratgeber. Kurz vor der Jahrhundertwende war der Oberhof-Bauer Kaufmann wegen Überschuldung genötigt, seinen Hof oberhalb Tölz zu verkaufen. Roeckl ergriff die Gelegenheit und erwarb den Oberhof mit sechs Hektar Land. Der Kaufpreis betrug 150000 Mark. Seidl unterstützte das Unternehmen und lieh dem Neffen 50000 Mark. Roeckl beschloss, für den Landwirtschaftsbetrieb einen Verwalter einzusetzen und das Gut auf diese Weise weiterzuführen. Die Lage auf dem Oberhof bot beste Voraussetzungen für den Bau eines standesgemäßen Landhauses für Roeckl und seine junge Frau. Sie war die Tochter des Brauereibesitzers Schmederer, der den Hauptanteil am Münchner Paulanerbräu hielt.[24] Das Gebäude ist nicht mehr erhalten. Wegen starker Verfallserscheinungen wurde es 1960 abgebrochen.

Im Jahr 1900 wurde mit dem Bau begonnen, im August 1901 konnte Familie Roeckl einziehen. Für den Außenbau wählte Seidl dem Biedermeier entlehnte Formen. Über rechteckigem Grundriss errichtete er den Wohntrakt, einen zweigeschossigen Putzbau, mit hohem Mansarddach. An der Nordseite schob er einen nur einstöckigen Wirtschaftsflügel an, dessen Mansarddach nach Norden einen Schopfwalm ausbildete. Für die gleichermaßen elegant und behaglich wirkende Dachform gab es in Tölz und Umgebung Vorbilder, die Seidl in seinen Skizzenbüchern besonders hervorgehoben hat: die Hammerschmiede am Rehgraben, den Tölzer Pfarrhof und das so genannte Hanfstängl-Haus.

Die Südfassade bildete die Hauptschauseite des Hauses. Durch den eingezogenen Mittelteil, der Balkon und Veranda unter das schützende Dach rückte, erhielt die Fassade ihren Rhythmus. Der polygonal gebrochene Westteil bildete im Innern Erkerzimmer aus. Im rechtwinklig geschlossenen Ostteil befand sich im Erdgeschoss eine offene Halle, die, einer Sala terrena vergleichbar, die Wohnräume mit Terrasse und Garten verband. Mit einigen rein dekorativen Elementen gelang es Seidl, die malerische Wirkung noch zu steigern: zwei Medaillons mit Reliefs der Hausheiligen,[25] farbige Putzrahmungen, grüne Klappläden und das elegante schmiedeeiserne Balkongitter mit biedermeierlichen Kranz- und Früchtemotiven. Trotz der vielen verschiedenen Formen wirkte die Fassade nicht unruhig. Neben den regelmäßig gesetzten, gleichförmigen Fenstern bildete das hohe Mansarddach mit den symmetrisch angeordneten Gauben den eigentlich integrierenden Faktor. Seidl legte den Eingang zur Villa in eine einladend offene Loggia an die Nordseite, in den Winkel zwischen Haupt- und Wirtschaftstrakt. Auch hier nutzte er die Wechselwirkung zwischen offenen und geschlossenen Bauteilen, um Spannung zu erzeugen und für den Ankommenden den Reiz des Anblicks zu erhöhen. In noch stärkerem Maß als bei der Hauptfassade legte er es darauf an, das Gefühl des Betrachters anzusprechen. Zu den bereits erwähnten dekorativen Motiven treten hier die bewegte Dachformation, der weit vorgezogene Halbwalm und die grün gestrichenen Spaliergitter. Die grüne Farbe der Fensterläden und Spaliere trug dazu bei, das Landhaus in die umgebende Natur einzubinden. Die Anlage der Villa vermittelt die vom Architekten beabsichtigte Anmut, Beschaulichkeit und gleichzeitig eine gewisse Eleganz.

Der Grundriss folgte den Bedürfnissen des Bauherrn.[26] Eingangsbereich und Nebenräume waren nach Norden ausgerichtet, die Räume auf den Sonnenseiten dem Aufenthalt der Familie und ihren häufigen Gästen vorbehalten. Neben dem Eingang lag das »Kutscherzimmer«, von dem aus der Eingangsbereich überblickt werden konn-

Eingangssituation des Landhauses Roeckl im Gut Oberhof, Bad Tölz.

te. Die Wohnräume wurden von einer großzügigen gewölbten Diele erschlossen. Als Gast wurde man zuerst ins Empfangszimmer geführt, das direkt mit dem Wohnzimmer und der zur Terrasse offenen Halle verbunden war. Die Decke beider Räume war stuckiert. Um einen saalartigen Eindruck des Wohnzimmers zu vermeiden - es war achteinhalb Meter lang -, trennte Seidl eine drei Meter tiefe Nische ab, deren Decke eine Wölbung erhielt.[27] Im Obergeschoss lagen die Schlafräume, zwei Fremdenzimmer, das Bad und ein Boudoir für die Dame des Hauses. Die Dienstbo-tenzimmer waren im ausgebauten Dachgeschoss untergebracht.

Das Roecklsche Landhaus bot ein echtes Lehrstück für Seidls Begabung, Grund- und Aufriss organisch miteinander zu verbinden. Am besten lässt sich das an der Gruppierung der Fenster nachvollziehen. Von außen betrachtet, gestalteten sie den Rhythmus der Fassaden mit. Ein Blick auf den Grundriss zeigt, dass ihre Anordnung nicht nur für eine ausgewogene Lichtführung im Inneren sorgte, sondern dass jeder Raum durch ihre Platzierung auf vollkommene Weise gewichtet war.[28]

Wirtschaftsgebäude für das Gut Oberhof in Bad Tölz

Im Jahr 1904 ersetzte Seidl die veralteten Stall- und Wirtschaftsgebäude des Gutes durch Neubauten. Er errichtete das stattliche Verwaltungsgebäude an der Auffahrt zum Herrenhaus an der Dietramszeller Straße. Das vor einigen Jahren restaurierte Gebäude dient heute dem Urgroßneffen des Bauherrn als Wohnsitz.

Auf fast quadratischem Grundriss errichtete Seidl einen schlichten zweigeschossigen Putzbau mit hohem Ziegelwalmdach, der von einem barockisierenden Uhrenturm bekrönt wird. Die Grundform des Gebäudes erinnert an Wirtschaftsgebäude oder Pavillons barocker Schlösser. Auch die nach den Gesetzen der Symmetrie aufgebauten Fassaden mit den gleichförmigen, axial gesetzten Fenstern haben hier ihren Ursprung. Die Mitte der zur Straße zeigenden Hauptfassade wird durch eine Korbbogenloggia belebt. Ihre hölzerne Brüstung mit den gedrechselten schlanken Balustern ist in dem gleichen Seidl-Grün gestrichen wie die Klappläden der Fenster. Ein

Das Wirtschaftsgebäude des Gutes Oberhof an der Dietramszellerstraße in Bad Tölz.

ergänzender Farbtupfer sind die in sanftem Gelb gehaltenen Putzrahmungen der Fenster, die stilistisch dem späten Louis-seize angehören. Etliche mit Bedacht gewählte Details ergänzen das Erscheinungsbild des Hauses. Zu ihnen gehören das hölzerne, mit Ziegeln gedeckte Vordach vor dem Hauseingang, die in barocker Rautenform aufgedoppelte Haustüre und der zwischen weiß verputzte Pfeiler gesetzte Holzzaun. Der Zusammenklang von klaren Grundformen und sorgsam gewählten Farbkontrasten geben diesem Haus seinen besonderen Reiz.

Landhaus Seidl in Bad Tölz

Gabriel von Seidl errichtete ein eigenes Landhaus, in dem er an den Wochenenden Muße und Abstand von den Verpflichtungen in der Stadt suchte, in Bad Tölz. Hier konnte er den Bauplan nach seinen persölichen Bedürfnissen gestalten. Zur Lage des Grundstücks schrieb sein Freund und Mitstreiter in Heimatschutzfragen, August Fischer:[29] »Niemand wollte begreifen und auch heute begegnet man noch häufig einem gewissen Erstaunen, warum Seidl sein Tölzer Landhaus an einen Hügel angelehnt hat, der ihm den Blick auf die Berge verdeckt. ›Sehr einfach‹, pflegte er auf diese Frage zu erwidern, ›ich will mir den Anblick der herrlichen Natur verdienen. Alle Morgen steige ich hinauf auf den Gipfel und genieße nun täglich wie eine neue Offenbarung das ergreifende Bild, das so reich für die wenigen Schritte entschädigt. Von meinem Hause aus aber, von dem Fenster meines Arbeitsraumes, will ich das Stadtbild sehen, ich bin doch Architekt.‹«[30]

Blickt man von der Stadt hinüber zum Seidl-Haus an der Wackersberger Leite, so erschließt sich die sensible Einbettung des Baus in die umgebende Landschaft. Seidl nutzte die Freiheit vom Baulinienzwang; er stellte das Gebäude nicht parallel zum damaligen Weg nach Wackersberg, der in Nordsüdrichtung verlief, denn das hätte eine Ausrichtung der Hauptfassade nach Norden bedeutet. Durch eine Drehung des Grundrisses Richtung Osten gewann er die Morgensonne für die zur Stadt hin gelegenen Wohnräume und die bessere Sicht auf den Flusslauf der Isar. Mit der Entscheidung für dieses nach Norden abfallende Grundstück verzichtete Seidl bewusst auf eine Ausrichtung der Wohnräume nach Süden. Offenbar war es ihm wichtiger, die geliebte Stadt, deren Bild er in den folgenden Jahren nach seinen Ideen vervollkommnen konnte, ständig vor Augen zu haben.

Im Vergleich zu den Landhäusern, die er für seine Auftraggeber baute, wirkt sein eigenes Haus schlicht und eher bescheiden. Es bestand aus einem einfachen rechteckigen Kubus, dem hangwärts ein Küchentrakt angefügt wurde. Auf architektonische Zierformen hat Seidl weitgehend verzichtet. Lediglich der polygonal gebrochene Erker an der Ostecke der Hauptfassade und die barockisierende Rahmung des Eingangsbereiches mit einem geschweiften Dach unterbrachen die einheitlich weiß verputzten Außenfronten. Gabriel von Seidl sah sich als Mann des Volkes und war stolz auf die Herkunft seiner Vorfahren aus dem dörflichen Großdingharting, dem er lebenslang verbunden blieb.[31] Er selbst sagte über sich:

Das Landhaus Gabriel von Seidls an der Wackersberger Leite in Bad Tölz.

Gabriel von Seidls Witwe Franziska im Wohnzimmer-erker ihres Tölzer Landhauses.

»Auch liegt in meiner Natur ein ausgesproche-ner Zug zum Einfachen und zu einer Art Ge-ringschätzung der Üppigkeit, des allzu Reichen. Mode, Chic, Tricks, Pikanterien lassen mich kalt […]«[32] Wahrheit, Natürlichkeit und die Tradition heimischer Kunst bezeichnete er als die Quellen, aus denen er schöpfte. So erklärt sich, dass ein Grundzug bäuerlichen Wesens den Bau prägt, ob-wohl er das wichtigste diesbezügliche Element, das Dach, eigenwillig variierte. Als Vorbild für die Dachgestaltung dienten örtliche Beispiele mit weit vorkragenden, steilen Satteldächern und verbrettertem Giebel wie das Bäckerhaus in Arz-bach oder das Rothgerber-Stichl-Haus in Tölz.

Ein über eine 14 Meter breite Fassade steil an-steigender Giebel hätte allerdings die Proportion des Hauses gesprengt. Wohl deshalb entschied er sich, einen Doppelgiebel aufzusetzen.

Der Aufriss der Hauptfassade entspricht im Aufbau der des Landhauses im Gut Oberhof. Zwei stehende Eckerker, die über beide Hauptgeschosse bis unter das ausladende Dach geführt sind, lassen den Mittelteil zurücktreten. Den so entstandenen überdeckten Raum nutzte Seidl, um im Oberge-schoss über die ganze Breite der Nische einen Bal-kon einzuspannen. Die hölzerne Brüstung kor-respondiert mit der Giebelverschalung, die »aus Schwartling hergestellt und statt des farbigen Anstrichs leicht mit Terpentin bestrichen und abgebrannt [ist], was einen hübschen Naturton hervorruft.«[33] Die ebenerdige Terrasse baute Seidl großzügig aus und unterfing sie mit einer Stütz-mauer. Wie das Haus ist sie weiß verputzt und schließt das Gebäude optisch gegen das abfallen-de Gelände ab.

Blickt man auf die Ausstattung der Wohnräu-me, so zeigt sich, was Seidl mit »dem Zug zur Ein-fachheit« in seiner Natur sagen wollte. Der Fuß-boden der Wohnräume war mit Holzdielen in Schiffsbodenbindung belegt. Die Wände waren schmucklos weiß verputzt. Den einzigen architek-tonischen Schmuck bildeten die Korbbogenwöl-bung des Wohnzimmererkers und die Einwölbung des so genannten Erkerzimmers. An der Rück-wand dieses Zimmers stand ein »Tölzer Schrank« von 1809, den Seidl zur Aufnahme seiner Volks-kunstsammlung auf beiden Seiten bis zur Wand hin vergrößern ließ.[34] Im Wohnzimmer ließ er eine schlichte Riemenholzdecke einziehen. Den Unterzug der Treppe zum Obergeschoss verklei-dete er mit einem einfach profilierten Bücher-regal, das im Winkel unter der Schräge auch eine kleine Anrichte enthielt (s. Abb. S. 41).

VILLA THORSTEIN IN BAD TÖLZ

Zur »Villa Thorstein«, die Seidl in Tölz am Kogel-
weg 6 baute, konnte nur wenig ermittelt werden.
Der Bauherr ist nicht bekannt. Auf einem Katas-
terplan, der 1902 erstellt wurde, ist sie bereits eingezeichnet.[35] Aus diesem Blatt geht auch die
Grundstücksgröße hervor und die parkähnliche
Anlage des Terrains, das sich weit den Hügel hinauf zog. Das Anwesen ist Anfang des Jahres 1907
in einer Liste des Landratsamtes als »Hotel garni«
unter den Besitzern »Geschwister Meyer« aufgeführt.[36] Heute gehört es zum Komplex eines Re-
habilitationszentrums, dessen Hauptbau fünfge-
schossig (dazu zwei Dachgeschosse) im baupoli-
zeilich vorgeschriebenen Mindestabstand von
der Westfassade der Villa errichtet wurde. Da das
Gelände nach Westen ansteigt, wirkt dieser Bau
übermächtig. Um das Haus herum wurde ein großer Parkplatz angelegt, dessen Betonsteinpflaster
bis unmittelbar an die Außenwände reicht. Nur
im Südosten des Gebäudes blieb ein kleines Gärtchen erhalten. Ursprünglich stand das Haus völlig
frei. Seidl hatte es mit Bedacht so an den nach
Norden und Osten abfallenden Hang gestellt,
dass sich eine gute Aussicht auf den Ort Tölz und
das Isartal bot.

Das zweigeschossige Gebäude auf T-förmigem
Grundriss trägt ein hohes Mansarddach, das nach
drei Seiten einen Schopfwalm ausbildet. Die
hangwärts gelegene Westfassade wird von einem
runden Treppenhausturm mit Zwiebelhelm dominiert, der dem Augenschein nach original erhalten ist. Spätere Ein- und Umbauten, wie die Ver-
legung des Eingangs direkt in den Treppenturm
und die architektonisch unmotivierte Anbrin-
gung von Holzbalkonen, beeinträchtigen heute
die Wirkung der Westfassade. Die in zwei Fensterachsen gegliederten Nord- und Südfassaden

Ostfassaden-Mittelteil der »Villa Thorstein« am Kogel-
weg in Bad Tölz.

entsprechen noch dem ursprünglichen Entwurf
Seidls. Dies gilt auch für den weit vorspringenden
Mittelteil der Ostfassade, die, auf den Ort ausgerichtet, die eigentliche Schauseite der Villa bildet. Schützend wie ein biedermeierlicher Schutenhut kragt der Schopfwalm hier weit vor und
überdeckt auch den über alle Geschosse führenden polygonalen Mittelerker. Seidl gliederte
Nord-, Süd- und Ostfassade dieses Baus vollkommen symmetrisch. Zur Belebung wandte er verschiedene Fensterformen an, die in das Schema
eingebunden sind. Möglicherweise empfand er
diese Regelmäßigkeit als Voraussetzung für die
eingesetzte Putzgliederung. Während die Außen-

wände flächig in Rauputz ausgeführt sind, sind die dekorierten Teile leicht erhaben, glatt verputzt und farblich abgesetzt. Alle Hauskanten sind mit Ecklisenen eingefasst, die sandfarbene Rautenmuster tragen. Die Fensterrahmungen, farblich mehr ins Graue spielend, sind häufig mit Ohrungen versehen, manche Fenster mit aufstuckierten Motiven bekrönt, wie sie Seidl später auch an den Fassaden der Marktstraße verwendet hat.

Landhaus der Gräfin Schlippenbach in Kreuth

Zu Beginn des Jahres 1907 erhielt Gabriel von Seidl von der Gräfin von Schlippenbach[37] den Auftrag, ihr in der Gemarkung des Dorfes Kreuth ein Landhaus zu bauen. Die Gräfin kannte die Gegend von verschiedenen Sommeraufenthalten in Wildbad Kreuth und war befreundet mit der Familie des Freiherrn von Thielmann, der den Kontakt zu Seidl wohl vermittelt hatte. Am 13. Oktober 1906 hatte sie für 80 000 Mark ein fünf Hektar großes Gelände am Brunnbichl erworben.[38] Seidl errichtete das Haus auf einem Wiesenplateau, das nach Süden eine großartige Aussicht bis in die Blauberge bietet. Aus dem Besitz der Bauherrin sind Kopien der Aufrisspläne erhalten. Sie sind am 24. März 1907 datiert und von Seidl signiert. Das Haus besteht noch. Als es 1954 umgebaut wurde, fand man rein zufällig in einer der Kellermauern eine Kapsel, die eine »Grundsteinlegungsurkunde« enthielt.[39] Darin schrieb die Gräfin von der »Sehnsucht meines Lebens [...], ein Fleckchen Erde mein eigen zu nennen. Ich habe es, wenn auch erst spät erreicht, dass in der schönsten Gebirgsnatur ein Gärtchen mir gehört.« Neben dem Hinweis, dass Seidl persönlich die Bauleitung übernommen hatte, enthält die

Urkunde auch eine handschriftliche Widmung Seidls: »Alle, Baumeister, Gesellen und Handwerker, die dieses Haus bauen und welche die Bauherrin bei heutiger Feier gastlich bewirtet, danken ihr freundlichst und wünschen ihr und den Bewohnern des Hauses in allen Zeiten Glück, Freude und den Segen Gottes, des allmächtigen Baumeisters des ganzen Weltalls. Möge das Haus stets eine Stätte des Frohsinns und der edlen Gesinnungen bleiben, welche die Bauherrin beseelen. Diesen Wunsch bauen wir in das Haus mit ein.« Der Grundstein wurde am 2. August 1907 gelegt; im Sommer des folgenden Jahres konnte das Haus bezogen werden.[40]

Die Außengestaltung bietet ein gutes Beispiel für Seidls souveränen Umgang mit der überlieferten ländlichen Bauweise. Das frei in der Landschaft stehende zweigeschossige Gebäude sollte aus der Ferne betrachtet den Eindruck eines Bauernhauses suggerieren, um es wie einen historisch gewachsenen Bestandteil der Landschaft erscheinen zu lassen. Bei näherer Betrachtung wird jedoch die regionale Bautradition in vielen Punkten unterlaufen. Am augenfälligsten geschieht dies durch die Form des Daches. Traditionell hatten Bauernhäuser der Tegernseer Gegend ein flaches, mit Legschindeln gedecktes Satteldach. Seidl errichtete jedoch ein 44 Grad steiles Dach, das er mit Scharschindeln eindecken ließ. An der nördlichen Traufseite des Hauses baute er einen eineinhalbstöckigen Wirtschaftstrakt mit Schopfwalmdach an. Am Haupttrakt verwob er traditionelle und persönliche Formvorstellungen miteinander. Während er auf der Ebene des Erdgeschosses Form und Rhythmus der Fenster und Türöffnungen stark variierte, gab er allen Öffnungen des Obergeschosses eine einheitliche Größe und ordnete sie traditionell regelmäßig, an den Giebelseiten sogar symmetrisch an. Zusam-

Das auf einem Wiesenplateau gelegene Landhaus der Gräfin Schlippenbach in Kreuth.

men mit den klar gegliederten Dach-
flächen bringt dies die nötige Ruhe
und Geschlossenheit in das äußere
Erscheinungsbild. Direkt vom heimi-
schen Bauernhaus übernommen sind
Giebellauben, die die ganze Fassaden-
breite einnehmen und der sich um
Süd- und Ostseite ziehende Balkon.
Sie geben dem Bau das »Behaglich-
Gelagerte« eines Bauernhauses.

Eine aufgemalte Eckrustika, mit der
Seidl die Hauskanten und auch die
Korbbögen der gedeckten Sitzplätze
einfasste, gehörten stilistisch genauso
wie die geohrten Fensterrahmungen,
dem späten Louis-seize an. Sie nahmen
die Tradition der Fassadenmalerei wieder auf, wie sie bis in die dreißiger Jahre des 19. Jahrhunderts gepflegt worden war.[41] Seidls Lust am Fabulieren
zeigten die von Girlanden umsäumten
lagernden Hirsche an der Nordfront
des Wirtschaftstraktes.

Zum späteren Erben des Anwesens
bestimmte die Bauherrin den Grafen Eberhard
von Tattenbach, Sohn ihrer Schwester Con-
stanze. Als im Juli 1938 der Erbfall eintrat, hatte
von Tattenbach Deutschland wohl aus politi-
schen Gründen verlassen und lebte in Nicaragua.
»Das Haus wurde in den folgenden Jahren des
Zweiten Weltkriegs von verschiedenen Mietern
und zahlreichen Flüchtlingsfamilien bewohnt
und geriet dabei rasch in Verfall.«[42] Die Ärzte
Gertrud und Richard May erwarben den Besitz
1954, um darin ein Privatsanatorium einzurich-

ten. Dazu wurde das Haus innen völlig umgebaut.
Nur das ehemalige Wohnzimmer und die Bibliothek im Erdgeschoss blieben in ihrer ursprünglichen Form bestehen. Im Jahr 1974 wurde der
Bau nach Osten verlängert. Mit großer Sensibi-
lität wurden die neuen Bauteile dem Altbestand
angepasst, so dass der Charakter des Hauses erhalten blieb. Weniger gefühlvoll verfuhr man
beim Ausbau des Wirtschaftstraktes und weiterer
Anbauten, die aber nur die Nordfassade beeinträchtigen.

Landhaus Martini auf Gut Reut bei Bad Tölz

Auf seinem neu erworbenen Gut Reut oberhalb von Tölz ließ sich Dr. Carl Martini aus München in den Jahren 1911/12 von Seidl ein Landhaus für die Sommerfrische errichten.[43] Seidl wählte den Bauplatz südlich der Hofstelle auf einer kleinen Anhöhe am Waldrand. Das Gebäude ist noch im Besitz der Familie und sehr gut erhalten.

Auf einem quadratischen Grundriss von knapp 15 Metern Seitenlänge errichtete Seidl einen zweigeschossigen kubischen Baukörper. Das hohe Zeltdach trägt ein Türmchen mit barock geschwungenem Kupferhelm und Wetterfahne. Die Fassaden sind regelmäßig bis symmetrisch aufgebaut und durch eine Putzgliederung belebt. So stehen den Rauputzflächen glatt verputzte Ecklisenen und Fensterrahmungen gegenüber. Die nach Norden gelegene Eingangsfassade ist durch Lisenen in drei Achsen gegliedert. Der Mittelteil mit hohem Segmentbogengiebel ist etwas zurückgesetzt und birgt im Erdgeschoss eine offene Eingangsloggia; darüber befindet sich ein Balkon. Die seitlichen Achsen sind symmetrisch zugeordnet. Ost- und Westfassade werden von einem stehenden Kastenerker mit bogenförmigem Kupferdach geprägt, der die Mitte akzentuiert. Während die drei Fensterachsen der Westfront vollkommen symmetrisch geordnet sind, war eine solche Gliederung der Ostfassade nicht möglich, denn hier lagen die kleinen Fenster der Nebenräume. Um dennoch eine gute Gewichtung zu erreichen, rahmte Seidl die Kleinfenster mit Blendbögen. Die Grundform des Gebäudes und die Motive des Baudekors sind der Barockzeit entlehnt.

Die Organisation des Grundrisses entspricht vorbildlich den modernen Lebensgewohnheiten und den neuesten Forderungen des zeitgenössischen Landhausbaus. Entsprechend dem gesellschaftlichen Anspruch der Bauherren sind zwei Wohnzimmer angelegt, ein Herrenzimmer und ein »Zimmer der Dame«. Dazwischen liegt das geräumige Esszimmer. Eine große Terrasse, die über die ganze Breite der Südfassade reicht, verbindet den Wohnbereich mit dem Garten. Im Obergeschoss ist neben den Schlafzimmern ein Kinderspielzimmer eingerichtet. Die Funktionsräume befinden sich im nördlichen Teil des Hauses.

Das Gebäude bietet ein gutes Beispiel für Seidls Fähigkeit, Grund- und Aufriss gekonnt »ineinander zu arbeiten«. Einmal mehr ist es ihm gelungen, ausgewogen durchfensterte Räume auf funktionellem Grundriss mit einer regelmäßigen Durchbildung der Fassaden zu verbinden.

Nord- und Ostfassade des Landhauses Martini in Reut.

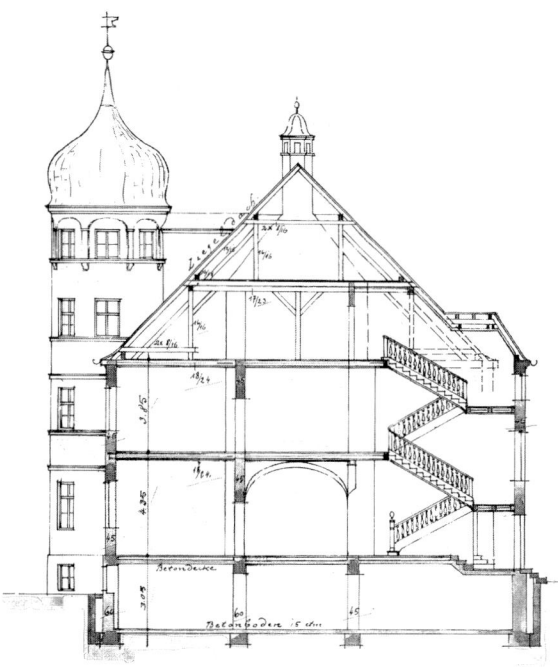

Aufriss der Ostfassade des Landhauses von Hofschlossermeister Friedrich Höck in Bad Heilbrunn.

LANDHAUS DES HOFSCHLOSSERMEISTERS FRIEDRICH HÖCK IN BAD HEILBRUNN

Die Baugeschichte des Landhauses für den Hofschlossermeister Friedrich Höck, dessen Planung Seidl im Oktober 1912 abschloss, begann eigentlich bereits im Jahr 1872. Ab diesem Zeitpunkt erwarb der spätere Bauherr gemeinsam mit seiner Frau Anna ausgedehnte Wiesengrundstücke in und um den Ort Heilbrunn. Dazu gehörte auch cinc Jodquelle mit ihren Badeanlagen.[44] Der Erlös aus diesem Grundbesitz, den Friedrich Höck nach dem Tod seiner Frau im Juli 1912 bereits am 20. August des gleichen Jahres an die »Krankenheiler-Jodquellen-AG« verkaufte, sollte wohl seinen Lebensabend sichern. Er bildete die Grundlage für den Bau des als Altersruhesitz geplanten Hauses. Insgesamt verkaufte Höck fast neun Hektar Land und erlöste dafür 435 000 Mark. Das Grundstück, auf dem das Landhaus gebaut wurde, erwarb er am 12. Mai 1904. Bis zum Jahr 1993 blieb der Besitz in der Familie von Höcks zweiter Ehefrau. Danach wurde er von der Gemeinde Bad Heilbrunn erworben, die den ursprünglichen Zustand unter Anleitung des Landesdenkmalamts mit einem Kostenaufwand von zweieinhalb Millionen Mark wieder herstellen ließ.[45]

Als Bauplatz wählte Seidl den höchsten Punkt des Geländes, einen Hügelsattel, der nach Süden, Westen und Norden freie Sicht bot. Der zweigeschossige Putzbau über fast quadratischem Grundriss trägt ein hohes Walmdach, das ehemals von einem Dachreiter bekrönt wurde. Zur Nobilitierung des Gebäudes setzte Seidl einen mächtigen, vier Stockwerke hohen Erkerturm mittig vor die Südfassade. Er wird von einer Zwiebelhaube gedeckt, die den Dachfirst überragt. Um die Eleganz des Außenbaus noch zu steigern, setzte er im

Obergeschoss eine doppelbogig geöffnete Loggia ein, deren Mittelsäule und Brüstung aus sorgfältig bearbeitetem heimischem Tuffstein besteht. Aus dem gleichen Material wurde an der abgeflachten Hauskante zwischen Süd- und Ostfassade eine bis zum Obergeschoss reichende Säule aufgerichtet, die in Anspielung auf den Beruf des Bauherrn den Zunftheiligen der Schlosser, den heiligen Georg, trägt. Auch die großzügige Korbbogenöffnung der Eingangsloggia in der Mitte der Ostfassade wird von einer Tuffsteineinfassung gerahmt. Auf eine den Außenbau prägende Putzgliederung wie beim Haus Martini in Reut verzichtete Seidl hier weitgehend. Lediglich der Erkerturm trägt zur Markierung der einzelnen Stockwerke profilierte Gesimse, um einem zu starken vertikalen Zug entgegen zu wirken. Diesem Ziel dient auch der Ring von Blendarkaden um die Fenster des Turmzimmers. Nur die Eingangsfassade ist symmetrisch angelegt. An den übrigen Fronten sind die Fenster in unregelmäßige senkrechte Achsen gegliedert. Das Motiv des einfachen Blendbogens nahm Seidl an Süd- und Westfront des Kubus auf, um die Fenster in Gruppen zusammenzufassen und so die Fassaden zu rhythmisieren. Wie schon bei der Villa Martini kam es zu einer gewissen Straffung des Baublocks und der Fassadengestaltung, einer Tendenz, die sich in den späteren Bauten fortsetzte.

Öffentliche Bauten in Bad Tölz

In seinem letzten Lebensjahr gestaltete Gabriel von Seidl noch zwei öffentliche Gebäude für Bad Tölz, die sich nur sehr bedingt dem Heimatstil zuordnen lassen. Das »Prinzregent-Luitpold-Genesungsheim für arme augenkranke Kinder«, dessen Planung er im Oktober 1912 abschloss, zeigt der

Zweckbestimmung folgend reduzierte historische Anleihen.[46] Auf den Heimatstil weisen hier nur das hohe Dach und die Fensterreihe mit den Klappläden im Dachgeschoss.

Für das Kurhaus Bad Tölz wandte Gabriel von Seidl eine vielfältige Formensprache an. Jeder Gebäudeteil zeigt seiner Funktion entsprechend eine andere Behandlung. Lediglich der Nordflügel weist geringe Merkmale des Heimatstils auf. Das Äußere dieses Gruppenbaus wird durch den Vor-

Ehemaliges »Prinzregent-Luitpold-Genesungsheim für arme augenkranke Kinder« in Bad Tölz.

Kurhaus in Bad Tölz nach einem alten Stich.

bau des Festsaals dominiert. Mit seiner Pilastergliederung, dem abgewalmten Dach und dem bekrönenden Belvedere verleiht er dem Gebäude einen schlossartigen Charakter. Was beide Bauten mit den späten Landhäusern verbindet, ist eine gewisse Strenge und Konzentration auf klare Grund- und Aufrisslinien. Historisierende Details wurden zu Gunsten eines regelmäßigen, blockhaften Aufbaus nur noch sparsam oder wie am Kurhaus zur Nobilitierung in Bezug auf die besondere Bau-Aufgabe eingesetzt. Seidl sagte selbst: »Das hohe Ziegeldach - (das nach immer mehr Vereinfachung strebt), die geputzten hellen Wände sind die Hauptmerkmale.«[47]

Stadtbildpflege in Bad Tölz

Mit besonderer Liebe hing Gabriel von Seidl an dem Markt Tölz - ab 1893 Bad Tölz - dem Heimatort der Familie seiner Mutter. Er schätzte das lebendige Brauchtum, sammelte Gegenstände der Volkskunst, besonders alte Tölzer Trachten und war ein begeisterter Anhänger des Traditionsvereins der Wackersberger Gebirgsschützen. Sein Engagement für das kulturelle Erbe erschöpfte sich jedoch nicht in der Brauchtumspflege. Vielmehr sah er die in regionaler Tradition gewachsene Architektur des Marktes als Ausdruck einer im Volk wurzelnden Kunst, die es zu erhalten und zu entwickeln galt. Um seine außergewöhnliche Beziehung zu Tölz hervorzuheben, behauptete er rückblickend: »dass gerade der erste Anblick der eigenartigen Tölzer Marktstraße auf ihn als jungen Studenten so mächtig einwirkte, dass er von da ab sein Interesse und seine Vorliebe für Architektur und Architektenberuf datieren müsse.«[48]

In der Tat entsprach der sanft geschwungene Bogen der vom Isarufer aufsteigenden Markt-

straße dem Idealbild einer Straßenführung, wie sie den Ideen des damals führenden Städtebautheoretikers Camillo Sitte nahe kam. Hier war historisch gewachsen, was die Städteplaner der Heimatschutzbewegung auch für Neuanlagen propagierten: ein natürlich bewegter Straßenverlauf, der ständig reizvoll wechselnde Blickpunkte bot, eine Ausweitung zum Platz im Scheitel des Bogens und am Ende der Straße ein Torturm, der die Geschlossenheit des Straßenbildes abrundet. Die Marktstraße bildet den historischen Kern des 1906 zur Stadt erhobenen Marktes. Die Bebauung war über Jahrhunderte zur geschlossenen Zeile giebelständiger Häuser mit weit vorkragenden, flachen Satteldächern gewachsen, wie sie für die Bauweise der Gegend typisch waren. Die Zackenlinie der Dächer hatte im Verein mit einigen wenigen farbig verputzten und mit Fresken oder stuckierten Fensterrahmungen geschmückten Fassaden ein einmaliges, malerisches Ensemble geschaffen. Die Tradition der Fassadenmalerei und -stuckierung war bis zu Beginn des 19. Jahrhunderts gepflegt worden, danach galt sie als überholt und unmodern. Im Laufe der zweiten Jahrhunderthälfte wurde das einheitliche Bild bodenständiger Bauweise durch Neu- und Umbauten im Stil des aktuellen Historismus empfindlich gestört.

Gabriel von Seidl waren diese »artfremden Elemente« ein Dorn im Auge. Gemeinsam mit zwei engen Freunden, dem ortsansässigen Arzt Max Höfler und August Fischer, dem Tölzer Bezirksamtmann, beschloss er gegen diese »Verunstaltungen« und auch gegen den drohenden Verfall der Fassaden vorzugehen. Beide Männer waren wie Seidl engagierte Anhänger der Heimatschutzbewegung. Höfler hatte als geachteter Volkskundler und Vorstand des Tölzer Historischen Vereins die Möglichkeit, die Restaurie-

Vorne links das ehemalige Tölzer Rathaus nach dem Umbau durch Gabriel von Seidl. Heute dient es als Heimatmuseum.

rungs- und Umbaupläne einer breiten Öffentlichkeit schmackhaft zu machen. Kraft seines Amtes konnte Fischer bauliche Maßnahmen bei den Behörden nicht nur befürworten, sondern auch durchsetzen. Er bezeichnete sich selbst als »Finanzminister« des Unternehmens.[49] Zur Verwirklichung der geplanten Maßnahmen bemühte er sich um die Bewilligung staatlicher Mittel und gründete selbst einen Fonds, der finanzschwache Hausbesitzer unterstützen sollte. Trotz dieser guten Voraussetzungen gab es massive Proteste von Seiten der Hausbesitzer und des Gemeinderates.

Vor allem diejenigen, die nicht vom wachsenden Kurbetrieb profitierten, hatten wenig Verständnis für eine Fassadenerneuerung, die trotz aller Finanzierungshilfen zum großen Teil auf ihre Kosten ging. Seidl schrieb rückblickend: »[…] ich habe eine solche Riesenarbeit mit allen den unendlichen Hindernissen und mit dem Zusammenbringen der Mittel gehabt, dass ich froh bin, dass es überhaupt gelungen ist.«[50]

Als erstes großes Projekt baute Seidl im Auftrag der Gemeinde das Bürgerbräu-Anwesen zum neuen Rathaus um. Die Bauleitung übertrug er dem Tölzer Markttechniker Peter Freisl, dem späteren Stadtbaumeister. Das bestehende Gebäude war ein nach dem Vorbild italienischer Renaissancepaläste in zehn Fensterachsen gegliederter mächtiger Bau mit rustiziertem Erdgeschoss und flachem, abgewalmtem Dach, das zur Straße hin mit einem geradlinigen Hauptgesims abschloss. Um den vier Stockwerke hohen, langgestreckten Baukörper in Form und Proportion der Häuserzeile anzupassen, setzte Seidl ihm einen leicht achsenverschobenen Doppelgiebel auf, unter dem er je fünf Fensterachsen zusammenfasste. Die gleichförmige Reihung der Fensterachsen der Obergeschosse durchbrach er mit zwei vorgelegten Kastenerkern und gliederte sie durch Kolossalpilaster. Um den streng senkrechten Zug der Pilasterordnung aufzufangen, setzte er an den Fensterbrüstungen in waagerechter Reihung Kartuschen ein, die der Münchner Professor der Kunstakademie, Karl Wahler, nach Seidls Entwürfen mit Früchtefestons und Blumenarrangements füllte. In die Kartuschen der Giebelfelder malte ein Schüler Wahlers, Franz Rinner, die Dreifaltigkeit und schwebende Engel. Mit wenigen Mitteln - Pilastergliederung, Stadtwappen, Uhr und Dachreiter - betonte Seidl den öffentlichen Charakter des Baus. Für die barockisierende Fassadendekoration gab es keine direkten Vorbilder.

Mit viel Gespür für das Umfeld (er selbst nannte es Takt) schuf Seidl eine Dominante im Straßenbild, die sich einerseits an der Tradition orientiert, andererseits ein Beispiel für seine Gestaltungskraft bietet.

Das schräg gegenüber liegende Gebäude, das der Gemeinde bis 1903 als Rathaus diente, wurde im folgenden Jahr von Seidl in ein Wohn- und Geschäftshaus umgebaut. Bei der Fassadengestaltung

Das ursprüngliche Tölzer Rathaus wurde von Gabriel von Seidl zum Geschäftshaus umgebaut. Foto von 1970.

beschränkte er sich auf eine Neuordnung des Erdgeschosses. Die architektonische Putzgliederung der beiden Obergeschosse, die, nach stilistischen Kriterien zu urteilen, um die Wende vom 18. zum 19. Jahrhundert entstanden ist, blieb erhalten und wurde sorgfältig restauriert.[51] Zu beiden Seiten des Einfahrtstors setzte er dem neuen Zweck des Gebäudes entsprechend Schaufenster ein und schloss sie in Angleichung an die Einfahrt bogenförmig ab. Die vormals schlicht in die Mauer eingeschnittene Toröffnung stilisierte er zum Portal

mit seitlichen Pilastern und bekrönender Putz-
rahmung. Die Schaufenster wurden in den 1960er
Jahren »modernisiert«.

Gleich nebenan (Marktstraße 41) steht das historische Weinhaus »Zum Höckh«, für dessen Fassade Seidl im gleichen Jahr eine besonders fantasie-
volle, auf die Geschichte des Hauses und seiner
Besitzer bezogene Bemalung entwarf. Das 1453
erbaute Haus ist nach Auskunft der derzeitigen
Besitzerin seit 13 Generationen im Besitz der
gleichen Familie. Die Besitzernamen wechselten,
weil das Haus mehrmals über die weibliche Linie

vererbt wurde. Durch Heirat kam es im 17. Jahrhundert an Johannes Jäger, dessen Sohn im Spanischen Erbfolgekrieg zu den Anführern des
Volksaufstandes gegen die österreichische Besatzung gehörte. Der Aufstand wurde am Weih-
nachtsabend 1705 in der Sendlinger Schlacht
blutig niedergeschlagen und Johannes Jäger im
folgenden Jahr in München gehängt. Zur Erinnerung an die patriotische Tat ließ Seidl das Porträt
des Helden an der Hausfassade anbringen. Eine
Tafel erinnert an sein Schicksal: »In diesem Haus
wurde am 15. April 1667 geboren Johannes Jäger,
Weinwirt und Mitglied des äußeren Rates in

Fassade des Weinhauses »zum Höckh« mit der nach
Plänen Gabriel von Seidls ausgeführten Bemalung.

Gabriel von Seidls Neugestaltung der Fassade des Weinhauses Schwaighofer.

München, Führer der Oberländer in der Mordweihnacht 1705.«

In Anspielung auf die Funktion als Weinschenke ließ Seidl das viergeschossige Haus bis auf die Höhe der Fensterbrüstung des zweiten Stockwerks mit einem gemalten Spaliergitter überziehen, um das sich Weinreben rankten. Oberhalb des Eingangsportals luden zwei Tannenbäume, damals charakteristische Symbole des Wirtshauses, zur Einkehr ein. Zwei Medaillons mit Bienenkorb und Lebkuchen bezogen sich auf das Handwerk der Besitzer, die seit 1748 eine Wachszieherei und Lebzelterei betrieben. Von der üppigen Bema-

lung, die der Münchner Karl Wahler ausführte, sind heute nur noch die geohrten Fensterrahmungen, das Medaillon der Lebzelter und die Familienwappen am Erker erhalten.

Gabriel von Seidls wohl erste bauliche Maßnahme in der Tölzer Marktstraße war der Einbau einer Weinstube in die Brennerei und Weinhandlung Max Schwaighofer (Haus Nr. 17) im Jahr 1896. Zehn Jahre später dekorierte er die Fassade des Hauses. Er gliederte die Front des dreigeschossigen Hauses durch waagerechte, farbig abgesetzte Gesimse, die allerdings nicht der Stockwerksein-

Das so genannte Pflegerhaus in Bad Tölz (Marktstraße 59) gehört zu den ältesten Häusern der Stadt. In den Jahren 1908/09 hat sich Gabriel von Seidl des Gebäudes architektonisch angenommen.

teilung folgen, sondern auf eine figürliche Darstellung bezogen sind: In originellem Zusammenspiel zwischen Stuck und Fresko stellte er zwei lebensgroß gemalte Figuren, den Wirt und einen Zecher, auf stuckierte Postamente. Beide halten grüßend den Hut in der einen, ein Glas Wein in der anderen Hand. Zwischen ihnen erscheint auf einem Spruchband der Trinkspruch: »Vivat zur Rechten, Vivat zur Linken, redliche Freundschaft versüßet das Trinken.« Die Darstellung wird von stuckierten Volutenformen gerahmt, die bis über die Fensterzone des zweiten Obergeschosses reichen. Die Platzierung der Figuren mit Bezug auf das Eingangsportal und ihre offene Haltung ‒ der Wirt dienstfertig mit Schürze ‒ sollte wohl den Vorübergehenden zur Einkehr einladen. So könnte man die Darstellung als eine künstlerisch umgesetzte Werbung im großen Format interpretieren. Die Komposition ist erhalten. Die Ausarbeitung der Figuren übernahm der Münchner Professor der Kunstakademie Ludwig Herterich. Im Jahr 1968 wurde sie von dem Tölzer Maler Georg Demmel erneuert.[52]

Als Tölz 1874 an das Streckennetz der Bahn angeschlossen wurde, ergab sich die verkehrstechnische Notwendigkeit, den neuen Bahnhof mit dem Stadtkern zu verbinden. Aus diesem Grund wurde ein Straßendurchbruch zur Marktstraße geschaffen, dem das Hacklbräuhaus weichen musste. Danach hatte man sich für das so genannte Pflegerhaus (Marktstraße 59), dessen Traufseite zur neuen Bahnhofstraße (heute Hindenburgstraße) nun offen lag, nicht um eine befriedigende Fassadenlösung bemüht. Das Pflegerhaus, ein dreistöckiger Bau mit Satteldach und flachem Kastenerker zur Marktstraße, gehört zu den ältesten Häusern der Stadt. Es war 1485 vom ersten Pfleger der Wittelsbacher in Tölz, Kaspar II.

Winzerer, errichtet worden. 1542 kam es durch Heirat in den Besitz der Familie von Thor. Später diente es als Schule und im 19. Jahrhundert als Rentamt.[53]

In den Jahren 1908/09 nahm sich Seidl des renovierungsbedürftigen Hauses an. Die klar gegliederte Fassade zur Marktstraße veränderte er nicht. Er belebte sie durch farbige Fensterumrahmungen, ließ am Erker das Wappen der Winzerer anbringen und fasste die Hauskanten mit einer gemalten Eckrustika ein. Für die Front zur Hindenburgstraße entwarf er ein über zwei Stockwerke hohes Fresko, das sich auf die ehemaligen Hausbesitzer bezieht. In Anlehnung an Stifterbilder der Renaissance knien Maria von Winzerer und ihr Gemahl Jörg von Thor zu Seiten des gekreuzigten Christus. Die Ausführung besorgte der Kunstmaler Martin Herz aus München. Das Erdgeschoss gliederte Seidl durch Segmentbogenöffnungen, die über den zweistöckigen Anbau weitergeführt waren. Ob dieser Anbau, das ehemalige Rückgebäude, ebenfalls nach Seidls Plänen gestaltet war, konnte nicht nachgewiesen werden. Heute sind die bogenförmigen Öffnungen verschwunden. Sie mussten querrechteckigen Schaufenstern mit Metallrahmen weichen.

Wegen seiner exponierten Lage im Stadtbild empfanden die Anhänger der Heimatschutzbewegung das »gotisch aufgeputzte Marienstift« als besonderen Schandfleck. Franz Zell, engagierter Architekt der Heimatschutzbewegung und Redakteur der Süddeutschen Bauzeitung, urteilte: Das »Gebäude mußte das schöne Bild des Marktes umso ungünstiger beeinflussen, als es an einer sehr dominierenden Stelle gewissermaßen am Eingange zum Markte, an der Isarbrücke, steht und mit seiner unnützen Zinnenbekrönung und dachlosem Abschluß ein ödes, langweiliges Beispiel aus einer

Zeit darstellt, in welcher der Geschmack auf ein tiefes Niveau gesunken war.«[54] Nur mit großer Mühe konnte Seidl den Gemeinderat von der Notwendigkeit einer Umgestaltung überzeugen und die dazu nötigen Mittel beschaffen.

Mit vergleichsweise geringem finanziellen Aufwand gelang es ihm, den Charakter des Gebäudes seiner Vorstellung von »heimischer Bauweise« anzupassen. Er veränderte nur das Dach. Er deckte den langgestreckten Baukörper mit einem hohen abgewalmten Dach und setzte den vorspringenden Bauteilen zur Isar hin zwei weit vorkragende Zwerchgiebel auf, deren Formen direkte Tölzer Vorbilder haben. Unter Beibehaltung des alten

Baubestandes ließ er die Fassaden mit Freskomalereien überziehen, die den heldenhaften Aufstand der Oberländer gegen die österreichische Besatzung im Jahr 1705 schildern. Anlass, dieses Thema aufzugreifen, war die bevorstehende 200-Jahrfeier des Aufstandes, dem Seidl, selbst glühender Patriot und Anhänger des bayerischen Königshauses, ein bleibendes Denkmal setzen wollte.

Bekrönt von den neugesetzten Giebeln ließ er in überlebensgroßen Figuren den regierenden Kurfürsten Max Emanuel mit seinen Söhnen und die örtlichen Protagonisten des Aufstands, den Schmied von Kochel und den Tölzer Johannes Jäger, darstellen. Die beiden Helden halten eine

Neugotische Fassade des Marienstiftes und des Böck'schen Hauses an der Isarbrücke, Foto um 1900.

Das Marienstift wurde nach Gabriel von Seidls Plänen der »heimischen Bauweise« angepasst.

Kartusche, deren Inschrift ihren todesmutigen Einsatz für die Heimat und ihr tragisches Schicksal beschwört. Über dieser Szene thront im Giebelfeld des Schopfwalms die Patrona Bavariae als Schutzherrin der Bayern. Im mittleren Teil der Fassade ist der Zug der bewaffneten Oberländer Bauern in den Kampf zu sehen, darunter Szenen einiger bedeutender Begebenheiten im Verlauf des Aufstands und die Wappen der beteiligten Adelshäuser. Die rein ornamentale, dem Zopfstil entlehnte Dekoration der Fassade besteht hauptsächlich aus Laubkränzen und Girlanden. Um

Fenster und Figuren des Herrscherhauses üppig drapiert, scheint sie dem regierenden Fürstenhaus und den Volkshelden ein bleibendes Fest bereiten zu wollen.

Wie stets hatte er Stadtbaumeister Peter Freisl mit der Bauleitung beauftragt, die Bemalung der Fassade führte Professor Wahler aus.

Dem Marienstift gegenüber (Marktstraße 1) befand sich das Haus des Druckereibesitzers Adolf Böck, seit 1885 Sitz der Tageszeitung der Region, des »Tölzer Kuriers«. Im Mai 1893 war dem Haus

Das ehemalige Böck'sche Haus wurde mit der Umgestaltung durch Seidl an die Bauweise der Marktstraße angepasst.

ein drittes Stockwerk aufgesetzt, und in Angleichung an das Marienstift ein neugotischer Eckerker mit Spitzbogenfenstern und Zinnenkranz vorgelegt worden.[55]

Obwohl dieser Umbau Anfang 1907 erst 14 Jahre zurücklag, gelang es Gabriel von Seidl, den Hausbesitzer von der Notwendigkeit zu überzeugen, das Haus wegen seiner Bedeutung für das Stadtbild der traditionellen Tölzer Bauweise anzupassen. Um angesichts der hohen Kosten einen Vorteil herauszuschlagen, machte Böck sein Einverständnis zum Umbau von der Genehmigung abhängig, an der Westfront des bestehenden Baus (an der Säggasse) einen Anbau errichten zu können. Dieser Anbau hätte die Baulinie überschritten und eine Verbreiterung der Gasse für die Zukunft ausgeschlossen. Im August lagen die Pläne der Stadt zur Genehmigung vor. Um das Anliegen zu unterstützen, wandte sich Bezirksamtmann Fischer an den Stadtmagistrat: »Das königliche Bezirksamt möchte nicht versäumen, noch in letzter Stunde auf die außerordentliche Wichtigkeit des Umbaus des Hauses [...] für die Verschönerung des Stadtbildes hinzuweisen [...] Der ungemein reizvolle Plan Gabriel von Seidls stellt eine unübertreffliche Lösung dar, es ist daher dringendst zu hoffen, dass weder kleinliche persönliche Voreingenommenheiten noch übertriebene Befürchtungen hinsichtlich der Hemmung eines vorläufig noch gar nicht vorhandenen Verkehrs die Oberhand behalten und ein für Tölz so wichtiges Projekt zu Fall bringen.«[56] Dennoch wurde das Baugesuch abgelehnt.[57] Deshalb war es für Seidl wohl eine große Überraschung, als ihm eine Abordnung aus Tölz an seinem 60. Geburtstag im Dezember 1908 den Auftrag zum Umbau des Hauses als Geschenk überbrachte - mit dem ausdrücklichen Hinweis, dass der Stadtrat einstimmig dafür gestimmt habe.[58]

Der Umbau erfolgte im folgenden Jahr. Seidl ließ das Dach und das oberste Geschoss des Eckerkers abtragen und ein flaches Satteldach aufsetzen, dessen Giebel er zur Marktstraße ausrichtete. An der Westfront wurde der umstrittene Anbau errichtet, eingeschossig, mit Kniestock und ebenfalls flachem Satteldach. In Bezug auf die Funktion des Hauses dekorierte der Münchner Maler Martin Herz die Fassade zur Marktstraße mit einem Bildnis des Erfinders des Buchdrucks, Johannes Gutenberg. An der Westseite sind die Zunftwappen der Buchdrucker freskiert.

Neben diesen für Seidl gesicherten Projekten gab es noch eine Anzahl weiterer Fassadenüberarbeitungen, die heute verloren sind oder wegen fehlender Belege Seidl nicht mehr zugeordnet werden können.

In Tölz fühlte man sich Seidl trotz mancher Querelen zu großem Dank verpflichtet. Schon nach dem Rathausumbau hatte man ihm die Ehrenbürgerschaft verliehen. Aus Anlass seines 60. Geburtstags ließ die Stadt am Anbau des Böck'schen Hauses ein Relief anbringen, das seine Verdienste um die Pflege des Stadtbildes würdigt.

Die Fassadenmalerei war ursprünglich Ausdruck echter Volksfrömmigkeit. Obwohl Gabriel von Seidl bei der Auswahl seiner Themen versucht hatte, einen Zusammenhang mit der Haus- und Ortsgeschichte von Tölz herzustellen, gelang es ihm nicht, die Fassadenmalerei wieder im Volk zu etablieren.

Durch die Beseitigung der von Neurenaissance und Neugotik geprägten Fassaden wurde ein Stück realer Architekturgeschichte im Stadtbild ausgelöscht. Indem Seidl es vollständig an örtlich tradierte Formen anpasste, wurde eine Entwicklung vorgetäuscht, die so nicht stattgefunden hat. Seidl führte eine idealisierte Ortsgeschichte vor, die eine vermeintlich heile Welt ländlichen Lebens widerspiegelte. Gewiss haben seine Zeitgenossen und er das nicht so empfunden. Im ersten Jahrzehnt des 20. Jahrhunderts war eine Denkmalpflege, die jede historisch gewachsene Bebauung gleichermaßen für wertvoll erachtete, noch nicht entwickelt. »Seidls Gestaltung der Tölzer Marktstraße spiegelt ein Verständnis von ›Volkskunst‹, das sie heute in die Nähe des Folklorismus rückt.«

Die Erfindung der Gemütlichkeit – Seidls Gasthäuser und Bierpaläste

Uli Walter

Der Bau und die innere Ausgestaltung von Gasthäusern und Bierpalästen nehmen im Werk Gabriel von Seidls eine besondere Stellung ein. Das zeigen die zahlreichen Entwürfe und prominenten Bauausführungen in und außerhalb Bayerns. Seidl löste die damals neuen Anforderungen an die Errichtung und Ausstattung von Gaststätten in künstlerisch signifikanter Weise. Ihm gelangen ausgesprochen stimmungsvolle Raumschöpfungen, die sich in den Augen der Zeitgenossen von denen anderer Architekten deutlich abhoben. Die Besonderheit von Seidls Gasthäusern und Bierpalästen lag darin, eine bewusst einfache, dem Bierkonsum adäquate Formensprache entwickelt und damit die traditionellen Erwartungen der Münchner Wirtshaus- und Bierkellerbesucher getroffen zu haben. In der Tat spielte die Kunst- und Bierstadt München um die Wende des 19. zum 20. Jahrhundert in diesem Prozess eine entscheidende Rolle. Zum einen gab es hier zahlreiche Brauereien, die mit allen Mitteln, auch architektonischen und künstlerischen, um die Gunst der Biertrinker unter den etwa 500 000 Einwohnern Münchens kämpften. Zum anderen galten Heiterkeit und eine spezifische Beseeltheit im späten 19. Jahrhundert als Spezifikum der Münchner Architektur allgemein. Ein französischer Reiseführer brachte 1911 die Werke mancher Münchner Baumeister wie Gabriel von Seidl oder Karl Hocheder sogar mit einer dezidierten »Architektur der Gemütlich-

keit« in Verbindung: »Die Architektur wird wieder klar, leuchtend und fröhlich, wie die ureigensten Schöpfungen des Landes […]. Bei Herrn von Seidl drückt sich die Rückkehr zur Gemütlichkeit in niederen Zimmern und kleinen Fenstern aus, die in der Tat mehr Behaglichkeit als die großen Zimmer vermitteln, die seit dreißig Jahren in Mode sind.«[1] In diesen Worten klingt an, dass Gabriel von Seidl von den Zeitgenossen geradezu als Protagonist dieser Richtung aufgefasst wurde. Es ist deshalb kein Zufall, dass Gabriel von Seidl und sein jüngerer Bruder Emanuel von Seidl, ebenfalls Architekt, mit besonders vielen Gaststättenbauten und -einrichtungen betraut wurden. Sie versuchten, jeder auf seine Weise, den eklektizistischen Formalismus des späten 19. Jahrhunderts durch die Rückbesinnung auf eigene, schlichte Stilformen der Renaissance und des Barock zu überwinden. Die bewusst etwas eigenbrödlerische Beschränkung auf lokale und regionale Traditionen brachte München in einen gewissen Gegensatz zu europäischen Metropolen wie etwa Wien oder Berlin, wo man weltoffener und mehr auf Luxus und Exklusivität bedacht war. In München stand dem eine gewachsene bayerische Bierkultur mit ausgesprochen starken gesellschaftlichen und volkstümlichen Bindungen gegenüber. In der Rückschau kann daher der Blick auf die stimmungsvolle Bier- und Gasthausarchitektur aufschlussreich sein für eine nicht unwichtige Facette der Kunstentwicklung im München der

Jahrhundertwende. So urteilte der Kunst- und Architekturkritiker Richard Streiter bereits 1896 über die Bierpaläste: »Die starke Überzeugungskraft innerer Gesundheit bewährte der ›Seidlstil‹ zunächst in der künstlerischen Veredelung einer besonders charakteristischen Seite des Münchner Lebens, in der Einrichtung und Ausschmückung von Sälen und Hallen der großen Kellerwirtschaften und von Kneipstuben aller Art. Wie traulich, wie vornehm-behaglich, wie unübertrefflich stimmungsvoll sind alle derartigen Anlagen, die Gabriel und Emanuel Seidl in München und an anderen Orten schufen! Welch ein Fortschritt gegenüber der sonst üblichen Ausstattung von großstädtischen Gastlokalen mit dem schwülstigen Behang prahlerischer, von Renaissancepalästen und Rokokoschlössern erborgter Bettelfetzen!«[2] Auch aus diesem Zitat geht hervor, dass Münchens Gasthäuser und Bierpaläste aus der Sicht der Zeitgenossen um 1900 eine Sonderstellung einnahmen. Darüber hinaus wird deutlich, dass Gabriel von Seidl an der Entwicklung des für München typischen und »gemütlichen« Bildes der Gastronomie einen entscheidenden Anteil hatte. In der Tat lösten die Schöpfungen Seidls und auch anderer Architekten und Künstler die traditionell bescheidene Erscheinungsweise der alten Gaststuben und Brauhäuser durch eine neu erfundene, künstlerisch veredelte »Gemütlichkeit« ab. Gelegenheit dazu gab es genug: Die Wirtshäuser von damals besaßen keine standardisierten Wirtshausausstattungen, wie wir sie heute kennen. Jedes Gasthaus, das um 1900 unter künstlerischen Gesichtspunkten entstand, war eine individuelle Schöpfung. Für eine kurze Zeit, etwa zwischen 1880 und 1905, drückte sich in der Gestaltung von Gasthäusern und Bierpalästen der Kunstanspruch und die sozialen Vorstellungen der bürgerlichen Gesellschaft aus.[3]

DAS ALTMÜNCHNER BRAUHAUS

Noch bis in die Zeit um 1870 prägten die innerstädtischen Stammhäuser der Bierbrauereien das Bild der Gastronomie in München. In wirtschaftlicher Hinsicht besaß das Brauhaus eine besondere Bedeutung als konzessionsfreier Direktausschank.[4] Es waren Gastlokale mittlerer Größe, die bis zum Bau der Bierpaläste die typische Form der Gastronomie darstellten. Zwischen 1820 und 1870 hatte ein erster Konzentrationsprozess im Münchner Braugewerbe eingesetzt, der die Zahl der Betriebe kontinuierlich reduzierte.[5] Im Jahr 1832 wurden noch 58 dieser Brauhäuser gezählt.[6] Im Jahr 1867 übten nur noch 20 von ihnen das Braurecht aus.[7] Das Schicksal der Stammhäuser war unterschiedlich. Da das Braurecht, die so genannte Bräugerechtsame, auch das Recht zum Bierausschank beinhaltete, betrieb man die Stammhäuser als Wirtshaus weiter. Den »Bräu«-Namen behielt man in der Regel bei. Am Außenbau waren die Brauhäuser nicht von anderen teilgewerblich genutzten Bürgerhäusern zu unterscheiden. Bereits die Durchfahrt konnte zum »Gästesetzen« verwendet werden. Bei Bedarf klappte man die Tischblätter, die durch Scharniere an der Wand befestigt waren, einfach herunter. Der Eingang in die Gast- oder »Bräustuben« lag meist seitwärts in der Durchfahrt. Es handelte sich um zwei bis drei Zimmer im vorderen Erdgeschoss von jeweils 40 bis maximal 50 Quadratmetern Grundfläche. Die Goasträume konnten mit flachen Kreuzgewölben oder mit Holzbalkendecken versehen sein. Eine Küche und eine Schankstube, in welcher das Bier verzapft wurde, stellten die Betriebseinrichtungen dar. Die langen, schlauchartigen Grundstücke ließen nur beengte räumliche Verhältnisse zu. Festsäle oder größere Trinkhallen existierten nicht. Einer Beschwerdeschrift aus dem Jahr 1846 ist zu entnehmen, dass die Brauer auch in den oberen Geschossen, teilweise auch in Neben- und Nachbarhäusern ihren Trank ausschenkten. Die Bildquellen geben einen schlichten bis kargen Raumeindruck dieser Bräustuben wieder. Gastkomfort oder ein künstlerisches Erscheinungsbild spielten in der biedermeierlichen Gastronomie noch keine Rolle. Aus dem frühen 19. Jahrhundert existiert ein Kupferstich, der einen Gastraum des »Fuchsbräu« abbildet.[8] Der Boden ist mit einfachen Holzdielen belegt, die Tische an die Wand gerückt. Der einzige sichtbare Raumschmuck besteht aus zwei Heiligenbildern und den Schilden der Zünfte, die in diesem Brauhaus ihre Stammtische besaßen. Andere Gemälde der Biedermeierzeit zeigen enge und kleine, flach gedeckte Gaststuben.[9] Wo es sich nicht um besondere Kneipzimmer, wie etwa dem der Künstlergesellschaft im »Stubenvollbräu«, handelte, waren die Gasträume mit großen Tischen und teilweise lehnenfreien Bänken möbliert. Einfache Vertäfelungen waren im unteren Wandbereich angebracht. Darüber befand sich die getünchte Wand, bestenfalls mit einem Gesims oder einer Hohlkehle von der Decke abgesetzt. Der Wandschmuck bestand aus einigen Utensilien wie Schützenscheiben, Hirschköpfen oder gerahmten Druckgrafiken. Was aus den Bildquellen kaum hervorgeht, ist die räumliche Enge und die oft mangelnde Sauberkeit der Gasträume. Das galt besonders

für das Hofbräuhaus am Platzl, dem Inbegriff des Altmünchner Brauhauses und dem Exponenten traditionell Münchner Gasthauskultur: 1857 hieß es, dass die Schanklokalitäten teils zu klein, teils in einem Zustand seien, der den besseren Klassen von Gästen den Besuch beinahe unmöglich mache.[10] Eine zeitgenössische Beschreibung veranschaulicht dies: »Das Schanklokal befand sich im Vorderraume des Hauptgebäudes und bestand nur aus einer Schanze, auf welcher die Banzen standen, die Krüge mußten am laufenden Brunnen im Hof gereinigt und abgefrischt werden, der Schankkellner nahm zuvor das Geld in Empfang, dann wurden die gefüllten Krüge nach Nummern ausgerufen und verteilt [...]. Durch eine Doppeltüre betrat man die Gasträume und war erstaunt, wie ein solches Lokal zu derartiger Berühmtheit gelangen konnte. Durch die rauchgeschwängerte Luft erkannte man feuchte, schmutzige Wände, kahl und leer, abgenützte, mit hunderten von eingeschnittenen Namen verunzierte Eichentische,

Die Hauseinfahrt des Eberlbräu mit den ersten Gästen an Bierbänken und Klapptischen.

Lehnbänke und eine Holzdiele, die nur einmal im Jahr gründlich gereinigt wurde. […] Links ging es in das sogenannte Billardzimmer, einer Winkelkemmenate mit vier Tischen, woselbst zumeist die Studenten zechten. Dort, an der dem einzigen Fenster gegenüberliegenden Wand war der alte 200jährige Bockschild aufgehängt, darstellend einen Bock, der ein gefülltes Glas umstößt.«[11] Es war wohl dieser Mangel an Feinheit und Distanz, der das bürgerliche Publikum vom Besuch populärer Bierlokale abhielt. Dazu kam ein nicht geringer Geräuschpegel und die von Tabakrauch verqualmte Luft. Natürlich trug auch das Maß des konsumierten Alkohols zum Verhalten der Gäste bei. Der bauliche Zustand der Gebäude tat jedoch der ungezwungenen Atmosphäre keinen Abbruch. Im Gegenteil: Im Münchner Hofbräuhaus gehörte das »Volksleben« zum originellen und spezifischen Flair der Institution.

Der traditionelle Bierkeller

Neben den Brauhäusern der Altstadt prägten die vorstädtischen Lagerkeller das Bild der Biergastronomie in München. Sie wurden auch »Sommerkeller« genannt, eine Bezeichnung, aus der die saisonale Bestimmung der großen Gartenwirtschaften hervorgeht. Gegen Ende des 18. Jahrhunderts hatten die damals noch rund 60 Brauereien Münchens verstärkt damit begonnen, ihre Lagerkeller an den Stadtrand zu verlegen. Dafür machte man sich die topografischen Gegebenheiten des vorgeschichtlichen Isarbettes zunutze. Am östlichen Hochufer der Isar entstand zwischen 1770 und 1850 eine »Kellerstadt« mit über 50 Bierkellern entlang der Rosenheimer-, Keller- und Inneren Wiener Straße.[12] Ebenfalls rechts der Isar, über der Vorstadt Au, lagen die großen Keller des »Franziskanerbräu« und des »Zacherl'schen Bräuhauses«. Im Westen, zwischen Theresienhöhe und dem heutigen Stiglmaierplatz, entstanden umfangreiche Anlagen der Pschorr-, Spaten-, Augustiner- und Löwenbrauerei. In den meisten Fällen handelte es sich dabei nicht um Stollen, sondern um etwa acht bis elf Meter in die Erde versenkte, gemauerte Gewölbe, die seit den 1840er Jahren mit Natureis gekühlt wurden.[13] Bis zur Erfindung und Anwendung der künstlichen Kälte blieb dies die gängigste Metho-

Das weltberühmte Hofbräuhaus in einer Aufnahme nach der Renovierung 1886. Man beachte die »Bierfilzl« auf den Tischen.

de.[14] Die oberirdische Anlage der Kellerhäuser war einfach. Direkt über den Gewölben lagen die ebenerdigen Fasshallen, meist 350 bis 400 Quadratmeter große, flachgedeckte Räume mit hölzernen Stützen. Hier lagerte das nicht benötigte Braugeschirr sowie die leeren Fässer, bis sie zum erneuten Abfüllen wieder gebraucht wurden. Eine eigene Schankstube für die Sommergastronomie, die so genannte Bräuknechtstube, konnte vorhanden sein, war aber nicht die Regel.[15] Große, vierflügelige Anlagen wie der Salvator- oder der Pschorrkeller gruppierten mehrere Kellerhallen um einen Hof. Hohe, abgewalmte Dächer und breite, manchmal zweigeschossige Wageneinfahrten dominierten den Außenbau. In der Mehrzahl handelte es sich um reine Zweckbauten ohne baukünstlerischen Anspruch. Dennoch waren die vorstädtischen Lagerkeller der Schauplatz des berühmten Münchner »Kellerlebens«, das in zahlreichen literarischen Schilderungen und bildlichen Darstellungen der Biedermeierzeit überliefert ist.[16] Bis zur Einführung der neuen Gewerbeordnung im Jahr 1868 handelte es sich dabei um einen reinen Sommerbetrieb. Die Keller waren lediglich zur Salvatorsaison in der Zeit zwischen Aschermittwoch und Ostern sowie in der Zeit vom 1. Juni bis Ende September für das Publikum geöffnet. Bei schönem Wetter wurden Tausende von Besuchern gezählt. Zur Beliebtheit trugen von Beginn an die Konzerte und Attraktionen bei, die die Brauer veranstalteten, um den Bierabsatz zu fördern. Konsumiert wurde das Bier an Biertischen und -bänken im Garten. Speisen durften wegen konkurrierender Bierwirte nicht angeboten werden.[17] Bei plötzlich einsetzendem Regen oder kühler Witterung konnten sich die Gäste in das so genannte »Salettl« zurückziehen, ein dem Gartenhaus vergleichbarer Typus der leichten, offenen Halle, den es auch in anderen Gartenwirtschaften gab. Ähnlichen Zwecken dienten etwa die um das Kellerhaus angebrachten Pultdächer oder die hölzernen Arkaden, welche den Biergarten säumten. Bei Bedarf öffnete man die Fasshalle, die im Sommer keine logistische oder betriebstechnische Funktion zu erfüllen hatte. Die Ausstattung dieser ursprünglich nicht für Gastzwecke gedachten Hallen war äußerst einfach. Ähnlich wie bei den traditionellen Wirtshäusern verbot sich für das anspruchsvolle bürgerliche Publikum der Besuch eines Bierkellers. Gehobene Konversation war hier unmöglich. Der Münchner Professor Max Haushofer charakterisierte das Kellerleben folgendermaßen: »Daß bei einem solchen Mangel an Feinheit der Genüsse auch keinerlei edles Gespräch zustande kommen konnte, ist erklärlich. Man unterhielt sich mit den Menschen, zwischen die man durch den Zufall hineingeschneit war; die Väter prüften das Bier, wozu ein Maßkrug nach dem anderen erforderlich war; die Mütter waren vollauf damit beschäftigt, den Hunger der Jugend zu stillen. Waren jüngere Herren und erwachsene Mädchen am Tische, so gab es wohl Scherz und Kurzweil; aber kaum jene feinere geistige Berührung, die durch eine künstlerisch ausgestaltete Häuslichkeit ermöglicht, begünstigt und getragen wird.«[18] Und doch zog man die Kellerhallen der Brauereien im 19. Jahrhundert häufig auch für Festzwecke heran. Bis zum Bau der Bierpaläste blieben sie die einzigen Festräume, die für Großveranstaltungen mit über 1 000 Teilnehmern ausreichend Platz boten: Feste, Versammlungen oder Kongresse in den Kellerhallen sind überliefert. Als die Münchner Künstlerschaft 1841 beispielsweise einen Empfang für den Bildhauer Bertel Thorvaldsen gab, fand das Festessen nicht etwa im Alten Rathaussaal oder im Odeon statt, sondern in der festlich geschmückten Halle des Augustinerkellers.[19]

Ansicht des Salvatorkellers auf dem Nockherberg in den Jahren 1905/06.

Berühmt waren die Kellerfeste, die schon um die Jahrhundertmitte auf dem Pschorrkeller, dem Löwenbräukeller oder dem Salvatorkeller gefeiert wurden.

DIE ENTSTEHUNG DER BIERPALÄSTE

Um 1870 setzte in München ein umfassender und grundlegender Modernisierungsprozess des Gaststättengewerbes ein, der Lokalitäten von völlig neuer Dimension hervorbrachte: Bierpaläste mit großzügigen und hellen Räumen, bequemem Mobiliar und dekorativer Ausstattung.[20] Sie entsprachen zum einen der veränderten Erwartungshaltung des städtischen Publikums, das nach Verfeinerung der Gastkultur verlangte. Zum anderen dienten die Bierpaläste einer zunehmend offensiven Absatzpolitik im Braugewerbe. Denn die Konkurrenzsituation unter den Brauereien hatte sich durch zunehmende Monopolisierung spürbar verschärft. Der lokale Absatzmarkt war trotz des Bevölkerungswachstums nicht unbegrenzt expansionsfähig. Um die direkten Vertriebsmöglichkeiten vor Ort - Lagerkeller und Brauhaus - zu intensivieren, schufen die Braue-

reien große und repräsentative Ausschankstellen im Stadtgebiet. Voraussetzung dafür war die betriebstechnisch ohnehin sinnvolle Verlagerung der Bierproduktion aus der Altstadt, in der Regel auf das Gelände der vorstädtischen Bierkeller. Dadurch wurden die innerstädtischen Grundstücke mit den darauf befindlichen Altmünchner Brauhäusern frei für den Neubau von modernen Bierpalästen. In diesem Zusammenhang ist ein Blick auf die Gästekapazitäten aufschlussreich: Während eine normale Bierwirtschaft in der Münchner Innenstadt zwischen 100 und 300 Gästen Platz bieten konnte,[21] lagen mehrere Tagescafés und Café-Restaurants mit bis zu 700-800 Besuchern bereits erheblich darüber. Große Kaffeehäuser wie das »Café Luitpold« mit 1200 und das »Café Wittelsbach« mit 1500 Sitzplätzen stellten die nächste Kategorie dar.

In großem Abstand dazu standen jedoch die Bierpaläste. Die zu Sälen ausgebauten Sommerkeller konnten besonders viele Gäste aufnehmen. Eine Aufstellung aus dem Jahr 1900 listet ihr Fassungsvermögen auf: Demnach war der damals gerade fertig gestellte »Münchner Kindl-Keller« mit 6000 Sitzplätzen das größte Etablissement am Ort. Der »Löwenbräukeller« bot immerhin noch 5000 Sitzgelegenheiten, das Hofbräuhaus 2850 Plätze.[22] Die neu errichteten Bierpaläste im Stadtinnern folgten. Der »Augustiner« hatte 1600 bis 1800 Plätze, die »Pschorrbräu«-Bierhallen 1600 Plätze, der »Thomasbräu« am Kapuzinerplatz 1400 Plätze. Wo das Grundstück für den Bau von Sälen oder

Lange Zeit der größte Saal der Stadt: der »Münchner Kindl-Keller« am Gasteig.

größeren Trinkhallen nicht genügend Platz bot, behalf man sich damit, bis zu drei Stockwerke für den Bierausschank zu nutzen. Oft fasste man mehrere Wohnhäuser zu einem neuen Komplex zusammen, so dass die Größe der Bierpaläste auch im Straßenbild der Altstadt deutlich zutage trat. Alte Stammhäuser wie der »Augustiner« und der »Pschorrbräu« in der Neuhauserstraße, das Hofbräuhaus am Platzl oder das »Weiße Bräuhaus« im Tal wurden in den Jahren zwischen 1895 und 1903 komplett umgebaut oder durch Neubauten ersetzt. Auch auf den vorstädtischen Lagerkellern konnte mit weithin sichtbaren Großbauten die städtebauliche Wirkung des neuen Bautyps veranschaulicht werden. Durch architektonisch anspruchsvolle Gebäude, oft ausgestattet mit Türmen, Giebeln, Terrassen und Loggien, versuchte man, den neuen Bierpalästen eine stadtbildprägende - und nebenbei werbewirksame - Bedeutung zu verleihen. Es entstanden regelrechte Monumentalbauten für den Bierausschank. Die alten Kellerhallen baute man zu großen Sälen mit teilweise über tausend Quadratmetern Grundfläche aus. Dem gesteigerten Kunstanspruch wurde dadurch Ausdruck verliehen, dass die Gasträume architektonisch einheitlich konzipiert wurden und eine künstlerische oder kunstgewerbliche

Festsaal des Hofbräuhauses am Platzl, ausgemalt 1897 von Ferdinand Wagner.

Ausstattung erhielten. Das Raumangebot für die Gäste vervielfältigte sich: In den Bier- und Festsälen fand der Bierausschank nunmehr ganzjährig statt, oftmals von Konzerten begleitet. In ihrer Größe und im dekorativen Aufwand hoben sich die Biersäle deutlich von den ursprünglichen Fasshallen ab, die bekanntlich reine Zweckbauten gewesen waren. Auch in architektonischer Hinsicht änderte sich manches: Neben die flachgedeckte Bierhalle auf Stützen trat um 1896 der in Mün-

Malerische Kulisse: der Kneiphof der »Pschorrbräu«-Bierhallen
in der Neuhauser Straße.

Hofbräuhauses für den Festsaal 735 Quadratmeter Grundfläche zu überwölben; die Scheitelhöhe der Tonne lag bei 9,50 Metern. Großer Beliebtheit erfreuten sich auch die erdgeschossigen Bierschwemmen, die zumeist durch den Umbau ehemaliger Stallungen, Malztennen oder Sudhäuser entstanden. Die Bierschwemme diente dem einfachen und schnellen Biergenuss ohne größere Ansprüche. Sie war der volkstümlichste Teil des Bierpalastes. An blanken Tischen konnte zum Bier die mitgebrachte Brotzeit verzehrt werden. Serviert wurden nur einfache, kleinere Gerichte. Ergänzend dazu trat ab etwa 1896 ein neues Element der Bierpalastarchitektur in Erscheinung: der Kneiphof. Damit wurden bis dahin brachliegende Hinter- oder Lichthöfe der Brauhäuser der gastronomischen Nutzung zugeführt und architektonisch-künstlerisch aufgewertet. Brunnen, Loggien oder Lauben, Terrassen, Emporen oder Balkons waren die charakteristischen Kennzeichen. Mit Festhalle, Schwemme und Kneiphof wurde die sommerliche Kellergastronomie in die Stadt geholt und ganzjährig verfügbar gemacht. Manche Gepflogenheit, wie das eigenständige Bierholen des Gastes, behielt man bei. Die Festhallen waren mehrmals wöchentlich dem Publikum geöffnet, im Hofbräuhaus sogar täglich. Der Ausschank begann am späten Nachmittag; im Winter oder bei schlechter Witterung fanden Konzerte statt, die keinen oder nur geringen Eintritt kosteten.

Auch in technischer Hinsicht wurden die Bierpaläste optimiert. Von den Architekten wurde eine rationelle Grundrissdisposition verlangt: Nebenzimmer sollten etwas abseits liegen, um einen

chen bis dahin unbekannte Typus des freigespannten, tonnengewölbten Brauereisaals, der sich in den 1880er Jahren in Norddeutschland entwickelt hatte. Diese monumentale Raumform findet sich in München ausschließlich in den Bierpalastbauten der Baufirma Heilmann & Littmann, die in der Lage war, mittels der innovativen »Monierbauweise« Tonnengewölbe von großer Spannweite, jedoch ohne statische Funktion, zu konstruieren. So waren beim Umbau des staatlichen störungsfreien Parallelbetrieb zu ermöglichen. Der Eingang war zugfrei zu halten. Aborte befanden sich in ausreichender Zahl meist etwas versteckt in der Nähe des Eingangs. Bei den Betriebsräumen lag das Augenmerk vor allem auf der gut durchorganisierten Küche, die andererseits für den Gast möglichst unauffällig bleiben sollte. Treppen und Treppenhäuser mussten feuersicher hergestellt sein. Zur Steigerung des Gastkomforts wurden neue Technologien eingeführt. Noch 1882, dem Jahr der Elektrizitätsausstellung im Münchner Glaspalast, begann man, die in Bau befindlichen Bierpaläste mit elektrischem Licht auszustatten. Der »Arzbergerkeller« (1882) und der »Löwenbräukeller« (1883) waren die ersten öffentlichen Gebäude in München, bei denen diese Innovation Einzug hielt.[23] Zum Vergleich: Der Hauptbahnhof wurde um 1884 mit elektrischem Licht versehen, die elektrische Straßenbeleuchtung 1893 eingeführt. Erst ab etwa 1899 gingen auch Privathaushalte ans Stromnetz.[24] Neben dem elektrischen Licht entwickelte sich die ausreichende Belüftung zu einer Hauptforderung moderner Gasthaustechnik. Beim Umbau der »Pschorrbräu«-Bierhallen sorgte man für eine mechanische Belüftung mit vorgewärmter Frischluft.[25]

Der Bau von Bierpalästen in München weist einen klaren Schwerpunkt in den Jahren zwischen 1880 und 1902 auf. In diesem Zeitraum entstanden allein 20 Neubauten. Darüber hinaus wurden 13 Erweiterungen bzw. grundlegende Umgestaltungen durchgeführt wie etwa der »Pschorrbräu«-Bierhallen (1896) oder des Hofbräuhauses (1897). Dies bedeutet, dass in dieser Zeit praktisch jedes Jahr mindestens ein Bierpalast neu errichtet oder in veränderter Form wiedereröffnet wurde. Neun Bauprojekte, deren Ausführung jedoch scheiterte, sind zusätzlich überliefert.

Nostalgische Erinnerungen

Doch blieb die Errichtung neuzeitlicher Bierpaläste nicht ohne Kritik. Die Funktion des traditionellen Gasthauses als Kommunikationszentrum und Ort des sozialen Ausgleichs verlor in der Großstadt zunehmend an Bedeutung. Der Besuch von Bierpalästen galt nun auch in bürgerlichen Kreisen als Freizeitvergnügen. Das Wirtshaus entwickelte sich zur kommerziellen Einrichtung mit mehr oder minder deutlich artikuliertem Konsumzwang. Mit der Verfeinerung der Sitten wurde das Gastverhalten »domestiziert«, die alten Freiräume beschnitten. Hinzu kam, dass infolge von Großküchen und einer zentralisierten Betriebsorganisation die Preise in den Bierpalästen niedrig gehalten werden konnten. Zwangsläufige Folge war die Schließung vieler kleiner und mittlerer Bierwirtschaften, die dem Konkurrenzkampf nicht stand hielten.[26] Den Zeitgenossen blieb diese Entwicklung natürlich nicht verborgen. In einer Zeit raschen sozialen Wandels beklagte man das Verschwinden der traditionellen »Gemütlichkeit«. Schon 1879 hieß es im Hinblick auf gründerzeitliche Bierpaläste wie etwa den »Hirschbräuhallen« (1874) am Färbergraben oder dem »Dürnbräukeller« (1875) am Gasteig:

> »Vor den neuen Bierpalästen
> Stolz im Gründerstyl erbaut,
> Mit den Renaissancefassaden
> Hat es mir von je gegraut.
> Lobe mir die alten Zeiten,
> Wo man in Spelunken soff,
> Denn je schlechter dort die Luft war
> Desto besser war der Stoff.«[27]

Als reaktionäre, gegenläufige Tendenz zum Bau der modernen Großbetriebe festigte sich das fiktive Bild der vorindustriellen Gastlichkeit und entwickelte sich zum romantischen Anachronismus. Während gleichzeitig die alten Gaststuben und Brauhäuser in großem Maßstab umgebaut und verändert wurden, hielt man mit Vehemenz an den biedermeierlichen Idealbildern fest. So schrieb etwa Ludwig Thoma in seinen Lebenserinnerungen: »Da waren der Mohrenköpflwirt am Saumarkt, der Melber in der Weinstraße, der Krapfenbräu am Färbergraben, der Fischerwirt neben der Synagoge, der Haarpuderwirt in der Sendlingerstraße und dort auch der Stiefelwirt, der Rosenwirt am Rindermarkt, der Schwarze Adler, der Goldne Hirsch und der Goldne Bär und in der Neuhauserstraße der Goldne Storch, wo Stellwagen und Boten von überall her gerne einkehrten. Das klang anders wie die armselige Internationalität der heutigen Firmen, die dem Snob sagt, daß er auch in München den hübschen Zug der Nachäfferei und des Aufgebens aller Bodenständigkeit findet.«[28] Mehr als die Prachtsäle der modernen Restaurants und Cafés hatten die schlichten, unprätentiösen Brau- und Wirtshäuser ihren Gästen eine gewisse Behaglichkeit und Ungeniertheit ermöglicht. In München stand dafür beispielhaft das Hofbräuhaus am Platzl. Als man 1896 das Bauunternehmen von Jakob Heilmann und Max Littmann mit dem Neubau beauftragte, äußerten diese Bedenken, da das alte Hofbräuhaus im Laufe der Jahre eine historische Stätte geworden sei, die trotz ihrer Schmucklosigkeit in das Herz so vieler Münchner und mancher Fremden gewachsen sei.[29] Anstatt eines Neubaus entschlossen sie sich zu einer, allerdings tiefgreifenden Umgestaltung, die einige charakteristische Teile der alten Anlage als Trinkhallen wiederverwendete. Mit misstrauischer Aufmerksamkeit nahm das Publikum Abschied vom »alten Hofbräuhaus«. Es schien, als hätte man eher den knöcheltiefen Schlamm - erst 1877 hatte das

Hofbräuhaus einen asphaltierten Fußboden erhalten - und die mangelnde Reinlichkeit akzeptiert, als Veränderungen am althergebrachten Bild des Hofbräuhauses in Kauf genommen. Ein Verpflanzen der »Genies« und »Originale« unter den Hofbräugästen in modernisierte Örtlichkeiten schien undenkbar.

Doch trotz aller Klagen über den Verlust der traditionellen Wirtshauskultur war man auch empfänglich für den Fortschritt, den die besser ausgestatteten Gasträume und ihre veränderten Trink- und Verzehrformen mit sich brachten. In München wurde der Wandel der öffentlichen Meinung im Jahr 1899 treffend beschrieben: »Der konservativ angelegte Münchener hing lange Zeit mit bewundernswerter Zähigkeit an diesen ihn anheimelnden und ›gemütlichen‹ Lokalen fest; aber ebenso schnell hat er sich an die mit modernem Komfort ausgestatteten Lokale gewöhnt und so kommt es, daß München zur Zeit sich vollkommen in einem Revolutionsprozeß befindet, der wohl in wenigen Jahren mit den altmünchenerischen Wirtschaftslokalen aufgeräumt haben wird.«[30]

GABRIEL VON SEIDLS ERSTE BAUTEN

In diesem Spannungsfeld wirtschaftlicher, gesellschaftlicher und künstlerischer Zwänge bewegten sich die Architekten und Künstler, die mit dem Entwurf und der Ausstattung von Bierpalästen betraut waren. Gabriel von Seidl wurde als 34jähriger Architekt mit seinem ersten Großprojekt, dem 1882 errichteten »Arzbergerkeller«, beauftragt. Zwei Voraussetzungen hatten ihn dafür in besonderer Weise qualifiziert. Zum einen hatte sich Seidl offenbar früh mit der Einrichtung von Gaststuben befasst. Im Jahr 1873, also noch vor

Ende seines Architekturstudiums 1874, soll Seidl ein Vereinszimmer im »Restaurant Abenthum« eingerichtet haben. Ein geradezu sensationeller Einstiegserfolg gelang Seidl mit seinem »Deutschen Zimmer« in der Jubiläumsausstellung des Kunstgewerbevereins mit dem Titel »Unserer Väter Werk« im Glaspalast 1876. Der Erker mit Butzenscheiben, die getäfelten Wände und die schwere Holzdecke im deutschen Renaissancestil des 16. Jahrhunderts waren von einer Stilsicherheit und vermeintlichen Echtheit, die das Publikum begeisterte. Allerdings war Seidl nicht der einzige, der im Stil der Deutschen Renaissance entwarf. Bereits 1872 hatte der Innenausstatter Anton Pössenbacher seine Vorstellung von einer bürgerlichen Trinkstube präsentiert.[31] Überbordender figürlicher und ornamentaler Schmuck zierte die Vertäfelung, Rahmungen und Möbel. Auch Pössenbachers Trinkstubenerker war mit Butzenscheiben und Wappentafeln verglast. Bereits im Jahr 1876 bemerkten die Zeitgenossen in München eine spezifische Affinität des Gasthauses zum Stil der Deutschen Renaissance.[32] In den Jahren bis 1880 erregten zwei weitere, künstlerisch konzipierte Wirtshausausstattungen besondere Aufmerksamkeit. Zunächst war es die Trinkstube des Kunstgewerbehauses (1878), welche nach Meinung von Georg Hirth und Friedrich Pecht die vorbildliche Lösung für die Einrichtung eines Gastraums darstellte.[33] Sie war von Lorenz Gedon eingerichtet worden, der sich

neben Gabriel von Seidl auf Innenausstattungen im Stil der Deutschen Renaissance spezialisiert hatte.[34] Die im Vergleich zu Anton Pössenbachers Entwurf relativ schlichte Vertäfelung schloss mit einem oberen Gebälk ab, das als Bord für Zierkrüge und Teller diente. Als Blickfang fungierte ein hoher, mit reliefierten Platten reich geschmückter Kachelofen. Ein Wandschrank mit einem Aufbau zahlreicher Ziergefäße stand ihm gegenüber. Die dekorativen Wandmalereien mit Darstellungen altdeutscher Ratsherren stammten von Rudolf Seitz und Heinrich Lossow.[35] Gabriel von Seidl hatte für den Neubau des Kunstgewerbehauses in einem Wettbewerb unter sechs Architekten zwar einen Entwurf gefertigt,[36] die Ausführung des

Die Trinkstube des Kunstgewerbehauses (1878) im altdeutschen Stil, entworfen von Lorenz Gedon.

Gabriel von Seidls Schlüsselbau am Karlsplatz: Das »Deutsche Haus« von 1879/80.

im Zweiten Weltkrieg zerstörten Kunstgewerbehauses in der heutigen Pacellistraße erhielt jedoch 1878 sein Konkurrent August von Voit. Die zweite, ebenfalls hoch gelobte Wirtshausausstattung ging nunmehr auf Gabriel von Seidl zurück. Sein so genanntes »Deutsches Haus« aus den Jahren 1879/80 geriet geradezu zum Schlüsselbau der Deutschen Renaissance in München: »Einfach und würdig, fest und stark steht das Haus wie aus einem Gusse erbaut da und mahnt uns an die Meisterwerke unserer Vorfahren, die der echte deutsche Architekt hier zum Ausdruck gebracht hat.«[37] Mit der Fassade des »Deutschen Hauses« konnte Seidl an städtebaulich markanter Stelle einen stilistisch programmatischen Akzent setzen. Das Fassadengemälde führte Rudolf Seitz aus. Im Innern übernahm Gabriel von Seidl das Gestaltungsschema des Kunstgewerbehauses, wobei er den dekorativen Aufwand nochmals reduzierte.[38] Segmentbögen, Pfeiler und eine dunkel gebeizte, kassettierte Holzdecke beherrschten den Raumeindruck. Die Decke selbst saß auf kräftigen Konsolen beziehungsweise auf einer Säule mit weit ausladendem Kämpfer. Die Wände waren einfach getüncht, Mobiliar und Vertäfelung der Wände schlicht. Die Besonderheit der Räume lag darin, dass die Einrichtung trotz ihrer augenfälligen Schlichtheit vom Windfang bis zur Vitrine stilistisch einheitlich gestaltet war. Ölgemälde von Adam Kurz und Lambert Linder signalisierten den künstlerischen Anspruch der Räumlichkeiten. Damit gehört Seidl zu den frühesten Protagonisten des Deutschen Renaissancestils, der wenig später seinen populären Siegeszug im Bürgertum antreten sollte. Während Seidl bei anderen Bauaufgaben durchaus mit opulenten Dekorationen arbeitete, bevorzugte er bei Gasträumen eine schlichte und zurückhaltende Form der Raumausstattung. In der Zeitschrift des Bayerischen Kunstgewerbevereins oder in den bereits damals beliebten Publikationen zur Wohnungseinrichtung finden sich in den 1880er Jahren weitere Musterentwürfe für die Gestaltung privater Trinkräume.[39] Die besonderen Stimmungswerte der Deutschen Renaissance prädestinierten diesen Stil aber nicht nur für private Trinkstuben, sondern auch für gewerbliche Gasträume. Er erfüllte die stimmungsvollen Erwartungen, die man insbesondere an die Biergastronomie richtete. Der Kunsthistoriker Friedrich Pecht führte 1888 dazu aus: »In solchen Trinklokalen eignet sich der nationale Stil nun unstreitig ausgezeichnet, ob der Traulichkeit seiner Holzvertäfelung, der Gemütlichkeit der bunten Butzenscheiben, der prächtig flimmernden Kachelöfen und dem köstlichen Feld für allerhand derben gemalten Schmuck auf den Mauerflächen über den Vertäfelungen, wie durch die stattlichen, bald barocken, bald zierlichen Formen der Möbel und Geräte. Denn das ist

ja das Charakteristische dieses Stiles, daß er die sonnige, aber kühle Heiterkeit der italienischen Renaissance in weniger vornehmen als tief gemütlichen Humor verwandelt.«[40] Gerade die nationalen Implikationen der Deutschen Renaissance trafen in der Biergastronomie auf ein besonderes Interesse, denn Bier galt im 19. Jahrhundert als »echtes« deutsches Getränk. Auffälligerweise finden sich genau zu jenem Zeitpunkt vermehrt Ausstattungen im Stil des 16. Jahrhunderts, als man begann, die frühe Neuzeit als Blüte der »Zechkunst« wahrzunehmen.[41] Mit der Deutschen Renaissance verband man also nicht nur den Humanismus, sondern auch »deutsche« Gemütlichkeit, Kneipfreude und Trinkfestigkeit.

Die zweite Voraussetzung für die Errichtung großer Bierpaläste lag in Gabriel von Seidls verwandtschaftlichen Beziehungen zu den Münchner Großbrauern begründet. Seine ersten, für die berufliche Konsolidierung als Architekt folgen-

Der Gastraum des »Deutschen Hauses« mit Blick auf die Schänke.

reichen Bauaufträge erhielt er aus seiner unmittelbaren Verwandtschaft, in der sich zwei der größten Brauereibesitzer Münchens befanden. Gabriel von Seidls Mutter war die Tochter des legendären Spatenbräu-Besitzers Gabriel Sedlmayr des Älteren (1777-1839).[42] Gabriel Sedlmayr der Jüngere, Seidls Onkel (gest. 1891), hatte die Spatenbrauerei in den 1870er Jahren zur größten Brauerei Münchens ausgebaut. Seidls Cousin, der kurioserweise ebenfalls Gabriel Sedlmayr hieß, aber der Linie des »Leistbräu« Josef Sedlmayr entstammte, leitete ab 1875 die Großbrauerei »Zum Franziskanerkeller (Leistbräu)« in München. Diesen familiären Verflechtungen verdankte Gabriel von Seidl wichtige Bauaufträge. So entstand sein erster größerer Bau, nämlich die Gaststätte »Deutsches Haus«, im Auftrag der Spatenbrauerei. Ihr folgten zwei frühe Münchner Bierpaläste: der »Arzbergerkeller« für den Spatenbräu (1882) und der »Franziskanerkeller« für den Franziskaner-Leistbräu (1885). Dazu gesellten sich auswärtige Bauten wie die Großgaststätten »Zum Spaten« in Berlin (1885) und das »Münchner Kindl« in Straßburg (1886) im Auftrag von Franziskaner-Leist. Auch der Auftrag für den Neubau des Vereinshauses der Künstlergesellschaft »Allotria« in der Barerstraße (1887) darf vor diesem Hintergrund nicht überraschen: Das Anwesen, auf dem das neue Vereinshaus errichtet wurde, gehörte zu dem Wirtshaus »Weißes Lamm«, das sich wiederum im Besitz der Franziskaner-Leistbrauerei befand.[43] In den Jahren 1893/94 folgte im Auftrag der gleichen Brauerei der vielbeachtete Neubau des Restaurants »Bauerngirgl« in der Residenzstraße. Selbstredend war es auch Gabriel von Seidl, der den Spatenkeller an der Theresienhöhe umbaute (1909).

Für Gabriel von Seidls jüngeren Bruder Emanuel spielte das verwandtschaftliche Verhältnis zu den Großbrauern eine ähnlich wichtige Rolle, allerdings eher im Hinblick auf Villen. Doch beschäftigte sich Emanuel von Seidl seit 1888 auch mit dem Gasthausbau. In jenem Jahr trat er sowohl mit einem (nicht realisierten) Entwurf für den Umbau des »Pollingerkellers« als auch mit der Restauration auf der Deutsch-Nationalen Kunstausstellung in München an die Öffentlichkeit.[44] 1894 nahm er mit einem Entwurf am Wettbewerb für den Umbau des »Pschorrbräu« teil. In Landshut konnte er die »Jägerhalle« errichten. Sein einschlägiges Meisterstück gelang ihm jedoch mit dem Neubau des »Augustiner« (1898) in der Münchner Neuhauserstraße. Daneben führte Emanuel von Seidl eine Reihe von Cafés in München und Nürnberg aus,[45] sowie einige Festzeltbauten. Dazu gehörten beispielsweise die Bierhalle der Münchner Brauereien auf der Bayerischen Landesausstellung in Nürnberg (1896) und die beiden Pavillons für das »Bürgerliche Brauhaus« und den »Pschorrbräu« auf dem Deutschen Bundesschießen in München (1906). Für das Oktoberfest 1907 entwarf er drei Zelte, eines davon in Zusammenarbeit mit Eduard Schmucker.[46] Stellvertretend für die zeitgenössische Münchner Architektur stand Emanuel von Seidls »Münchner Haus« auf der Weltausstellung 1910 in Brüssel. Außerdem sind von ihm zwei nicht realisierte Projekte für den Bavariakeller in München bekannt.

SEIDLS ERSTER BIERPALAST: DER ARZBERGERKELLER IN MÜNCHEN

Der 1882 in Betrieb genommene »Arzbergerkeller« nach einem Entwurf Gabriel von Seidls war Münchens erster künstlerisch geprägter Bierpalast. Zeitlich parallel dazu waren 1881/82 der »Hofbräukeller« an der Inneren Wiener Straße

Seidls erster Bierpalast: Der Arzbergerkeller an der Sandstraße.

und der »Münchner Kindl-Keller« am Gasteig
entstanden. Besonders der Letztgenannte bestimmte mit seiner 880 Quadratmeter großen und
6,20 Meter hohen Festhalle - die bereits 1888 um
weitere 715 Quadratmeter vergrößert wurde - die
Größenordnung der neuen Bierpaläste. Die Aller-
weltsarchitektur nach Entwurf des Baumeisters
Nikolaus Debold konnte jedoch nicht befrie-
digen. Debold bediente sich des Formenvokabu-
lars der späten Gründerzeit mit konventionel-
ler Fassadengliederung und Dachaufsatz. Gabriel
von Seidls Arzbergerkeller an der Sandstraße
wandte sich dagegen mit einem mächtigen Renaissancegiebel der Stadt zu, der alle Anzeichen
eines städtebaulichen Wahrzeichens verkörperte.
Der Arzbergerkeller besaß zwar nur einen rund
352 Quadratmeter großen Festsaal im Obergeschoss, dessen »altdeutsche« Ausgestaltung besorgte aber der später europaweit tätige Maler und
Heraldiker Otto Hupp. Architektonisch schloss
sich die Raumform des Festsaals dem Typus der
pfeilergestützten, traditionellen Kellerhalle an.

Über ein Portal mit geschwungener Freitreppe
gelangte man zunächst zu einer Terrasse mit Biergarten. Bezeichnenderweise brachte Gabriel von
Seidl im Hausgang Klapptische und Sitzbänke
nach Art der Altmünchner Brauhäuser an. Dieses
volkstümliche Element der Gasthauskultur wiederholte er im übrigen auch beim Bau des Berliner
»Spatenbräu«, wo es - ähnlich wie die in Preußen
unbekannten Bierschwemmen - ein Bild des
schnellen, unprätentiösen »bayerischen« Bierge-
nusses vermittelte. Bei der Gestaltung der Gaststuben im Erdgeschoss legte Seidl Wert auf eine
Einfachheit der Form. Übrigens begann die unmittelbar benachbarte Löwenbrauerei ihrerseits
noch im gleichen Jahr mit dem Neubau einer
Kellerrestauration am Stiglmaierplatz, und zwar
nach Plänen des Architekten Albert Schmidt. Im

Wettlauf um die Gunst der Trinker überflügelte
dieser den Arzbergerkeller deutlich, wie die mehrfachen Umbauten und baulichen Erweiterungen
des Löwenbräukellers belegen: Er besaß zuletzt
eine Saalfläche von über 900 Quadratmetern.

ARCHITEKTUREXPORT NACH BERLIN: DER SPATENBRÄU 1884/85

Der Neubau des »Spatenbräu« in der Friedrich-
straße in Berlin war in mehrfacher Hinsicht eine
Pioniertat. Die Münchner Spatenbrauerei hatte
bereits seit 1878 Bier nach Berlin geliefert.[47] Doch
erst 1884/85 entschloss man sich, einen Direktausschank in der damaligen Reichshauptstadt
zu etablieren. Das Gebäude wurde nach Plänen
Gabriel von Seidls von einer Berliner Baufirma
errichtet. Die Gasträume befanden sich in den
drei unteren von insgesamt fünf Stockwerken. An
der Fassade waren die Umrahmungen der Fenster
und Türen aus grauem Sandstein hergestellt, die
Wandflächen dagegen verputzt und in einem
leicht gebrochenen Weiß getüncht. Darauf hoben
sich die in kräftigen Farben ausgeführten Wand-
gemälde ab, die von Rudolf Seitz ausgeführt wurden. Die Gasträume im ersten Stock gestaltete
wiederum Otto Hupp, den Seidl bereits beim Arzbergerkeller in München herangezogen hatte. Das
Gebäude erregte Aufsehen, weil es mit seinen
schlichten Architektur- und Dekorationsformen
eine andere, in Berlin nicht geläufige Auffassung
des Deutschen Renaissancestils vermittelte. Hans
Schliepmann stellte in seinem Beitrag über die
Berliner Bier- und Kaffeehäuser 1896 fest, dass
sich die Einfachheit der Formgebung in bewuss-
tem Gegensatz zu der in Berlin üblichen, über-
ladenen Renaissance-Ornamentik befand.[48] So
wirkte der Gastraum im Erdgeschoss vermeintlich

schmucklos: Über der etwa zwei Meter hohen Vertäfelung waren die Wände lediglich weiß getüncht. Der vordere Teil der Decke war kassettiert, der hintere besaß stuckierte Sterngewölbe. Hölzerne Portale rahmten die Eingangstüren. Im ersten Obergeschoss waren die Wände dagegen vollständig bemalt. Es handelte sich um Szenen aus der Bierfabrikation sowie um dekorative Arabesken. Die Balkendecke mit Unterzügen war dunkel gebeizt. Im zweiten Obergeschoss befanden sich noch einmal zwei Galeräume mit dunklen Tapeten und gerahmten Stillleben. Ein Berliner Beobachter bewertete kurz nach Fertigstellung des Spatenbräu: »Im Ganzen genommen bietet die architektonische Ausbildung des Innern nichts besonders Hervorragendes. Aber sie macht einen freundlichen Eindruck auf den Beschauer, der sich namentlich in den oberen Räumen recht behaglich fühlt.«[49] Aus Münchner Sicht klang dies anders: Hier sei ein Stück Alt-München entstanden, »wie es stimmungsvoller kaum noch erdacht werden kann. Jeder Winkel, jede Nische spricht von liebevoller Einfühlung in bayerischen Heimatgeist«.[50] Mit der vergleichsweise schlichten Innenausstattung im Stil der Deutschen Renaissance gelang Seidl mit seinem Spatenbräu in Berlin ein ähnlicher Effekt wie mit dem »Deutschen Haus« in München wenige Jahre zuvor. Hinzu kam, dass es bis dahin, mit Ausnahme der vorstädtischen Bierkeller, keine größeren Bierhäuser in Berlin gegeben hatte. Der künstlerische Anspruch des Bauwerks und die Tatsache, dass drei Stockwerke dem Ausschank dienten, wurde in

Der Berliner Spatenbräu mit Fassadenmalereien von Rudolf Seitz.

Berlin geradezu wie eine Verkörperung der »Bier- und Kunststadt« München verstanden. Dies war absatzstrategisch erwünscht, denn das Münchner Bier musste sich in Berlin natürlich der Konkurrenz sowohl einheimischer als auch anderer Importbiere erwehren. Mit der Errichtung von Bierpalästen verschafften sich die Münchner Brauereien in den Exportgebieten ein eigenes Profil. Es darf deshalb nicht verwundern, dass schon bald eine ganze Reihe weiterer, auf die Herkunft des ausgeschenkten Bieres verweisende Bierpaläste in Berlin entstanden, darunter für den »Augustiner« und den »Pschorrbräu« aus München oder für den »Tucherbräu« aus Nürnberg.[51]

Der Franziskanerkeller in München

Ebenfalls neue Wege beschritt Gabriel von Seidl 1884/85 beim Bau der großen Trinkhalle auf dem »Franziskanerkeller« an der Hochstraße. Die Größe und der dekorative Aufwand hoben Seidls Kellerhalle deutlich von den traditionellen Vorbildern ab. Im Innern der Festhalle blieb die Eisenkonstruktion sichtbar, die Säulen und Traversen waren jedoch mit Elementen der Stilarchitektur aufwändig verziert und bemalt. Die Deckenkonstruktion war in Rot und Weiß, die plastischen Teile der Säulen in Grün und Weiß gehalten. Beteiligte Künstler waren - wie gleichzeitig in Berlin - Rudolf Seitz, der das Gemälde im kleinen Saal des Obergeschosses anfertigte, und Otto Hupp, der die Dekoration in der etwa 515 Quadratmeter großen Bierhalle entwarf. Die Verbindung zum oberen, etwa 10 mal 10 Meter großen

Gastraum stellte eine Art Wendeltreppe her. Links und rechts davon befanden sich zwei geräumige Terrassen von 182 und 232 Quadratmetern Fläche, auch dies ein neues Element in der Münchner Kellergastronomie. Zum rückwärtigen Gelände schloss sich ein 1 800 Quadratmeter großer Biergarten mit Musikpavillon und angrenzenden offenen Hallen an. Auch der Franziskanerkeller wurde ein künstlerischer Erfolg: Als sich 1888 der Weihenstephaner Professor Friedrich Herdegen, ein Fachmann für die baulichen Aspekte des Brauwesens, zu der Frage äußerte, welcher Stil für die Zwecke des Bierkonsums am besten geeignet sei, fügte er seinen Ausführungen einen Entwurf von Prof. A. Ranchner bei, der Gabriel von Seidls Franziskanerkeller in stilistischer und typologischer Hinsicht auffällig nahe kommt. Üb-

Der Festsaal des Franziskanerkellers mit Ausmalungen von Otto Hupp.

rigens empfahl auch Herdegen für Bierlokale den aktuellen Renaissancestil, der sich in immer neuen Variationen verschiedensten Zwecken anpassen lasse und eine schlichte Monumentalität ermögliche. Andere Stilarten seien regelrecht ausgeschlossen: »Wenn wir eine Bierhalle errichten wollen, so werden wir doch wohl nicht die Formen des griechischen Tempelbaus anwenden, denn es muß uns ungereimt erscheinen, dem Geschäft des Biertrinkens in einer dorischen Säulenhalle zu obliegen […]. Wir können uns unsere Altvordern recht wohl vorstellen, wie sie gemütlich im tiefen Ratskeller pokulierten, können uns aber ganz und gar nicht in das Bild hineindenken, daß griechische Philosophen etwa in einer marmornen Säulenhalle dem Gambrinus huldigten.«⁵²

Fassade und Biergarten des
Franziskanerkellers.

DER AUSSCHANK »ZUM MÜNCHNER KINDL« IN STRASSBURG

Der Franziskanerausschank »Zum Münchner Kindl« in Straßburg war nach dem Berliner Spatenbräu überhaupt erst der zweite Bierpalast, der von einer Münchner Brauerei außerhalb Münchens neu errichtet wurde. Der Ausschank entstand 1886 durch den Umbau und die teilweise Wiederverwendung vorhandener Bauteile nach Plänen von Gabriel von Seidl. Bauherr war die Franziskaner-Leist-Brauerei von Gabriel Sedlmayr in München, dem Cousin Gabriel von Seidls. Zur Straße hin stellte sich das Gebäude als eingeschossiger Rustikalbau dar, ausgeführt im ortstypischen roten Sandstein. Das halbrunde Eingangsportal war beiderseits von Doppelpilastern flankiert, die einen Giebelaufbau in Formen der Deutschen Spätrenaissance beziehungsweise des Frühbarocks trugen. Die Fassade reihte sich damit in das Straßenbild ein, das von den Rückfassaden barocker Stadtpalais geprägt wurde. Der Brauereigarten war dagegen mit verputztem Staffelgiebel ganz im Sinne des 16. Jahrhunderts gehalten. Dieser Stilstufe entsprach auch der Innenausbau und die Ausstattung. Decken und Wandflächen waren teils getäfelt, teils durch Wandmalereien des Heraldikers Otto Hupp geschmückt. Der Hauptgastraum war mit einer Kuppel eingewölbt. 1894 urteilte man in der Baudokumentation »Straßburg und seine Bauten«: »Von den bayerischen Bierlokalen verdient in erster Reihe das ›Münchener Kindl‹ wegen der reizvollen Anordnung und Gestaltung der inneren Räume und des Hofes Beachtung.«⁵³ Als vor-

Blick in den Hauptraum des Franziskanerausschanks »Zum Münchner Kindl« in Straßburg (Zeichnung: G. Loesti).

bildliche Lösung wurde Seidls Straßburger Gasthaus auch in die einschlägigen Handbücher für Architekten aufgenommen.[54]

Im Übrigen spiegeln sich bei der Errichtung des ersten Straßburger Bierpalasts auch durchaus politische Hintergründe wider. Die Annexion Elsass-Lothringens nach dem Krieg von 1870/71 hatte die deutsche Verwaltung mit einer politisch und emotional nicht gerade willfährigen Bevölkerung konfrontiert. Mit einem großangelegten staatlichen und kommunalen Bauprogramm versuchte man, den Wiederaufbau und die infrastrukturelle Modernisierung des Elsass' gezielt in die Wege zu leiten. Deutsche Firmen und staatliche Institutionen beabsichtigten, durch die Segnungen ihres Wirkens den Ruch der Besatzungsmacht abzustreifen. Wo es ging, betonte man das deutsche Element in der elsässischen Kultur. Eine besondere Rolle für die Integration spielte dabei die gemeinsame Vorliebe für das Bier. Der Verweis auf dessen nationalen, »deutschen« Charakter sollte wohl auf der trivial-kulturgeschichtlichen Ebene den Anschluss des Elsass' an das Deutsche Kaiser-

reich legitimieren. Offensichtlich erwartete man, dass die Qualität des deutschen, insbesondere des bayerischen Bieres, den Elsässern die Annexion schmackhaft machen könne. Nur so ist zu erklären, dass die Münchner Exportbrauereien schon früh und gleich mehrfach mit Biergaststätten in Straßburg präsent waren. Der Ausschank »Zum Münchner Kindl« stellte das erste emotional akzeptierte und populär gewordene Bauwerk deutscher Provenienz in Straßburg dar. Noch vor den repräsentativen Staatsbauten um den Kaiserplatz vermittelte er einen Eindruck von den deutschen Bauabsichten.[55] Nicht nur von seiner Bestimmung her, sondern auch durch seine stilistische Ausprägung als altdeutsches Renaissancegebäude hob sich Gabriel von Seidls Bierausschank von den bis dahin entstandenen Bauten wie dem Hauptbahnhof und verschiedenen Universitätsinstituten deutlich ab.

Festzelte in Berlin und München

Neben massiv konstruierten Bierpalästen war Gabriel von Seidl auch mit zeitlich befristeten Festzeltbauten für die beiden Münchner Brauereien erfolgreich. Auf dem Gelände des 10. Deutschen Bundesschießens in Berlin errichtete Gabriel von Seidl 1890 einen Ausschank für die Brauerei »Zum Münchner Kindl«, der positiv auffiel. Nach zeitgenössischer Einschätzung bot Seidls Zeltbau ein höchst reizvolles Bild, das zu den erfreulichsten und gelungensten auf dem ganzen Festplatz gehörte.[56] Die innere Bemalung nach Entwurf des Münchner Malers Adolf Lentner zeigte auf hellen Wandflächen lustige Schützenbilder. Auf die üblichen kulissenartigen Aufbauten wurde verzichtet. Das Äußere des Zeltes rief den Eindruck eines strohgedeckten Fachwerkbaus mit flachem Satteldach hervor. Es handelte sich um einen über Eck gestellten Zweiflügelbau mit erhöhtem Mittelteil, ein neuer Typus, der nicht von den traditionellen Kellerhallen oder Wirtsbuden abzuleiten war. Seidl wiederholte das Grundriss-Schema des Berliner Pavillons beim Entwurf für das Zelt des Wirtes Michael Schottenhamel wenige Jahre später auf dem Münchner Oktoberfest. Das Schottenhamel-Zelt des Jahres 1896 entstand demnach auf L-förmigem Grundriss und besaß ein Krüppelwalmdach mit geschweiften Giebelaufbauten. Auch hier betonte ein Turm die Gelenkstelle zwischen den beiden Flügeln. Die Außengestalt des Zeltes erinnerte an zeitgenössische Villenarchitektur und wurde als durchaus ernst zu nehmendes Beispiel gepflegter und nobler Architektur in süddeutscher Tradition bezeichnet.[57] Als letztes Beispiel für Seidls ephemere Festzeltbauten sei das Oktoberfestzelt des Jahres 1908 für die Spatenbrauerei genannt.

Seidls Gasthaus »Bauerngirgl« in München

Nach dem Bau des Franziskanerkellers und des »Münchner Kindl« in Straßburg stellte sich für Seidl eine siebenjährige Pause im Gaststättenbau ein. Erst 1893 meldete er sich mit dem Neubau des »Bauerngirgl« in der Residenzstraße in München zurück.[58] Natürlich war die Konkurrenz in der Zwischenzeit nicht untätig geblieben. Die Schwabinger Brauerei hatte im Jahr 1888, das Bürgerliche Brauhaus im Jahr 1890 und der Thomasbräu im Jahr 1892/93 neue Bierpaläste errichten lassen. Dazu waren renommierte Architekten wie Hans Grässel herangezogen worden. Hinzu kam der Umbau des Mathäserbräu in der Bayerstraße nach Entwurf von August Exter (1890-92).

Der »Bauerngirgl« war eine relativ kleine Biergaststätte gegenüber der Münchner Residenz. Immerhin diente aber das gesamte Obergeschoss noch dem Bierausschank. Die Gasträume waren wie immer einfach gehalten: Die Dekoration bestand im Wesentlichen aus einer hohen, warmbraun gebeizten Eichenholztäfelung, darüber Korbbögen und weiße Decken mit sparsamer Stuckornamentik. Leinwandgemälde von Lossow, Schachinger und Schwabenmajer schmück-

Hinwendung zum Neubarock: Seidls Fassade des »Bauerngirgl« 1894.

ten die Wände. Auffälligerweise vollzog Gabriel
von Seidl beim Entwurf des »Bauerngirl« aber
eine stilistische Wendung zum Neubarock, die
sich bereits bei den wenigen Schmuckformen im
Innern, deutlicher jedoch bei der Gestaltung der
Fassade abzeichnete. Sie war nicht etwa in Putz,
sondern ganz in gelblichem Donaukalkstein ausgeführt. Für die Bildhauerarbeiten, insbesondere für die lebensgroßen Figuren beiderseits des
Zwerchgiebels, zog Seidl den Bildhauer Prof. Anton Pruska heran. Im Zentrum der Fassade befand
sich eine Kartusche mit dem Signet der Spatenbrauerei. Sowohl in der Gesamtkomposition als
auch in den baulichen Details ist der Einfluss der
Münchner Architektur des 18. Jahrhunderts
spürbar, auch wenn Seidls eigener Beitrag, etwa
bei der Gestaltung der Erdgeschosszone oder des
Giebelaufbaus, unverkennbar bleibt.

Seidls Hinwendung zum heimischen Barock
im Gaststättenbau ist durch einen weiteren Beleg
zu ergänzen. Im Jahr 1901 veranstaltete das Bayerische Nationalmuseum eine kunst- und kulturgeschichtliche Ausstellung mit dem Titel »München im 18. Jahrhundert«, bei der nicht nur
Wohnstuben mit historischem Mobiliar und Aus-

stattungsgegenständen zu sehen waren, sondern
auch eine von Gabriel von Seidl und Rudolf Seitz
gestaltete Wirtsstube. Damit sollte der Gefahr
stereotyper Wirtshauseinrichtungen vorgebeugt
und eine Anregung für die einfache, traditionelle
Raumgestaltung gegeben werden.[59] Die »barocke« Bräustube war mit einfachem Wohnmobi-
liar bestückt. Hirschgeweihe, ein Kruzifix, Weih-
wassergefäße und alte Grafiken dekorierten die
Wände. Eine Reihe von Zierschüsseln, Maßkrü-
gen, Zinntellern und »Methflaschen« befanden
sich auf den Regalen.

DAS NICHT REALISIERTE GROSSPROJEKT FÜR DEN SPATENKELLER

Nach der Errichtung des »Bauerngirl« ergab
sich für Seidl wiederum eine mehrjährige Pause
beim Bau von Bierpalästen. In diese Zeit fallen die
monumentalen Großprojekte der konkurrierenden Münchner Brauereien. Der Löwenbräu setzte 1894/95 mit dem Umbau seines Kellers am
Stiglmaierplatz nach Entwurf von Friedrich von
Thiersch einen neuen Akzent. 1896 wurde das
1821 errichtete Stammhaus des Georg Pschorr zu den riesigen neuen
»Pschorrbräu«-Bierhallen umgebaut.
Ein Jahr später eröffnete das ebenfalls
erheblich vergrößerte Hofbräuhaus
am Platzl. 1898 folgte der »Augustiner« in der Neuhauserstraße nach
Entwurf von Emanuel von Seidl.
1899 begann wiederum Friedrich
von Thiersch mit dem Umbau des

Der Gastraum des »Bauerngirl« in der
Residenzstraße.

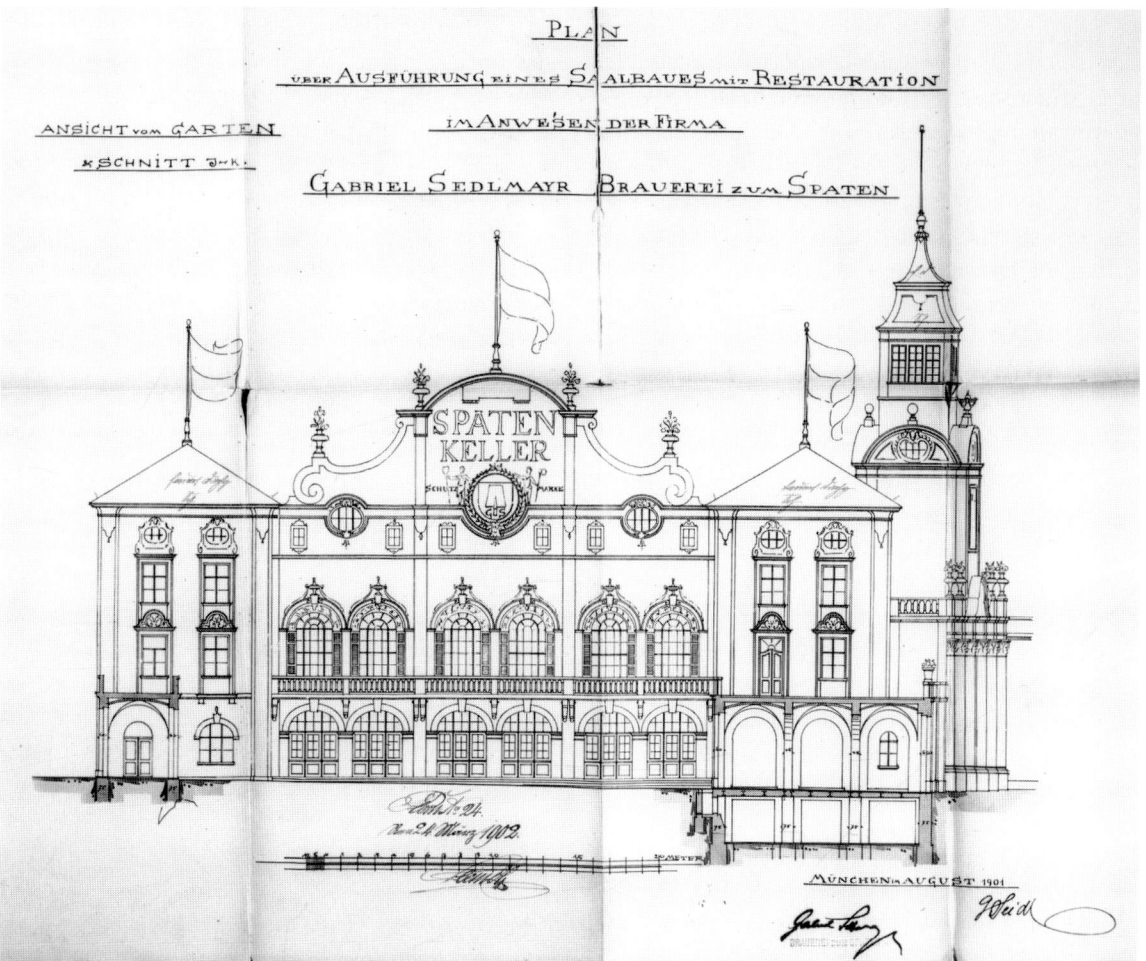

Münchens größter Bierpalast, wenn er gebaut worden wäre: Gabriel von Seidls Entwurf für den Neubau des Spatenkellers.

»Münchner Kindl«-Kellers am Gasteig. Gleichzeitig entstand der »Mathäser«-Festsaalbau nach Entwurf von Heilmann & Littmann. Seit 1900 war der Pschorrbräu mit einem weiteren Großausschank an der Bayerstraße präsent. Aber auch die kleineren Brauereien blieben nicht zurück: So ließen sich die Unionsbrauerei in Haidhausen, der Wagnerbräu in der Au und der Bergbräu in Giesing stattliche Neubauten errichten.

Dadurch geriet die Spatenbrauerei, die bis dahin lediglich den Arzbergerkeller als Großausschank und den Spatenkeller als Sommergastronomie betrieben hatte, in Zugzwang. Als selbst auf dem benachbarten Hackerbräukeller an der Theresienhöhe nach mehreren vergeblichen Anläufen ein Neubau zu erwarten war, blieb den Gebrüdern Sedlmayr im Jahr 1898 nichts anderes übrig, als an der Stelle des alten Spatenkellers ein

»Keller-Etablissement im größten Stil« anzukündigen.[60] Die Pläne zu dem gigantischen Neubauprojekt mit einem umfangreichen Raumprogramm arbeitete Gabriel von Seidl aus.[61] Er schlug vor, den größten Saalbau zu errichten, den München je gesehen hatte. Allein der zentrale Festsaal hätte über 1500 Quadratmeter Grundfläche gehabt. Eine an drei Seiten umlaufende Galerie von 650 Quadratmeter wäre von zwei Treppen und vom Vestibül aus zugänglich gewesen. Ein kleinerer Saal mit zwei Nebenräumen war mit 530 Quadratmetern bemessen. Das nur 85 Quadratmeter große Bräustübl besaß einen eigenen Eingang an der Bayerstraße. Die Außenansicht des geplanten Bierpalasts dominierte die stadteinwärts gewandte Schauseite mit einem geschwungenen Hauptgiebel und einer vorgelegten Terrasse. Ein Turm an der Bayerstraße und ein arkadenumstandener Vorhof ergänzten die Anlage. Zwei Aspekte des Entwurfs sind, neben der enormen Größe, bemerkenswert: Erstens ist, wie schon beim »Bauerngirgl«, die Hinwendung Seidls zu neubarocken Einflüssen erkennbar, wie der zur Stadt gewandte Hauptgiebel und die Fassade an der Bayerstraße belegen. Zweitens ließ sich Gabriel von Seidl beim Entwurf des Festsaals von einer tonnengewölbten Raumform leiten. Dies dürfte wohl auf den Erfolg seiner härtesten Konkurrenten unter den Bierpalastarchitekten, Heilmann & Littmann, zurückgehen. Nachdem das Hofbräuhaus, der Mathäser und der benachbarte Hackerbräukeller jeweils eine Tonne erhalten hatten, musste wohl auch der größte Bierpalast Münchens stützenfrei überwölbt werden. Die geplante Scheitelhöhe des Tonnengewölbes lag bei 13 Metern. Bis dahin hatte Gabriel von Seidl auf den Bierkellern lediglich den Typus der traditionellen, flachgedeckten Halle realisiert. Doch war ihm das Motiv der Tonne nicht fremd: Seidl hatte bereits 1887

den Trink- und Festsaal der Künstlervereinigung »Allotria« mit einer bemalten Holztonne versehen.[62] An den Stirnseiten befanden sich eine Galerie beziehungsweise eine Bühne. Dieser kleine Kneipsaal griff den Bierpalästen in vielerlei Hinsicht vor, auch wenn ein direkter Zusammenhang nicht erkennbar ist. Auch die burschenschaftlichen Verbindungshäuser um 1900 griffen diese Raumform auf.[63]

Der Münchner Magistrat hatte gegen das Projekt zum Neubau des Spatenkellers, abgesehen von ein paar unwesentlichen Änderungsvorschlägen, nichts einzuwenden.[64] Die Pläne wurden im August 1901 bei der Lokalbaukommission eingereicht. Im April 1902 waren sie genehmigt, so dass der Bau hätte beginnen können. Weitere Ergänzungspläne und Detailänderungen folgten im Verlauf des Jahres 1903. Jedoch machte die Spatenbrauerei von der am 17. Dezember 1903 endgültig genehmigten Tekturplanung keinen Gebrauch. Warum das Projekt zur Errichtung des riesigen Bierpalasts unausgeführt blieb, ist nicht im Einzelnen bekannt. In einem Schreiben der Gebrüder Sedlmayr aus dem Jahr 1903 heißt es: »Nachdem die bisherigen Projekte aus verschiedenen Ursachen sich als ungeeignet erwiesen, hat mein Architekt eine Skizze zu einem neuen Projekt entworfen, das jedoch noch der Ausarbeitung und eingehenden Durchprüfung nach den verschiedensten Seiten bedarf, was natürlich bei dem bedeutenden Umfange des Baues und dem vollständigen Mangel jeglichen Vorbildes eine sehr geraume Zeit erfordert.«[65] Diese Zeit sollte aber nicht zur Verfügung stehen. Denn die allgemeine Wirtschaftskrise der Jahre 1900-1902 und die damit verbundene Arbeitslosigkeit machte auch der Münchner Brauindustrie zu schaffen.[66] Der Bierverbrauch ging zurück, die allgemein schlechte Wirtschaftslage wurde durch regneri-

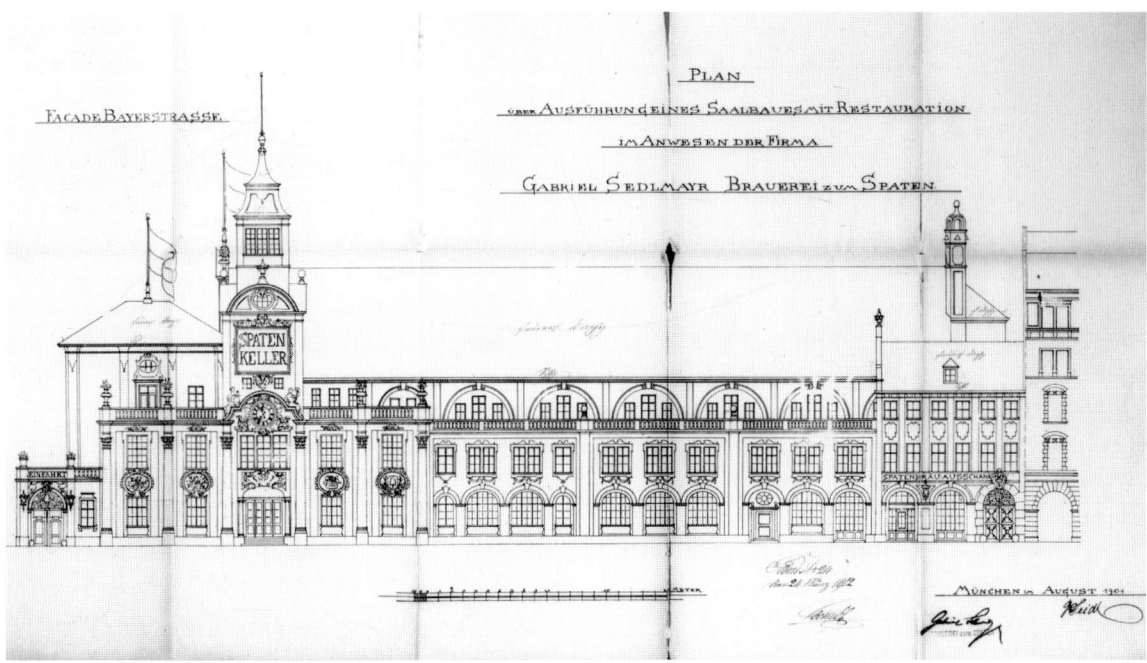

Das Spatenkellerprojekt von 1901, Ansicht von der Bayerstraße.

sche Sommer, schlechte Ernten und die publizistischen Erfolge der Antialkoholbewegung verstärkt.[67] Nach der Bierstatistik von 1901 ging der Bierkonsum in München gegenüber dem Vorjahr um acht Prozent zurück, trotz einer Zunahme der Bevölkerung um elf Prozent.[68] Interessant sind auch die absoluten Ausschankzahlen: Im Jahr 1904 wurden in der größten Gaststätte Münchens, dem »Münchner Kindl-Keller«, gerade 3758 Hektoliter Bier verzapft, das war etwas mehr als das Doppelte einer gut gehenden innerstädtischen Wirtschaft. Im Jahr 1906 schenkte der überwiegende Teil der Wirtschaften nur noch zwischen 20 und 70 Hektoliter pro Monat aus. Nur 13 Großbetriebe kamen auf monatlich 110 bis 150 Hektoliter.[69] Nach dieser Konjunkturkrise, die selbst die großen Brauereien bis etwa 1906 spürten, war eine Stagnation beim Bier-

palastbau festzustellen. Bis zum Ausbruch des Ersten Weltkriegs wurden nur noch zwei kleinere Biergaststätten, das »Weiße Bräuhaus« und der »Paulanerbräu«, neu errichtet. In beiden Fällen handelte es sich um Brauereien, die in der Altstadt noch nicht mit neuen Ausschankstellen vertreten waren. Das groß angelegte Neubauprojekt der »Schwabinger Brauerei« (1902) wurde ebenso wenig verwirklicht wie der geplante ovale Saal des »Thomasbräu« (1906) oder der monumentale Ausbau des Salvatorkellers (1907). Gabriel von Seidls nicht realisiertes Projekt für den Neubau des Spatenkellers an der Theresienhöhe darf deshalb mit gutem Grund als Höhepunkt einer Entwicklung gesehen werden, die mit dem Ausbruch des Ersten Weltkriegs und den ökonomischen und gesellschaftlichen Problemen der 1920er Jahre ihr Ende fand.

Oben: Der alte Spatenkeller an der Theresienhöhe nach Seidls Umbau 1909. Unten: Abschied vom Neubarock: Gabriel von Seidls neu gestalteter Gastraum im Obergeschoss des alten Spatenkellers.

Besitz des Spatenbrauers Gabriel Sedlmayr befunden. Bis ins späte 19. Jahrhundert hinein war das Kellerhaus, das nur dem Sommerausschank gedient hatte, im Wesentlichen unverändert geblieben. Den Entwurf zum Umbau lieferte wiederum Gabriel von Seidl,[70] die Ausführung oblag dem Baugeschäft »Heilmann & Littmann«. Um das Gebäude herum befand sich ein 3000 Quadratmeter großer Biergarten mit Musikpavillon und Loggien aus Holz. Im Erdgeschoss befand sich nach der Umgestaltung ein größerer, saalartiger Gastraum von etwa 245 Quadratmetern Grundfläche mit Wandvertäfelungen aus dunklem Eichenholz und stuckierter Decke. Ein kleinerer Gastraum an der Stirnseite des Gebäudes besaß einfache, weiße Wände und grünverzierte Sockelvertäfelungen. Das darüber liegende Gastzimmer im Obergeschoss (92 Quadratmeter) war in hellem Grün gehalten

Nach dem Scheitern des großen Bierpalastprojekts ruhte der Ausschank auf dem Spatenkeller an der Theresienhöhe ab dem Jahr 1904. Erst 1909 entschloss man sich zu einer vergleichsweise geringfügigen Modernisierung des alten Sommerkellers. Das Grundstück hatte sich seit 1822 im und mit weißen Zierleisten geschmückt. An der Wand hingen Landschaftsbilder. Dadurch erhielt der Raum einen neo-biedermeierlichen Gesamteindruck. Altdeutsche Renaissanceformen oder Barockmotive spielten beim Entwurf keine Rolle mehr.

BIER UND KUNST

Nach dem Scheitern des Spatenkellerprojekts war Gabriel von Seidl zunächst nur noch bei den Fassaden der beiden Weinhäuser »Lechner« (1904) und »Schwaighofer« (1905) in Bad Tölz beteiligt.[71] Dort führte ihn die Aufgabe der künstlerischen Ausgestaltung mit den Malern Karl Wahler beziehungsweise Ludwig Herterich zusammen. Für seine frühen Bierpaläste und Gaststätten im Altdeutschen Renaissancestil hatte Gabriel von Seidl vorrangig Künstler herangezogen, die sich auf diese Stilart und die Ausstattung von Gasträumen spezialisiert hatten. Hier sind in erster Linie Rudolf Seitz und Otto Hupp zu nennen, die seit 1878 mit Gabriel von Seidl zusammenarbeiteten. Rudolf Seitz hatte nach der Ausmalung der Trinkstube im Kunstgewerbehaus mehrere Aufträge für Gabriel von Seidl ausgeführt, darunter die Fassadendekoration der Gaststätte »Deutsches Haus« in München und des »Spaten« in Berlin. Im Jahr 1888 gestaltete er den großen Gastraum auf der Kunstausstellung am Isarkai. Auch Otto Hupp hatte sich zu Beginn des Bierpalast-Booms mit Wand- und Deckenentwürfen im Arzbergerkeller (1882) und im Franziskanerkeller (1885) profilieren können. Seidl zog den jungen Maler und Grafiker, der für die Heraldik ein besonderes Interesse besaß, auch für die Dekoration seiner Bierpaläste in Berlin (1885) und Straßburg (1886) heran. Die Ausstattung von Gasträumen und der Entwurf von Gebrauchsgrafik für Brauereien blieb eines seiner bevorzugten Arbeitsgebiete.[72] Auch der Nürnberger »Tucherbräu« beauftragte Otto Hupp mit der Ausmalung der Gasträume in seinem neu errichteten Bierpalast in Berlin (1889-1891) und dem Bräustübl in Nürnberg (1903).[73] Für andere Brauereien fertigte Hupp Plakate, Flaschenetiketten und Signets.[74] Ein prominentes Werk

gelang ihm in Zusammenarbeit mit Paul Wallot, der ihn mit der Ausmalung der Gewölbe im Erfrischungssaal des Berliner Reichstagsgebäudes betraute. Monumentale Wappen des Reiches und der Länder zierten das Tonnengewölbe des »Wallot-Bräu«.[75] Für die Ausführung seiner Entwürfe zog Wallot ebenfalls Münchner Handwerker heran. So stammten die Wandvertäfelung und die Schänke im Reichstag aus der Produktion des Münchner Möbelfabrikanten Anton Pössenbacher.[76]

Die Zusammenarbeit Gabriel von Seidls mit befreundeten Künstlern hat nicht nur einen persönlichen, sondern durchaus auch einen sozialgeschichtlichen Hintergrund, denn man trug die Kunst im späten 19. Jahrhundert nicht ohne Kalkül in die Gasthäuser und Bierpaläste: Selbst in den populären Trinkhallen und Schwemmen, wo die künstlerische Gestaltung weniger aufwändig war, verband man damit erzieherische Absichten. Die Räumlichkeiten sollten nämlich ausgesprochen der Geschmacksbildung der unteren Sozialschichten dienen. Man beabsichtigte, den »kleinen Mann« bei einer seiner Lieblingsbeschäftigungen ästhetisch anzusprechen und seinen Sinn für eine gehobene Gestaltung zu wecken. Die Bierpaläste verkörperten daher den Anspruch einer ›volkstümlichen‹ Kunst, die sich an die breite Bevölkerung richtet und von dieser verstanden wird. Georg Hirth, einer der Protagonisten des Deutschen Renaissancestils in München, stellte 1879 fest, dass im häuslichen Bereich der großen Massen immer noch Stil- und Geschmacklosigkeit die Regel sei. Doch »nach und nach kann und wird es auch hier besser werden, wenigstens geschieht gerade bei uns sehr viel, um dem Publikum durch stilvolle Einrichtungen in Cafés und Wirtshäusern zu imponieren«.[77] Von den Berliner Bierpalästen konnte ein knappes Vierteljahrhundert später allen Ernstes geschrieben werden, dass sie Marksteine in der Geschmacksentwicklung des größeren Publikums geworden seien.[78] »Veredelung der Bierpalastbesucher durch Kunst« lautete also die bürgerlich-pädagogische Zielsetzung. Vom Volksleben in künstlerischer Umgebung erwartete man erzieherische Erfolge. Dahinter stand die Absicht des liberalen Bürgertums, die »revolutionäre« Arbeiterklasse zu befrieden und einzubürgern. So äußerte ein Münchner Parlamentarier namens Herz in der Abgeordnetenkammer im April 1876: »Ich behaupte, daß in einem anständigen Lokal der Einzelne sich in der Regel auch anständiger benimmt, und schon der Umstand, daß es anständigen Leuten alsdann ermöglicht wird, auch eine solche Wirtschaft zu besuchen, wirkt, Exzesse verhütend, gegenüber dem rohen und ungebildeten Teil der Besucher.«[79] Künstlerisch gestaltete und ausgestattete Wirtshäuser und Bierpaläste trugen - so der Leitgedanke - also zur Erhaltung des sozialen Friedens bei. Diese idealistische Absicht blieb jedoch nicht unwidersprochen. Der konservative Kritiker Leopold Trzeschtik spottete über jene, die ihr Katheder ins Bierhaus stellten, um zu fordern, die Kunst solle herabsteigen zum Volk.[80] Obwohl die pädagogische Intention angesichts des teilweise erheblichen Bierkonsums nicht einer gewissen Brisanz entbehrte, empfand man den Anspruch gerechtfertigt und sah sich auch in der Absicht bestätigt. Der Kunsthistoriker Friedrich Pecht schrieb 1888 in einem Exkurs über die sozialen Komponenten der Bierarchitektur: »Denn das erwies sich bald als der Segen dieses glänzend gelungenen Versuches, die Stätten der Befriedigung des sprichwörtlichen Durstes der Deutschen durch den Reiz der Kunst zu adeln: daß nicht nur die Menge alsbald mit Vorliebe dahinströmte und also die Konkurrenten zur Nach-

ahmung zwang, sondern daß auch dies ganze Kneipvergnügen dadurch auf eine viel höhere Stufe gehoben ward, da nun die Frauen, ja die höheren Stände überhaupt wie die zahlreichen Fremdenscharen diese Orte auch, ja mit Vorliebe besuchten. Damit verboten sich die Szenen plumper Völlerei, wie sie die Kellerwirtschaften früher dargeboten, ganz von selbst, da auch der Roheste fühlte, daß sich dergleichen nicht mehr passe in solcher durch alle Reize der Kunst veredelten Umgebung. Hatte er sich darum früher allein hinbegeben, um sich ungestörter zu betrinken, so ging er jetzt mit Frau und Kind hin, trank weniger und freute sich umso mehr, so daß es vollkommen außer Zweifel steht, daß durch diese Einmischung der Kunst eine ganz erhebliche Minderung der Rohheit und Verbesserung der Sitten herbeigeführt worden ist. Dies ward besonders durch den nach ihrer Verfeinerung immer allgemeiner werdenden Besuch solcher Lokale durch das weibliche Geschlecht sehr begünstigt.«[81]

Gabriel von Seidl hat sich über Jahrzehnte hinweg mit dem Bau und der Einrichtung von Gaststätten befasst. Er hat dem allgemein festzustellenden, durch zivilisatorische Einflüsse geprägten Modernisierungsprozess im Gastgewerbe des späten 19. Jahrhunderts eine architektonische und künstlerische Form gegeben. Seine Gasthäuser und Bierpaläste reagierten nicht nur auf die gesellschaftlichen Erwartungshaltungen, sondern prägten diese selbst mit. Dies gilt insbesondere für die Zeit zwischen 1876 und 1886, als Seidl mit einer bewusst schlichten Form der Deutschen Renaissance den Geschmack der Wirtshausbesucher entscheidend beeinflusste. Im weiteren Verlauf seines Schaffens öffnete sich Seidl unter dem Eindruck des gewandelten Zeitgeschmacks auch neubarocken Formen. Bemerkenswert bleibt, dass Seidl beim Entwurf von Gaststuben stets deren populäre Herkunft und traditionelle Bindungen akzeptierte, ohne auf die erforderlichen technischen Innovationen zu verzichten. Die künstlerische Qualität lag für ihn weniger im Hervorbringen opulenter Dekorationen und anspruchsvoller Arrangements als vielmehr in der Zurückhaltung und der Einfachheit der Form. Trotz seiner Erfindungs- und Innovationskraft war Seidls künstlerische Ausrichtung eher traditionell. Annäherungen an den Jugendstil oder an die frühe Moderne gab es nicht. Jedoch verbindet ihn mit den Modernen die Aufrichtigkeit und Konsequenz des künstlerischen Schaffens.

Gabriel von Seidls »Erfindung der Gemütlichkeit« hat in der Blütezeit der Münchner Gastronomie um die Jahrhundertwende zu einer Reihe von stimmungsvollen, ja geradezu archetypischen Bierpalästen und Gaststuben geführt. Die Erinnerung daran ist bis heute lebendig geblieben. Viele neu gebauten Gaststätten bedienen sich - oft unbewusst - dieser Gestaltung: blank gescheuerte Tische, dunkle Vertäfelung mit umlaufender Bank, darüber helle Wände mit dekorativ arrangierten Gegenständen. Der Typus der »Altmünchner Wirtschaft« wird bis heute geschätzt, auch wenn die stereotype, versatzstückartige Verwendung der Motive und die oft mangelnde Detailgestaltung

an die Raumqualität der Seidlschen Schöpfungen nicht im Entferntesten herankommt.

Leider kann die räumliche und künstlerische Wirkung von Seidls Gaststuben und Bierpalästen heute an keinem einzigen Beispiel authentisch nachvollzogen werden. Während der »Augustiner« seines Bruders Emanuel noch heute in der Neuhauserstraße zu bewundern ist, sind Gabriel von Seidls Gasthäuser für immer verloren. Das Schicksal seiner Schöpfungen ist in der Tat kläglich: Das »Deutsche Haus« und der Arzbergerkeller in München wurden durch Bombenangriffe im Zweiten Weltkrieg zerstört. Der Franziskanerkeller, der »Bauerngirgl« und der Spatenkeller fielen jedoch erst der Abbruchtätigkeit der Nachkriegszeit zum Opfer. Der Berliner Spatenbräu wurde 1952 enteignet und um 1980 abgerissen. Das Ausschankgebäude »Zum Münchner Kindl« in Straßburg ist zwar erhalten, es wird jedoch keine Gastronomie mehr betrieben. Im Innern sind lediglich ein paar Stuckdetails und ein Portal erhalten. Diese teilweise unvermeidlichen, teilweise aber auch völlig unnötigen Verluste können zwar den Ruhm und die Leistung Gabriel von Seidls nicht schmälern. Sie sind aber dafür verantwortlich, dass die Nachwelt um eine lebendige und anschauliche Facette der Architektur- und Kulturgeschichte des 19. Jahrhunderts ärmer geworden ist.

DIE MÜNCHNER BAUTEN

GABRIELE SCHICKEL

Am 21. Februar 1912 erhielt Gabriel von Seidl das Ehrenbürgerrecht der Stadt München. Mit der Verleihung sollte das Verdienst eines Mannes anerkannt werden, der schon zu Lebzeiten in dem allgemeinen Ruf stand, eine ganz besonders enge Beziehung zu seiner Heimatstadt zu haben: Mit seinen architektonischen und innenarchitektonischen Werken hat er ihr Lebensgefühl und ihre Eigenart zum Ausdruck gebracht, vor allem im Vergleich zur konkurrierenden Kunststadt Berlin: »Er ist ein Münchner gewesen zeitlebens und es konnte gar nicht anders sein, dass er auch als Künstler der münchnerischste aller Münchner Architekten wurde.«[1]

Bei einer vordergründigen Betrachtung der knapp 40 bekannten Münchner Bauten Gabriel von Seidls stößt man jedoch auf die Schwierigkeit, dass er Eklektiker war und sich die Besonderheit seiner Architektur nicht an einem bestimmten Baustil festmachen lässt. Er baute in allen historischen Stilen, so, um nur einige Werke zu erwähnen, das Künstlerhaus und das Bayerische Nationalmuseum in deutscher Renaissance, die Kirchen St. Anna im Lehel und St. Rupert im Westend in romanischen Formen, das Lenbachhaus sowie das Kaulbachhaus in italienischer Renaissance, das Karlstor-Rondell barock und das Ruffinihaus im so genannten Heimatstil.

Konzentriert man sich aber, um das spezifisch Münchnerische an Seidls Bauten ausfindig zu machen, auf ihren künstlerischen Ausdruck, läuft man, wie schon viele von Seidls Zeitgenossen, Gefahr, ins Klischeehafte zu verfallen: »Aus seiner tiefsinnigen Heimatliebe voll Pietät und Zartsinn, seiner jauchzenden Freude an aller Schönheit der Kunst ist die Originalität erblüht, die seiner Werke höchster Reiz ist.«[2] Erschließen wird sich die Bedeutung der Übereinstimmung des Münchner Lebensstils mit Gabriel von Seidls Architektur erst, wenn man sich die politische, gesellschaftliche und künstlerische Situation in München nach 1871 vergegenwärtigt: Denn dann wird sichtbar, dass es damals mit dem abnehmenden Einfluss des Hofes und den wachsenden Machtbefugnissen von Landtag und Kommune und damit der Bürgerschicht, in Kunst und Architektur um die Ausdrucksfindung eines neuen bürgerlichen Identitätsgefühls ging. Seidl war, wie seine Kollegen und Freunde ‒ genannt seien nur der Bildhauer Lorenz Gedon, der Maler Rudolf Seitz und der Erzgießer Ferdinand von Miller ‒ auch von seinem eigenen Selbstverständnis her, ein überaus typischer Repräsentant des gehobenen, im Handwerk verwurzelten Münchner Stadtbürgertums, dem er in seinen Bauten Ausdruck verlieh.[3]

DER BAYERISCHE KUNSTGEWERBEVEREIN

Schon Seidls Vorgeschichte als Architekt weist darauf hin, dass er einen vom akademischen Lehrbetrieb unabhängigen Weg gehen wollte.

Bereits ein Jahr nach Beendigung seines Architekturstudiums bei dem Vertreter der italienischen Renaissance, Gottfried von Neureuther, an der Technischen Hochschule, wurde er 1875 Mitglied des Bayerischen Kunstgewerbevereins. Die Bedeutung dieser bis heute in der Pacellistraße bestehenden Institution für die Entwicklung der Münchner Architektur in der zweiten Hälfte des 19. Jahrhunderts mit allen ihren Folgeerscheinungen wurde bisher noch wenig beachtet. Für die Architekturauffassung Gabriel von Seidls jedoch kann das im Bayerischen Kunstgewerbeverein vertretene Gedankengut als prägend angesehen werden. Der Zusammenhang von Kunstgewerbeverein und Architektur wurde von ihm selbst, im folgenden Zitat als »hervorragender Architekt« genannt, des Öfteren betont: »Vor allem ist es aber wohl der bayerische Kunstgewerbeverein, der stets treulich Hand in Hand mit der Architektur gegangen ist und gewiss nicht ohne Einfluss auf die Münchener Baukunst bzw. Baukünstler war. Erklärte doch selbst einmal bei Gelegenheit einer Festlichkeit in diesem Verein ein hervorragender Architekt, dass er in vielen Punkten sein Wissen und Können der Anregung des Kunstgewerbevereins verdanke.«[4]

Der Bayerische Kunstgewerbeverein ist aus dem »Verein zur Ausbildung der Gewerke«, der am 15. November 1850 durch den königlichen Oberbaurat August Voit gegründet worden war, hervorgegangen. Zu den Vereinsmitgliedern gehörten von Anfang an alle prominenten Münchner Künstler. Seit 1851 gab der Verein die älteste deutsche Kunstzeitschrift heraus. Die »Zeitschrift des Vereins zur Ausbildung der Gewerke« wurde 1868 in »Zeitschrift des Bayerischen Kunstgewerbevereins« und 1897/98 in »Kunst und Handwerk« umbenannt. Der Tätigkeitsbereich des Vereins, mit dem man Einfluss auf die Entwicklung des Kunsthandwerks nehmen wollte, ging jedoch weit über die, wenngleich wichtige, Veröffentlichung der Vereinszeitschrift hinaus. Er umfasste ebenso den Unterricht der gewerblichen Jugend, die Herstellung neuer Zeichnungsvorlagen, die Errichtung eines allen Mitgliedern zugänglichen Zeichensaals und einer Fachbibliothek, die Ausschreibung von Preisaufgaben, die Einrichtung von periodischen sowie permanenten kunstgewerblichen Ausstellungen und die Veranstaltung von regelmäßigen geselligen Versammlungen mit Vorlesungen.

Anlässlich der Übernahme der bestehenden Vereinsschule als Kunstgewerbeschule durch den Staat wurde 1868 der Name des »Vereins zur Ausbildung der Gewerke« in »Bayerischer Kunstgewerbeverein« geändert. Die schon 1850 formulierte Zielsetzung der Vereinstätigkeit wurde aber auch für die Zukunft gleichbleibend übernommen. Satzungsgemäß war es die Aufgabe des Vereins, das Kunstgewerbe fachlich und wirtschaftlich zu fördern, Kunst und Gewerbe miteinander in Verbindung zu bringen und den allgemeinen Geschmack zu heben. Dementsprechend setzten sich die Mitglieder aus Künstlern sowie Angehörigen des Gewerbe- und Handelsstands zusammen. Der Zusammenschluss von Kunst und Handwerk brachte es mit sich, dass der Verein von Anfang an eine bürgerlich geprägte Institution mit handfesten wirtschaftlichen Interessen war. So wollte man vor allem auch die Konkurrenzfähigkeit auf dem nationalen und internationalen Markt verbessern. Diese Koalition bedeutete verstärkt seit den 1870er Jahren, die Hinwendung der Künstler zur bürgerlichen Käufer- und Auftraggeberschicht und die Abwendung vom Hofe.

Schon im »Verein zur Ausbildung der Gewerke« war parallel zur offiziellen, zu diesem Zeitpunkt von König Max II. vor allem mit den Bauten der Maximilianstraße propagierten, für Zeit und Nation als adäquat gedachten Kunst und Architektur, ein neuer Ansatz gesucht worden, um eine »nationale und zeitgemäße«[5] Kunstform zu finden. Damit schlossen sich die Mitglieder des Vereins zwar dem Anliegen des Königs an; sie taten dies jedoch zunehmend und nach der Reichsgründung 1871 ausschließlich von einer anderen Perspektive aus, nämlich der des Bürgers. Damit setzten sie allmählich eine bürgerliche Kunstbewegung gegen die so genannte Königskunst durch, mit der vor allem die Bautätigkeit Ludwigs I. und Max II. gemeint war. Schon unter der Regierung Ludwigs I. hatte die Kritik an der Münchner Kunst mit dem Argument eingesetzt, dass die vom König angeregte Kunst nicht aus dem Volke entstanden sei und deshalb lediglich eine künstliche Scheinwelt zur Legitimation und Repräsentation des Herrschers erzeuge.[6] Die bürgerlichen Bauten wurden zu dieser Zeit als althergebrachte, auf der Tradition fußende Gegenwelt zur architektonisch inszenierten monarchischen Machtdemonstration und Kunstdiktatur Ludwigs I. und Max II. gesehen.[7] Ludwig II. war zwar für die Münchner Kunsthandwerker ein bedeutender Auftraggeber, doch: »Auch die prunkvollen Schloßbauten [...] halfen [...] nicht zu einer Entwicklung der Künste im Sinne der Gegenwart. Ebensowenig wie im Sinne des deutschen oder gar im besonderen des bayerischen Wesens.«[8]

Deshalb wollte sich der Bayerische Kunstgewerbeverein im Zuge eines neuen Nationalbewusstseins nach dem Krieg 1870/71 ausdrücklich auf bürgerliche Überlieferungen besinnen und auch in der Baukunst »zum Denken an die Heimat und an das Volk, an das Erfordernis von Klima und Landschaft«[9] anregen. Diesen für eine ›echte‹, tragfähige Kunstform grundlegenden Bezug auf Heimat und Volk, auf eine nationale Identität

also, glaubten die im Bayerischen Kunstgewerbeverein organisierten Künstler nur noch »aus der Seele heraus«, »aus dem Innersten« finden zu können und nicht über konkrete, in einem Studium lernbare, architektonische Regeln.

So vertrat August Voit schon 1851 im ersten Heft der Vereinszeitschrift die Ansicht, dass ein Architekt vor allem deshalb ein Meister der Technik sein müsse, damit »das ausgeführte Werk seinem innern Bilde [seiner Idee] und seinen Plänen vollkommen entspricht.« Notwendig sei »nicht allein eine umfassende Ausbildung des Verstandes, sondern auch des Herzens [...], denn aus der Gesammtbildung seines Herzens müssen seine [des Architekten] Werke entstehen« und »eine aus sich heraustretende Innerlichkeit« formulieren.[10] In solchen Vorstellungen zeigte sich erstmals eine antiakademische Einstellung, das heißt eine Forderung nach Unabhängigkeit von den klassischen, an der Technischen Hochschule an Hand von Antike und italienischer Renaissance gelehrten Architekturregeln. Sie sollten ersetzt werden durch eine Einfühlung in die Bedürfnisse der Nation und der Zeit, die nicht mehr aus den Notwendigkeiten königlicher Machtausübung hervorgehen sollte, sondern mit dem Ausdruck der eigenen, nationalen und bürgerlichen Identität korrespondierte: »Da, wie bereits erwähnt wurde, gegenwärtig eine bestimmte Ausprägung und Entwicklung des Baustyles, und damit eine Freiheit und Ungebundenheit angestrebt wird, so ist erklärlich, dass die malerische, romantische Architektur, welche freier als die Architektur des Alterthums gestaltet und sich nicht an strenge, conventionelle Regeln und Gesetze über Symmetrie, Gleichgewicht, Ebenmaß ec. bindet, allenthalben anspricht.«[11] Diese Tendenzen kündigten sich bereits ab 1850 in der »Zeitschrift des Vereins zur Ausbildung der Gewerke« an, noch unter den verschiedensten stilistischen Vorzeichen. Besonders Franz Seitz und Lorenz Gedon aber hielten sich in ihren kunsthandwerklichen Entwürfen seit den 1860er Jahren an den Stil der deutschen Renaissance. Bahnbrechendes Ereignis für diese Tendenzen war im Jahre 1876 die »Kunst- und Kunstindustrie-Ausstellung alter und neuer deutscher Meister« im Münchner Glaspalast. Diese Ausstellung war die eigentliche Geburtsstunde der Wiederaufnahme der deutschen Renaissance und ist gleichzusetzen mit der Entfaltung bürgerlichretrospektiver Ideale, die in der Folge die Grundlage für Seidls Architekturverständnis bildeten.

»UNSERER VAETER WERKE«. JUBILÄUMSAUSSTELLUNG DES BAYERISCHEN KUNSTGEWERBEVEREINS

Nach 25-jähriger Tätigkeit richtete der Bayerische Kunstgewerbeverein 1876, damals von so starken Persönlichkeiten wie Lorenz Gedon, Ferdinand von Miller, Franz und Rudolf Seitz dominiert, eine Jubiläumsausstellung aus. Sie war aufgrund der Deutschlandbegeisterung seit der Reichsgründung 1871 nur für die deutschsprachigen Länder zugänglich. Man wollte bei dieser Veranstaltung die Qualität speziell des deutschen Handwerks vorführen. Die Präsentation der Objekte war gleichbedeutend mit der Darlegung des ausgereiften künstlerischen Programms des Bayerischen Kunstgewerbevereins: Die Idee eines nationalen und bürgerlichen Kunststils, der in der Wiederaufnahme der deutschen Renaissance bestehen sollte, wurde erfolgreich im Bewusstsein der Ausstellungsbesucher etabliert. Zu diesem Programm gehörte es, das Kunstgewerbe durch die Zusammenlegung der Ausstellung mit der alljährlichen Gemäldeausstellung im Glaspalast erst

mals im Bereich der hohen Kunst anzusiedeln und auf diese Weise die im Verein propagierte »innige Verbindung zwischen Künstler und Handwerker«[12] herzustellen, wie sie auch in der deutschen Renaissance bestanden habe. Neu war auch die Darbietung der kunsthandwerklichen Objekte in vollständigen Raumensembles. Während in früheren Ausstellungen die Gegenstände magazinartig in Sachgruppen präsentiert wurden, stellte man 1876 »als oberste Direktive für das Gesammt Arrangement den Grundsatz auf, die einzelnen Gegenstände lediglich nur nach Maßgabe ihrer idealen Verwandtschaft zueinander in Gruppen zu verbinden, so dass sich das Gesammtbild aus einer Reihe von Räumen ergibt, deren jeder für sich ein künstlerisch abgeschlossenes Ganzes in Bezug auf Gruppirung, Styl, Farbenwirkung und Bestimmung bildet.«[13] Ziel der Raumensembles, die als ›malerische Gruppenbilder‹ bezeichnet wurden, war es, durch die ›künstlerische Totalwirkung‹ das Gemüt zu berühren: »Unwillkürlich wird es dem Beschauer klar werden, welch' wichtigen Einfluß die Verschönerung und Veredlung der Produkte des gewöhnlichen Bedarfes auf Stimmung und Gemüth äußert [...] Hier findet er sein instinktives Fühlen in greifbarer Form [...]«[14] Besonderes Gewicht erlangte jedoch eine Ausstellungsabteilung, die unter dem von Ferdinand von Miller erfundenen Motto »Unserer Vaeter Werke« historisches deutsches Kunsthandwerk präsentierte. Den Zugang zu dieser Abteilung bildete ein von Lorenz Gedon entworfenes Renaissance-Tor. Gezeigt wurde ein Kleinodienschrank, um den sich Ritterrüstungen gruppierten. Auch Kleinkunst deutschen Ursprungs aus dem South-KensingtonMuseum in London und neuere Werke im Zusammenhang ihrer praktischen Verwendung wurden präsentiert. Der Großherzog von Sachsen-Weimar, die Herzöge von Sachsen-Coburg und von

Dessau hatten die Ausleihe von Ausstellungs-
gegenständen zugesagt. Auch Schätze aus der königlichen Schatzkammer in Dresden sollten ausgestellt werden.

Mit »Unserer Vaeter Werke« fanden Künstler,
Handwerker und Ausstellungsbesucher den Anschluss an die als bürgerlich vorgestellte Vergangenheit der deutschen Renaissance. Aus deren
hochrangigen Leistungen wollten sie Schaffenskraft und Selbstbewusstsein, ja bürgerliche Identität beziehen. An drei Festabenden wurden
ergänzend zur Ausstellung mit einem Bankett,
einem historischen Kostümzug und einem Fackel-
zug die ideellen Bezüge zwischen der Gegenwart
und der Zeit der deutschen Renaissance gefeiert,
um die Tugenden des deutschen Bürgers wieder
aufleben lassen.

»Unserer Vaeter Werke« ist gleichzusetzen mit
der Aneignung nationaler Kunst, Kultur und Geschichte durch die Bürgerschicht, unter Führung
der freien Künstler, denn das Anknüpfen an die
eigene, kunsthandwerkliche Vergangenheit und
das Auftauchen eines neuen Geschichtsverständ-
nisses bedeuteten, dass die gezeigten kunsthandwerklichen Gegenstände nicht mehr als Ausdruck
einer Herrschaftsgeschichte galten. Sie wurden
vielmehr als Höhepunkte künstlerischen Schaffens begriffen, in dessen Nachfolge die Künstler
und Kunsthandwerker sich selbst sahen. Die 1876
präsentierten künstlerischen Leistungen, insbesondere der deutschen Renaissance, wollten die
Mitglieder des Kunstgewerbevereins nicht länger
in der Abhängigkeit von einem Herrscherwillen
und akademischer Ausbildung sehen, sondern als
Beweis des hohen Qualitätsstandards des Künst-
ler- und Handwerksstands, des viel beschworenen
»deutschen Gewerbefleißes«. Renaissance könne
man nicht »dirigieren«, denn »was will das Diri-
giren heißen, wenn es sich um Kunstschöpfungen

handelt, die in der Totalität des Gedankens aus
der innersten Seele quellen sollen?«[15] An Holbein
und Dürer sei zu sehen, welche Zeit das gewesen
sein müsse, »in der mitten aus dem Volksthum
heraus, ohne Plan und Verabredung, ohne Profes-
soren und Akademien zwei solche Kunstriesen erstehen konnten!«[16] In der Ausstellungsabteilung
mit den Werken der Väter sei »zum ersten Male
seit der deutsche Name erklingt ein deutliches
Bild unseres nationalen Charakters, der in den
deutschen Stämmen wirkenden künstlerischen
Schaffenskraft, ihrer Ideale wie ihrer häuslichen
Sitten, Gewohnheiten und Bedürfnisse und technischen Fähigkeiten«[17] gezeigt worden. Eine
neue, nationale Kunst könne aus diesem Grunde
nur entstehen »im Wiederanknüpfen an die Werke der Väter […], bei denen die Kunst nur die
höchste ideale Blüthe des Handwerks darstellt.
Beide waren aber direkt aus den Anschauungen,
Sitten und Gewohnheiten, der Begabung wie dem
Naturell unserer Nation hervorgegangen, befanden sich in voller Uebereinstimmung mit ihnen
und hatten darum Styl.«[18]

Erneuerung der Architektur im Privatbau

Ausgangspunkt für die Entwicklung von nationaler bürgerlicher Identität im Kunsthandwerk und
in der Architektur war das bürgerliche Heim, das
als Hort der deutschen Bürgertugenden galt. Diese Idealisierung des deutschen Bürgerhauses als
Basis der neuen künstlerischen Bestrebungen war
deshalb so entscheidend gerade für die architektonische Entwicklung, weil sie die Umkehrung
der herkömmlichen architektonischen Hierar-
chie von Monumentalbau und Privatbau bedeutete. Das kam besonders deutlich in einem Vortrag

des Architekturkritikers K.E.O. Fritsch zum Ausdruck, den er im Jahr der Jubiläumsausstellung des Bayerischen Kunstgewerbevereins auf der zweiten Generalversammlung des Verbands deutscher Architekten- und Ingenieurvereine 1876 in München hielt. Der Vortrag mit dem Titel »Wie kann die Baukunst wieder volksthümlich gemacht werden?«[19] zielte darauf ab, dass die Baukunst von unten her, also aus dem Privatbau, erneuert werden müsse. Erstens könne dadurch auch auf dem Gebiet der Architektur die innige Verbindung von Kunst und Handwerk herbeigeführt werden und zweitens könne eine »volksthümliche, in sich gesunde Baukunst« nur dann entstehen, wenn es gelänge, »die in der Volksseele schlummernde Kraft des naiven Genies zur Mitarbeit zu gewinnen«. Eine Erneuerung der Baukunst von unten sollte heißen, dass das bisherige Verhältnis von Privatbau und Monumentalbau in sein Gegenteil verkehrt werden müsse: »Nicht als der schwächliche Absud und Abklatsch des Monumentalbaues darf der Privatbau erscheinen, sondern der erstere soll als die reife und schöne Frucht aus der Blüthe des letzteren hervorgehen.«[20] Damit erklärte Fritsch zugleich die freien Architekten, nicht die Baubeamten und Akademiker, zu den Protagonisten der künftigen architektonischen Entwicklung. In seinem Vortrag formulierte er erstmals den Bruch mit der herkömmlichen Ansicht, dass sich eine Stilbildung nur an Hand der Monumentalarchitektur vollziehen könne, von der aus der Stil auf Kunstgewerbe und Handwerk übergehe. Dies war bisher die Grundlage dafür gewesen, dass Privatbauten nach den gleichen architektonischen Gesetzen gebaut wurden wie die öffentlichen Gebäude, das heißt nach den Regeln der antiken und der Renaissancebauten Italiens. Nunmehr war die Forderung, den Privatbau nach eigenen, aus dem individuellen Bedürfnis hervor

gehenden Regeln nicht nach den Erfordernissen einer staatlichen Repräsentation auszurichten. Neben diesen neuen Auffassungen von Architektur kam der Etablierung eines bürgerlichen Baustils der abnehmende Einfluss des Königs, aber auch des Bayerischen Staates auf das Münchener Planungs- und Baugeschehen zugute. 1803 als rein königliche Behörde gegründet, wurde die Baukommission »1819 in eine gemischte, d.h. aus königlichen und städtischen Beamten bestehende und ab 1852 in eine reine Gemeindebehörde umgewandelt. Mit der zunehmenden Beteiligung des Bürgertums am Planungsgeschehen und der Ablösung willkürlicher Bauordnungsbestimmungen durch längerfristig gültige und daher eher Rechtssicherheit gewährende Bauordnungen konnten sich auch immer deutlicher bürgerliche Wertvorstellungen in der Gestalt der Stadt niederschlagen.«[21]

In die turbulente Situation des im Zuge der allgemeinen Deutschlandbegeisterung im Aufschwung begriffenen Bayerischen Kunstgewerbevereins um 1876 gehört nicht nur der Innenarchitekt, sondern auch der Architekt Gabriel von Seidl. Obwohl Gedon bereits 1872 den Außenbau des Hauses und der Galerie des Grafen Schack in der Brienner Straße im Stil der deutschen Renaissance verkleidet hatte, muss Gabriel von Seidl als der eigentliche Vollender des deutschen Neorenaissancestils der Münchner Richtung in der Architektur gelten.

Kaum ein Jahr war es her, dass Seidl Mitglied des Kunstgewerbevereins geworden war, als er 1876 mit der »Wohnstube einer wohlhabenden Bürgerfamilie des 16. Jahrhunderts«, dem so genannten »Deutschen Zimmer«, an der Jubiläumsausstellung des Bayerischen Kunstgewerbevereins teilnahm. Mit der Einrichtung des Deutschen Zimmers mit Kassettenholzdecke, Wandtäfelung, weißem Kalkanstrich, Erker mit Butzenscheibenfenstern und verschnörkeltem Kachelofen, errang er einen ungewöhnlichen Erfolg und wurde danach von dem gefeierten Bildhauer und Dekorateur Lorenz Gedon, Rudolf Seitz, dem »volkstümlichsten Künstler der Stadt«,[22] und dem Malerfürsten Franz von Lenbach protegiert. Nicht zuletzt vermittelten ihm diese älteren Kollegen, besonders Gedon und Seitz, auch intensiv das Bewusstsein für eine bürgerliche Kunst, wie es im Bayerischen Kunstgewerbeverein entwickelt worden war. Seidl selbst berichtete: »Lorenz Gedon, Rudolph Seitz, Franz Lenbach zogen mich in ihren Kreis und behandelten mich wie einen Freund und Altersgenossen. [...] Dem Umgang mit ihnen verdanke ich aber auch meine eigentliche Ausbildung und die Prägung meiner Eigenart.«[23] Besonders der vielseitige Lorenz Gedon hatte vor seinem frühen Tod als Hoffnungsträger für eine Erneuerung der Kunst von Seiten des Kunstgewerbes her gegolten: »Soll die Art der alten Renaissance-Künstler, welche alle Kunstzweige beherrschten, in moderner Fassung wieder aufleben, so dürfte sich dies noch am leichtesten von architektonischer Seite verwirklichen, wegen der hier mehr als anderwärts üblichen Gewöhnung, das Ganze eines Werks ins Auge zu fassen; aber es könnte auch unerwarteter Weise geschehen, dass die Lösung des Problems vom Kunstgewerbe, vom Dekorationswesen aus erfolgte. Das Schaffen des Münchener Bildhauers Gedon in den letztvergangenen Jahren giebt einen Fingerzeig nach dieser Richtung.«[24] Auch in dieser Wirkung des Kunstgewerbes auf die Architektur sah man eine Parallele zur Renaissancezeit, deren Baukunst ebenfalls aus der Ausstattung hervorgegangen sei: »Lange Zeit beschränkte sich besonders die bauliche Renaissance auf die Ausstattung, der noch immer mittelalterlich geplanten Gebäude, und

zwar Jahrzehnte lang ausschließlich im Innern, in der bisher dürftigen Wohnstube, bis endlich die Flamme der Neuerung durch die Wände drang und zunächst an dem Erker auch äußerlich emporschlug, ehe sie sich des ganzen Aeusseren, wie am Ottoheinrichsbau oder am Ritterhaus zu Heidelberg, bemächtigte.«[25] Deshalb sah man es als »charakteristisch und beinahe symbolisch für die nun anbrechende neue Bewegung in der deutschen Architektur [an], dass Seidl nicht mit einer Fassade debütierte, sondern mit einem ›deutschen Zimmer‹, einer Renaissance-Innenarchitektur, die man auf der deutschen Kunstgewerbe-Ausstellung von 1876 in München sah. Das ›Von-innen-heraus‹ hält damit einen schmetternden Einzug in der deutschen Baukunst.«[26]

Malerische Architektur

Für das gedankliche Erbe der Raumensembles von 1876, für dieses »Von-innen-heraus«, waren vor allem zwei Merkmale wichtig, die mit den Formen der deutschen Renaissance besonders verbunden zu sein schienen: Erstens der unregelmäßige Grundriss, der sich auch am Außenbau zeigen sollte und zweitens das daraus resultierende Malerische in der Architektur, also ein dem Grundriss entsprechender asymmetrischer Außenbau. Außen und Innen seien als gleichwertig anzusehen, beziehungsweise der nach den individuellen Bedürfnissen gestaltete Grundriss müsse sich auch am Außenbau spiegeln. Man könne nicht etwa vor einen verwinkelten Grundriss eine glatte Fassade setzen: »Es ist eine höchst bedenkliche und traurige Seite unseres Staatsbauwesens, dass hier meistens Grundriss und Schauseite eines Gebäudes als zwei getrennte Sachen behandelt werden [...] Dass Grundriss und Aufriss auch im Stilcharakter sich decken müssen, daran wird nicht gedacht, und dass die Gebilde, die aus solchem Vorgehen herauskommen, nichts weniger als Kunstwerke werden können, wird nicht geglaubt.«[27] Die Forderung nach dem Malerischen entsprach einer unsymmetrischen, lebendigen Gliederung des Einzelgebäudes sowie der harmonischen Einfügung eines Gebäudes in seine Umgebung. Das wurde wichtig in Bezug auf die Stadtbildgestaltung: »Das Malerische ist im Bereiche der Kunst und der Natur alles das, was bei einer relativen Abgeschlossenheit an sich, einen besonders anziehenden oder reizenden harmonischen und konkreten Eindruck macht und sich gleichsam als Bild darstellt; dies beruht im Allgemeinen namentlich in der Architektur, Historienmalerei, Landschaftsmalerei und Gartenkunst etc. auf Gruppirung der Hauptformen, teilweisen Detachirung und Konzentrirung, Differenzirung derselben u. s. w. […] Die Grund- und Höhenformen […] müssen ebenso Abwechslung bieten, wie die übrigen Details […] Bei nicht monumentalen Gebäuden ist es nicht immer nothwendig, die Symmetrie vor Allem zu berücksichtigen, im Gegentheil bei vielen Gebäuden, z.B. Villen u. dgl. wirkt die Symmetrie nüchtern und daher antipittoresk. Von den Höhenformen, welche auf die malerische Silhouette Bezug haben, sind zu nennen: Thürme, Kuppel, Erker, Stufengiebel, Fialen, Zinnen, Loggien, Terrassen, Balkone, Säulen, Dächer, gekoppelte, besäulte Fenster etc. Auch die Farbe erhöht und ihr Mangel vermindert den Eindruck des Malerischen.«[28] Der Kunsthistoriker Heinrich Wölfflin betonte im Hinblick auf das Malerische besonders das Moment der Wahrnehmung. Alles, was nicht haptisch, sondern nur optisch wahrzunehmen sei, könne als besonders malerisch gelten: »Alles liegt in der Ansicht. Dass für gewisse Standpunkte die Massen eines Gebäudekomplexes sich lebhaft ver-

schieben, dass eine mächtig bewegte Silhouette sich bildet, dass die bekannte Form durch Überschneidung zu einer neuen wird, das bedingt den malerischen Charakter, und je nachdem eine Architektur leicht solche Bilder liefert, oder nur karg und mühsam, wird man sie mehr oder weniger malerisch nennen.«[29] Auch könne eine vorsichtige Anwendung mehrerer Phasen eines Stils häufig dazu beitragen, den malerischen Effekt des Gebäudes wesentlich zu erhöhen.[30]

Im Gegensatz zur malerischen Architektur war die »Reissbrettmache der modernen Bauschulerziehung […] denen es an allem und jedem fehlt, was eine feinfühlige Anschmiegung an die örtlichen Verhältnisse verriete und auch nur einen Hauch von heimatlichen Gefühlen erwecken könnte«, in den Münchner Architektenkreisen seit Seidl verpönt: »Es ist reine Täuschung, wenn man glaubt, die Zweckmässigkeit des Grundrisses oder des ›Innen‹ müsse leiden, wenn der Architekt bei der Bearbeitung der ihm gestellten Aufgabe von dem Bilde ausgeht, welches in seiner Seele bei Prüfung der gegebenen Baustelle ersteht. Er wird dabei alle ihre Eigenschaften, ihre Höhenlage, ihre Lage den Himmelsrichtungen gegenüber und ihre Beziehungen zur Nachbarschaft und zur näheren und ferneren Umgebung auf sich einwirken lassen, und ein glücklicher Gedanke für die Gesamterscheinung und für die Ausgestaltung des Aeusseren wird meistens zugleich die besten Gedanken für zweckmässige und der Oertlichkeit angepasste Grundrißeinteilung und innere Einrichtung in sich bergen.«[31]

Der Erfolg der Jubiläumsausstellung des Bayerischen Kunstgewerbevereins war so groß, dass München danach »Vorort« aller deutschen Kunstgewerbevereine wurde und sich der Verein von den Einnahmen ein eigenes Vereinsgebäude in der damaligen Pfandhausstraße (der heutigen Pacellistraße) neben der Dreifaltigkeitskirche errichten konnte. Für dieses Kunstgewerbehaus lieferte 1877 neben Ferdinand Knab, Georg Hauberisser und Rudolf Seitz auch Gabriel von Seidl einen Entwurf, der zwar von der Wettbewerbsjury zur Ausführung vorgeschlagen, jedoch nicht verwirklicht wurde. Schon in diesem Entwurf nahm Seidl die Tradition der mit Fresken bemalten Münchner Bürgerhäuser auf und betonte besonders die Einfügung des Neubaus in die Umgebung, vor allem den Bezug zur Dreifaltigkeitskirche: »Bei dieser Aufgabe nun war Rücksicht auf die bewegte Gliederung der an das Kunstgewerbehaus links anschließenden Dreifaltigkeitskirche zu nehmen. […] Die Behandlung des ganzen [Gebäudes] sollte einen schönen, wohltuenden Kontrast zur Kirche hervorrufen, der auch wesentlich in einer brillianten Farbenwirkung des Hauses gelegen wäre. Der Giebelbau sei nämlich mit Fresken, die Langseite mit bemalter Fenster-Einfassung geschmückt und die Gliederungen selbst sind anspruchslos und nicht zu kräftig gedacht; denn in Formenpracht und Relief mit der Kirche zu wetteifern, halte ich für ein vergebliches Bemühen.«[32]

Deutsches Haus, Aufriss der Fassade.

DEUTSCHE NEORENAISSANCE ALS BÜRGERLICHER BAUSTIL

Das »Deutsche Haus« in der Sophienstraße / Ecke Karlsplatz von 1879/80 kann als Seidls erste gebaute, die Gedankenwelt des Kunstgewerbevereins veranschaulichende Architektur gelten. Ausgeführt für seinen Onkel, den Besitzer der Spaten- und Leiter der Franziskanerbrauerei Gabriel Sedlmayr, errichtete Seidl den Neubau an Stelle des älteren Gasthauses »Elysium«. »Schon sein Name deutet an, was der Künstler wollte: aus dem Geiste großer deutscher Vergangenheit heraus ein Musterbeispiel dafür schaffen, wie ein Haus aussehen solle, in dem deutsche Menschen unserer Zeit ihres Daseins Genüge finden könnten.«[33]

Seidl verwendete beim Deutschen Haus eine der deutschen Renaissance nachempfundene Bauart an Stelle der bisher üblichen klassischen Stile. Über einem dem Straßenverlauf folgenden unregelmäßigen längsrechteckigen Grundriss mit schräg verlaufenden Querseiten und abgeschrägter Ecke entstand ein viergeschossiges Eckwohnhaus mit Gaststräumen im Erdgeschoss. Das Gastlokal besaß einen annähernd trapezförmigen Grundriss, das zweite Gastzimmer war leicht schräg um die Ecke geführt. Der Küchen- und

Gangbereich wirkte bewusst verwinkelt. Auch am Außenbau wurde jede Gleichförmigkeit vermieden. Die Wirtsräume im hohen Erdgeschoss waren durch breite Bogenfenster, die Wohngeschosse durch hochrechteckige Fenster charakterisiert. Die Hausecke war ab dem ersten Geschoss durch einen polygonalen Erker geschmückt. Das hohe Walmdach wurde auf einer Seite durch zwei, auf der anderen Seite durch einen Renaissancegiebel, zusätzlich zu den hohen Kaminen und einem Erkertürmchen mit Zwiebelhaube, belebt. Über der Eingangsfront befand sich das von Rudolf Seitz freskierte, zwei Stockwerke hohe Wandbild des Reichsadlers und der Germania, auf den Fenstersockeln war im ersten und zweiten Obergeschoss die Inschrift: »Zum Deutschen Haus - Ausschank der Bierbrauerei zum Spaten« angebracht. Die Konzeption des Hauses war so Aufsehen erregend neu, dass die Lokalbaubehörde die Ausführung des Entwurfs wegen des ungewöhnlichen Stils zunächst sogar ablehnte. Karl Hocheder berichtete später einmal, dass besonders das hohe Dach und die »verpönten Schnörkelgiebel« Missfallen erregten, weil die bayerische Bauvorschrift der 50er Jahre empfahl, »dass die Mansardendächer und Schnörkelgiebel sorgfältigst zu entfernen und durch möglichst flache Dächer zu ersetzen seien.«[34] Auch die Verwendung des verputzten Backsteinbaus am Deutschen Haus - nur die Erker, Portale und die Fenstereinfassungen des Erdgeschosses waren in Abbacher Sandstein ausgeführt - und die im Vergleich mit den üblichen Wohnbauten schlichte Gestaltung, ohne nobilitierende Rustika oder Säulen, waren neu, »im Gegensatz zu der bisher üblichen Nachahmung palastartiger Motive auch beim Bau einfacher Wohn- und Miethäuser.«[35] Mit dem unregelmäßigen Grundriss, der unsymmetrischen Gestaltung des Außenbaus, der Charakterisie-rung unterschiedlicher Funktionsbereiche, mit Dach, Erker und Giebeln hatte Seidl bereits die so genannte malerische Bauweise verwirklicht und das Haus von innen nach außen geplant. Deshalb hat das Deutsche Haus »für die Abklärung des künstlerischen Geschmackes in München und weit darüber hinaus außerordentliche Bedeutung gehabt, und ist recht eigentlich der wahre Ausgangspunkt des Ruhmes gewesen, dessen sich Gabriel von Seidl seitdem erfreute.«[36]

Auch das 1889-91 an der Westseite des Marienplatzes für die Bankherren Schülein und Söhne errichtete Onuphriushaus gehört in die Reihe der bürgerlichen Wohnhäuser mit Ladenbauten im Erdgeschoss im Stil der deutschen Renaissance. Wenn man Seidls Architektur mit dem alten Onuphriushaus vergleicht wird deutlich, wie er die einst relativ karge und regelmäßige Fassade unter Einbeziehung der dekorativen Künste in eine an der reichsstädtischen Architektur Augsburgs und Nürnbergs orientierte Schauseite umwandelte. Zugleich behielt er mit dem Wandbild des Onuphrius und den Bögen im Erdgeschoss und ersten Obergeschoss den Bezug zum Vorgängerbau bei. Die Ladenzone war durch eine gleichmäßige Reihung breiter Bogenfenster gekennzeichnet. Das zweite und dritte Obergeschoss schmückte Seidl jedoch mit einem reich verzierten Erker, mit Schmuckfriesen, dem Onuphriusbild von Rudolf Seitz und Renaissancegiebeln. Dabei zielte Seidl gerade am zentralen Ort bürgerlicher Repräsentation in München, dem Marienplatz, auf die architektonische Darstellung eines wohlhabenden und traditionsreichen Stadtbürgertums ab. Als besonders malerisch wurde sicher die unterschiedliche Fassadenaufteilung in den beiden oberen Geschossen in scheinbar zwei schmale Häuser empfunden. Die geringfügig unterschiedlichen Firsthöhen verstärkten diesen

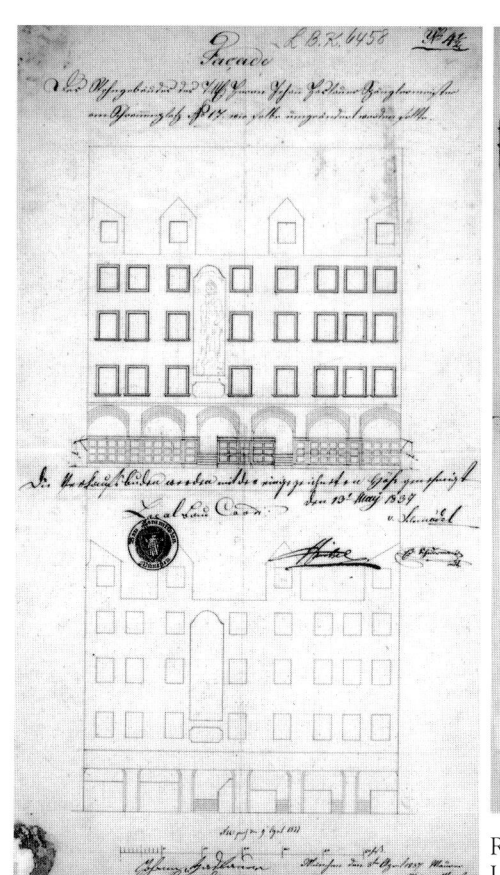
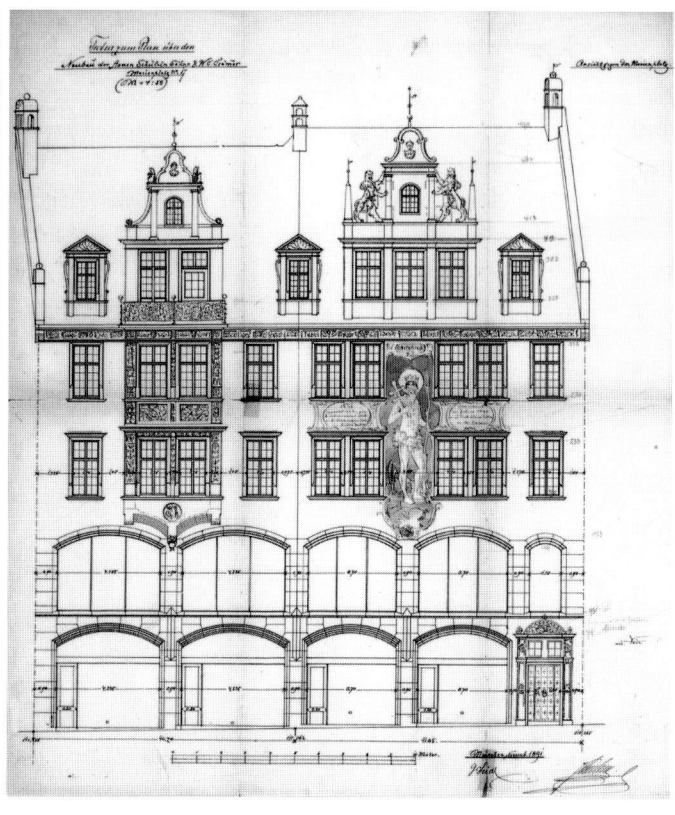

Rechts: Aufriss des Onuphriushauses von Gabriel von Seidl, 1891.
Links: Aufriss des Onuphriushauses um 1837.

Eindruck noch. Die Gestaltung des Onuphriushauses glich sich an die älteren, schmalen und hohen Bauten des Marienplatzes an. Die Ambivalenz zwischen der quergelagerten Ladenzone und den beiden, je für sich symmetrisch gestalteten Vertikalen der Obergeschosse und Dachzonen war kompositorisch durch das Übergreifen des Erkers und des Wandbilds in das darunter liegende Geschoss sowie durch die Verwendung gleicher Giebel- und Fensterformen bei beiden Haushälften gelöst. Das Onuphriushaus von Gabriel von Seidl wurde im Krieg zerstört. Auf dem Nachkriegsbau, der den Seidlbau ersetzt, wurde

das Bild des Onuphrius ebenfalls wieder angebracht.

Ein anderes Beispiel für die architektonische Darstellung bürgerlichen Selbstbewusstseins und Handwerksstolzes war die gleichfalls im Krieg zerstörte, 1892 erbaute Bäckerherberge in der Maistraße. Die Pläne für den Gesamtbau mit denkbar schematischen Grundrissen wurden von dem Architekten Georg Mühle angefertigt. Da Seidl dem Bäckerhandwerk durch seine Familie eng verbunden war, übernahm er jedoch kostenlos die Planung der Hauptfassade und der Ausstattung des Meistersaals.

Die Bäckerherberge war ein viergeschossiges Eckhaus mit symmetrisch gestalteter Eingangsfront. Ein mittiger, mit Nischen und Pilastern geschmückter Zwerchgiebel an der Traufseite des Satteldachs und der mittige, vorspringende Eingang mit auf dorisierenden Säulen ruhendem, überdachtem Altan im ersten Geschoss bildete den architektonischen Schmuck des Gebäudes. Das Erdgeschoss war durch Bogenfenster hervorgehoben, während die übrigen Stockwerke einfache hochrechteckige Fenster besaßen. Giebelseitig war ein Türmchen als Dachabschluss angebracht, an der unregelmäßig befensterten Fassade

lag die Betonung auf den kräftigen Gesimsen. Unter den Fenstern des zweiten Stockwerks waren Freskobilder von Rudolf Seitz, über dem Mittelfenster des fünfachsigen Gebäudes ein Relief mit einem von zwei Engeln gehaltenen Medaillon mit der Patrona Bavariae zu sehen. »In der Höhe zwischen dem 1. und 2. Stockwerk zeigt sich links das Bäckerwappen, der doppelköpfige Reichsadler mit den bayerischen Rauten als Brustschild, rechts ist das Münchener Kindl angebracht. Jedes Wappen ist von 2 Genien flankirt, die in emporgestreckten Händen einen Kranz halten, welcher auf das Bäckergewerbe bezügliche Embleme umschließt; über dem Körper tragen sie je 1 Tafel mit einer auf das emporgehaltene Emblem bezüglichen Inschrift. Diese Embleme zeigen: die Sonne, die bezügliche Inschrift lautet ›Sonnenschein bringt Brod und Wein‹, Bretze und Spitzweckel ›Brod bricht Noth‹, ein Mühlrad ›Ohne Mühl kommt kein Bäcker zum Ziel‹ und Garbe und Sichel ›An Gottes Segen ist Alles gelegen‹. An der Seitenfront war in dekorativer Umrahmung eine Inschrift zur Geschichte der Bäckerinnung eingefügt, in der es unter anderem hieß: ›In Treue und in Hochschätzung der geschichtlichen Ueberlieferung ist mehr denn ein halbes Jahrtausend hindurch das alte Erbe fortgepflanzt worden. Möge es auch fürderhin so bleiben und Gottes Segen darüber walten in alle Zeit!‹«[37]

An der Schauseite zum Marienplatz und den Seitenfassaden an der Sendlinger Straße und Pettenbeckstraße trägt

Ruffinihaus, um 1920.

das Ruffinihaus assoziativ-volkstümliche Züge, die es in der Münchner Architekturgeschichte so nicht gegeben hat. Der Vorgängerbau, die alten Ruffinihäuser, ein schmuckloser regelmäßig befensterter Baublock, auf dem Gelände des ehemaligen Ruffiniturms, war von der Stadtgemeinde München angekauft worden. Nachdem 1902 einige Planvarianten für die Neubebauung durch das Stadtbauamt ausgearbeitet worden waren, schrieb die Gemeinde einen engeren Wettbewerb unter den Architekten aus München und der Umgebung aus. Für dieses städtebaulich bedeutsame Areal am Ausgang des Marienplatzes und dem Schnittpunkt von Sendlinger Straße und Rindermarkt sollte eine besonders qualitätvolle, die Umgebung berücksichtigende Lösung gefunden werden: »Der Platz zeigt jetzt zwei Bilder, deren Erhaltung wünschenswert wäre; es ist der Blick von der Sendlingerstr. auf den Petersturm u. vom Rosenthal auf die Frauentürme.«[38] Das Bauprogramm sah vor, dass die Ruffinihäuser im Erdgeschoss kleine Läden, in den höchstens drei Obergeschossen Wohnungen enthalten sollten. Gerade in Bezug auf die Ladenbauten wollten die Gemeindebevollmächtigten der modernen Entwicklung mit überdimensionalen Schaufenstern entgegenwirken: »Dass für die Häuser am Ruffiniplatz in erster Reihe kleine Läden verlangt werden dürften, bei denen es weniger darauf ankommt, dass sie […] mit allen Finessen der Neuzeit erbaut sind, als dass darin viele kleine und mittlere Geschäftsleute, welche durch die Abbrüche u. die neuen Straßendurchführungen aus dieser Gegend vertrieben wurden, hier zu annehmbaren Preisen wieder unterkommen können. Hiezu bedarf es keiner 4-5 m hohen Läden mit riesigen Schaufenstern, die […] zu viel Waare schlucken; es bedarf auch nicht überall der Läden im 1. Stock. Man kann eben nicht mit Gewalt alles auf das sogenannte

›Großstädtische‹ hinaufschrauben, es würde vielmehr bei vielen unseren Neubauten vorteilhafter sein, wenn man bescheidener und einfacher bliebe, ohne dass damit die gesunden Anforderungen der Neuzeit und die Errungenschaften der Technik hintangesetzt zu werden brauchen. In derartige Läden u. Gasthäuser, die nicht so sehr mit allen ›Finessen‹ ausgestattet sind, die bürgerlich behaglich gehalten sind, würde sicher das Publikum lieber und vertrauensvoller hineingehen, als in so manchen unheimlich hohen Spiegelglaskasten, bei dem man sofort das Gefühl hat: das muß eine schöne Miete kosten!«[39] Darüber hinaus war im Bauprogramm von 1903 gefordert: »Die Formgebung soll eine heimische, dem Charakter der Altstadt entsprechende sein. Die Pfeiler im Erdgeschoß sind aus Stein zu bilden.«[40] Von den etwa 100 eingereichten Wettbewerbsentwürfen kamen die Projekte von Max Ostenrieder, Wilhelm Spannagel, A. Bachmann und R. Röhrl, Oswald Bieber sowie Gabriel von Seidl in die engere Wahl. Der Entwurf Seidls mit dem Motto »Drei Häuser« erhielt den ersten Preis und wurde besonders »hinsichtlich seiner architektonischen Außenseite«[41] der Ausführung zu Grunde gelegt. Als besonderer Vorzug des Entwurfs wurde hervorgehoben: »Mit feiner künstlerischer Empfindung hat der Entwerfende drei selbständige Häuserindividuen entwickelt, wobei er es gleichwohl verstanden hat, dieselben zu einer harmonischen Gesamtgruppe zu vereinigen. Es wird als Vorzug empfunden, dass die gewählte Kunstweise an benachbarte ältere Schöpfungen anklingt.«[42]

Auf dem annähernd dreieckigen, abschüssigen Grundstück errichtete Seidl einen dem Verlauf der Sendlinger Straße in leichtem Bogen folgenden, unregelmäßigen Baublock um einen Innenhof. Durch drei unterschiedliche Fassaden und Dachformen sowie unterschiedliche Stilelemente besonders in den drei Obergeschossen sollte der Eindruck eines gewachsenen Ensembles entstehen. In Anklang an die früheren Laubengänge des Marienplatzes schuf Seidl eine einheitliche Ladenzone: Ein mit großen Bogenfenstern für Läden rundum geöffnetes Erdgeschoss mit weit vorspringender, unterschiedlich gestalteter Bedachung. Die Grundstücksecke zum Marienplatz hin zeigt eine geradlinige Fassade mit seitlichen, über die beiden oberen Geschosse verlaufenden Erkern. Vom Marienplatz aus fallen vorwiegend die blau-weißen, stuckierten Fassaden an der Sendlinger Straße und dem Übergang zur Pettenbeckstraße Richtung Rosenstraße in den Blick. Sie sind reich mit ornamentalen, pflanzlichen und figürlichen Motiven in Stuck und Malerei geschmückt, unter anderem mit Münchner Kindl, Patrona Bavariae, den Darstellungen von »Tempus« und »Virtus«, den Figuren »Der Bürger«, »Die Hausfrau«, »Der Künstler«, »Die Jungfrau«, »Der Gelehrte« und »Die Bäuerin« sowie einer Darstellung des ehemaligen Stadtturms. Die nach hinten liegenden Fronten zeichnen sich durch eine sachlichere Form mit einheitlicher Farbgebung, gleichmäßig gereihten Fenstergruppen und Pilasterverzierung aus. In der Dachzone ist hier zwischen hohen geschwungenen Giebeln eine Eckterrasse ausgespart. Im Schnittpunkt der Giebeldächer sitzt ein Türmchen. Die Mehransichtigkeit des Ruffiniblocks entsprach der Vorstellung einer malerischen Baugruppe, die sich wie gewachsen in die Umgebung einfügt. Ganz besonders wohlwollend wurde jedoch von den Zeitgenossen bemerkt, dass Seidl trotz der historischen Reminiszenzen hier keine »mittelalterlich herausgeputzte Zwingburg« erstehen ließ, wie dies wohl manche Wettbewerbsbeiträge vorschlugen: »Hier bewies er am schlagendsten den ihm eigenen feinen Unterscheidungssinn zwischen dem gut bürgerlichen

Bedürfnissen dienenden, der Gesammtumgebung sich einfügen sollenden Profan- und dem für öffentliche Zwecke bestimmten Monumentalbau.«[43]

In den Umkreis dieser wichtigsten Bürgerbauten aus Seidls Werk gehören auch das an der Ecke Mars-/Seidlstraße 1879 als Gruppe von drei Häusern errichtete Haus der Familie Seidl, von dem heute nur noch ein kleiner Zwischenbau und die Eingangsfassade erhalten sind sowie der Arzberger Keller in der Nymphenburgerstraße von 1881/82 und der Franziskaner-Keller in der Hochstraße von 1886, die beide zerstört sind.

Das nicht mehr existierende, 1893 errichtete Gebäude des »Bauerngirgl« in der Residenzstraße war ebenfalls ein besonders eindrucksvolles Beispiel dafür, wie Seidl seine Bauten in die Umgebung einfügte. Für das Restaurant seines Onkels Josef Sedlmayr errichtete er im Umfeld der Residenz bewusst keinen Wirtshausbau der bescheiden-bürgerlichen Form. Das aus der Zusammenlegung von zwei schmalen Altstadthäusern hervorgegangene dreigeschossige Gebäude mit ausgebautem Dachgeschoss war einer der wenigen Privatbauten Seidls in Hausteinbau und erhielt vornehme barockisierende Fassaden in Anlehnung etwa an das benachbarte Preysing-Palais. Seidl nahm damit den Charakter des gegenüber der Residenz liegenden Straßenbildes auf und fügte den Neubau mit symmetrisch gegliederter Schauseite wie ein altes Gebäude in die Häuserreihe ein.

Eine andere Variante unter den vornehmeren Bürgerbauten in Seidls Werk ist das noch bestehende Korpshaus Germania von 1906/07, das der Architekt samt Innenausstattung entwarf. Seidl, der selbst dem Korps Germania angehörte, plante eine dreigeschossige Fassade mit traufseitigem, unsymmetrisch angeordnetem Eingang. Das Mit-

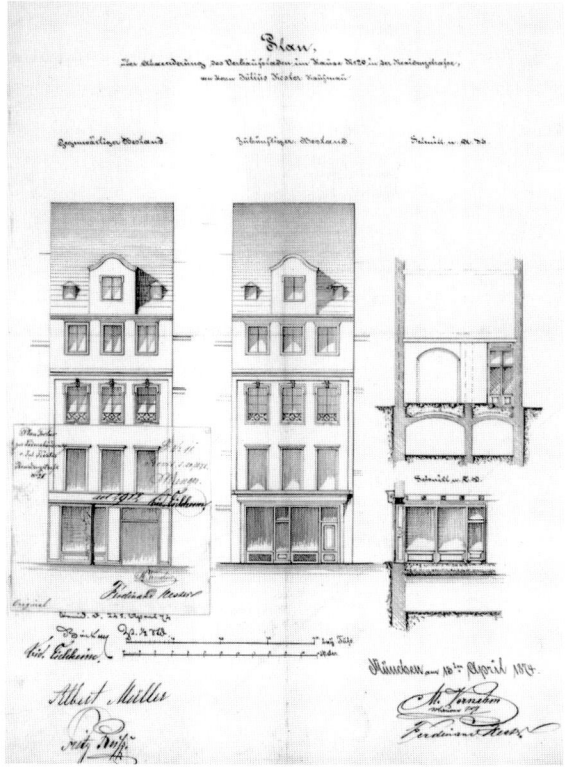

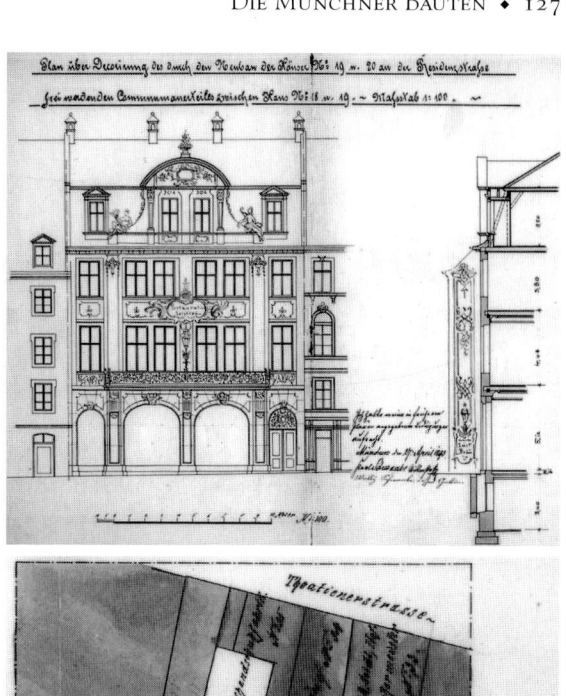

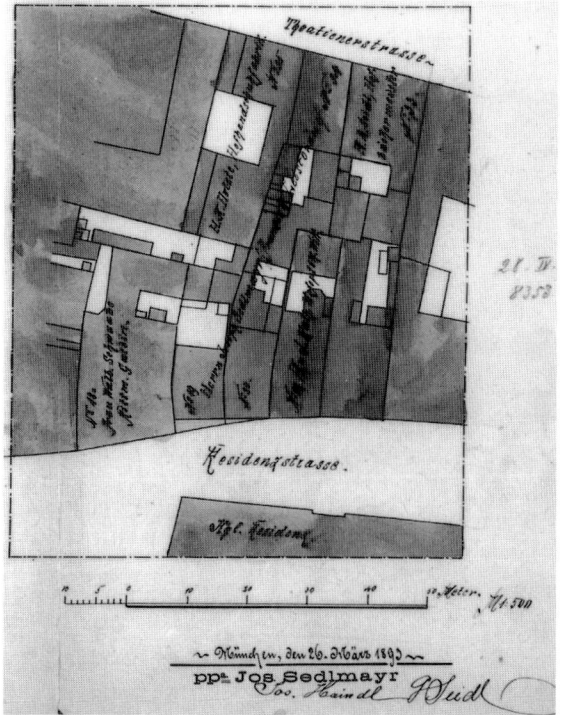

telgeschoss ist durch zwei polygonale Erker mit dazwischen liegendem dreiteiligem Mittelfenster gegliedert. Unter dem Fenster ist das Fahnenwappen des Korps von dem Bildhauer Pruska zu sehen. Im Obergeschoss ist der gleichmäßigen Reihe von Rechteckfenstern ein Balkon mit schmiedeeisernem Gitter vorgelagert. Im Parterre liegt das Konventzimmer, im ersten Stock das Kneip- und Philisterzimmer, im zweiten Geschoss ein Festsaal. In zwei Untergeschossen sind die Wohnung des Korpsdieners, der Fechtboden, Keller, Bäder und Heizanlage untergebracht. Der Stil des Korpshauses besteht in einem sehr reduzierten Gebrauch historischer Formen, so dass hier nur noch von einem Anklang an Stilarchitektur gesprochen werden kann.

Links: Umbauplanung für den Vorgängerbau des »Bauerngirgl«, um 1874.
Rechts: Aufriss, Schnitt und Lageplan des »Bauerngirgl« von Gabriel von Seidl, 1893.

Nobilitierende italienische Renaissance als Baustil für Künstlervillen und Kunsthändlerhäuser

Ab 1887, mit dem Bau der Lenbachvilla in der Luisenstraße, wandte sich Gabriel von Seidl neben seinen bürgerlichen Bauten in deutscher Renaissance auch der Stilrichtung der italienischen Renaissance zu. Die Lenbachvilla gehört zu Seidls bekanntesten Werken. Es war jedoch auch Lenbach selbst mit mehreren Skizzen an der Ideenentwicklung beteiligt und von ihm ging wohl der Wunsch aus, einen Wohnsitz in der Art einer italienischen »villa suburbana« zu errichten. Der Einfluss Lenbachs auf Seidls Architekturauffassung und seine Inneneinrichtungen darf als ebenso bedeutsam angesehen werden wie der Einfluss der Ausstellung von 1876: »Die auf dieser Ausstellung von Lorenz Gedon eingerichtete Abteilung mit der charakteristischen Aufschrift ›Der Väter Werke‹ ist einer der Ausgangspunkte in der künstlerischen Entwicklung Seidl's. Ein zweiter Ausgangspunkt liegt in seiner Zusammenarbeit mit Franz Lenbach.«[44] Lenbach, ein Maurermeistersohn aus Schrobenhausen, hatte eine beispiellose Karriere als Künstler gemacht und war zum teuersten und meistgesuchten Porträtisten Deutschlands aufgestiegen, der alle Berühmtheiten, besonders Bismarck, malte, mit dem ihm eine enge Freundschaft nachgesagt wurde. Durch seine Nobilitierung 1882 und die Einheirat in die preußische Hocharistokratie 1887 durch seine Ehe mit der Nichte Moltkes, Magdalena Gräfin Moltke, konnte er sein Selbstverständnis als Künstlerfürst und sein gesellschaftliches Ansehen festigen.

Bereits 1879 hatte Lenbach das Erbe Gedons als Präsident der geselligen Künstlervereinigung »Allotria« angetreten. 1873, in Folge eines Streits junger Künstler mit den etablierten Mitgliedern der Münchener Künstlergenossenschaft, vertreten durch den Präsidenten Konrad Hoff, gegründet, war die Allotria bald durch die Mitgliedschaft potenter Vertreter der Münchener Aristokratie und des Geldadels zu einem wichtigen Instrument bei der Auftragsvermittlung für die Künstler geworden. Die wechselnden Vereinsräume der Allotria wurden durch Gedon, danach durch Gabriel von Seidl ausgestattet. Lenbach war 25 Jahre Präsident, ab 1905 folgte Gabriel von Seidl, nach dessen Tod 1913 bis 1921 Friedrich von Thiersch. Die Prachtliebe, die Lenbach in seinem eigenen Haus entfaltete und der Seidl den adäquaten architektonischen Rahmen zu geben wusste, wurde im großbürgerlichen Umkreis der Allotria gerne nachempfunden. So entstand eine Reihe von vornehmen Künstlerhäusern und Kunsthändlerhäusern sowie aristokratischen Bauten, die sich im Stil der italienischen Renaissance und der üppigen, historisierenden Ausstattung an die Lenbachvilla anschließen. »Wer in das Haus irgendeines Allotrianers kommt, findet dort genau den Seidlschen Schönheitsbegriff verkörpert, er war einer der ihren aus tiefstem Herzen.«[45]

Als sich Lenbach »durch Seidl seinen Palast an der Luisenstraße bei den Propyläen erbauen ließ, geschah es in einem Hochgefühl künstlerischer Kraft, dem er äußerlich Ausdruck zu geben strebte.«[46] Es sollte kein Bürgerhaus, sondern ein Palast und ein Museum für den Malerfürsten entstehen. Die Absichtserklärungen des Bauherrn waren deutlich. So schrieb er 1885 an Julie von Wertheimstein: »Ich gedenke mir einen Palast zu bauen, der das Dagewesene in den Schatten stellt; die machtvollen Zentren der europäischen Kunst sollen dort mit der Gegenwart verbunden sein.«[47] An anderer Stelle heißt es: »Muß mich nun doch auf München konzentrieren, allda mit meinem Zeug eine bleibende Sammlung zu stiften« oder

Lenbachhaus, um 1900.

»Meine Villa soll in München ein Mittelpunkt der Künste und deren gesellschaftlichen Belange werden.«[48]

In der ursprünglichen Ausführung des Lenbachhauses waren der 1889 fertiggestellte Atelierbau und das 1891 vollendete Wohnhaus als zwei getrennte Bauten angelegt worden. Das dreigeschossige mit einer Laterne bekrönte Wohnhaus liegt an der hinteren Grundstücksgrenze, der lange Atelierbau dagegen ist im rechten Winkel dazu fast bis zur Straße vorgezogen. Das mit Pilasterordnungen geschmückte Wohnhaus dominiert als kubischer Block mit mittigem Zugang über eine Freitreppe und durch ein Balkonportal den vorgelagerten Renaissancegarten mit Schalen und Statuen. Über dem Balkonportal öffnet sich ein

Rundbogenfenster, hinter dem sich die »sala« des »piano nobile« verbirgt. Das Atelierhaus mit hochgelegter Eingangsloggia zeigt dagegen eine unregelmäßige freie Achsengestaltung sowie, zur Luisenstraße hin, einen vorspringenden, halbrund geschlossenen Terrassenbau mit übergiebelter Loggia. Garten, Atelier und Wohnhaus bilden den anspruchsvollen Rahmen für die Innenräume, die mit ihrer aufwändigen Ausstattung und der Ausstellung alter Kunstwerke neben Lenbachs eigenen Werken den künstlerischen und gesellschaftlichen Anspruch des Malers dokumentieren sollten. Das Ateliergebäude besaß im Untergeschoss eine Wohnung, die von Lenbach genutzt wurde. Das Wohnhaus selbst war hauptsächlich rein repräsentativen Zwecken vorbehalten. Aber auch die Atelierräume waren als wirksame Inszenierung von Lenbachs Künstlertum angeordnet. Man betrat den großen, hinter der Loggia im Obergeschoss liegenden eigentlichen Atelierraum nicht über die Veranda, sondern vom Eingang »rückwärts unter einer Säulenhalle, von der ein lichtes Treppenhaus direkt in den oberen Stock führt. Wir müssen denselben in seiner ganzen Länge durchschreiten, bevor wir in die eigentliche Werkstatt des Meisters kommen.«[49] Durch zwei, mit Stücken aus Lenbachs Sammlung dekorierte Vorräume gelangte der Besucher schließlich zum Höhepunkt, den großen Ateliersaal mit Lenbachs eigenen Werken. Auch nach dem Tod des Malerfürsten büßte die Villa ihre architektonische und dekorative Anziehungskraft nicht ein:

»Ein so vollkommenes Gebilde steht hier vor Augen, dass in ganz München, das doch wahrlich an edeln Bauwerken nicht arm ist, kein Haus eines Privatmannes größeren Ruhm genießt, als die Lenbachsche ›Villa‹, nach ihres Besitzers Tode alljährlich das Ziel vieler Hunderter fremder und einheimischer Kunstfreunde.«[50]

Gleichzeitig mit dem Lenbachhaus entstand das Künstlerpalais des Porträt- und Genremalers Friedrich August von Kaulbach. 1887, ein Jahr nach seiner Übersiedlung nach München und der Ernennung zum Direktor der Akademie der bildenden Künste als Nachfolger Karl von Pilotys, ließ er es von Gabriel von Seidl errichten. Es kann durchaus als Konkurrenzprojekt zur Lenbachvilla gesehen werden: »Die Verbindung Seidls mit einem Künstler von der starken Individualität Franz von Lenbachs mußte ihm mannigfache Anregung bringen und die Entwicklung des bedeutend jüngeren Künstlers wesentlich beeinflussen. Das Heim Lenbachs ist in allem Grundsätzlichen ein italienischer palazzo oder besser gesagt eine römische Villa der Barockzeit, und ähnlich war die

Aufgabe, die dem Architekten bei dem Bau des Kaulbach'schen Hauses gestellt war. Gegenüber den schlichten Bauaufträgen, die den Künstler bisher beschäftigt hatten, trat nun an Seidl die Aufgabe heran, einer üppigen Prachtliebe zu genügen, wie sie sich namentlich bei Lenbach seit seinem Aufenthalt in Italien und Spanien geltend machte.«[51] Zur Straße hin erhielt die Kaulbachvilla eine symmetrisch gestaltete Front mit flachem Mittelrisalit, obwohl das Haus insgesamt, im Gegensatz zum kubischen Block des Lenbachschen Wohnhauses, einen unregelmäßigen Grundriss besitzt. Die Gartenseite öffnet sich im Untergeschoss, in dem die Wohnräume lagen, im zurückspringenden Mittelbau mit drei rundbogig geschlossenen Türen auf eine breite Freitreppe. Darüber weist eine durch das Palladiomotiv abgeschlossene Loggia auf den wichtigsten Raum im Hause, das Atelier des Künstlers hin. Das hohe mit Reliefs verzierte Gebälk und mehrere Statuen auf der Attika vervollständigten die architektonische Nobilitierung der Künstlervilla.

In der Folge baute Gabriel von Seidl immer wieder im Stil der italienischen Renaissance. So 1897 das Palais Berchem, 1899 das Wohnhaus des Malers Toni Stadler, 1901/02 das Palais Klopfer, 1904/05 das Kunsthändlerhaus Böhler, 1904/06 das Palais Schrenck-Notzing, 1911 Haus Freundlich und 1911/12 das Geschäfts- und Wohnhaus Drey sowie Haus Külmann, dessen Daten unbekannt sind. Alle diese Häuser lagen im vornehmen, nach der Konzeption von Karl von Fischer seit 1807 größtenteils offen bebauten Wohngebiet um den Karolinenplatz in der Max-Joseph- und Brienner Straße beziehungsweise im Neubaugebiet der Gabelsbergerstraße.

Das Haus des Malers Toni Stadler in der Gabelsbergerstraße zeigte sich als dreigeschossiger, kubischer Block mit einem durch einen Aufbau bekrönten Zeltdach. Der Baukörper des Hauses glich dem des Lenbachhauses, war jedoch durch das steilere Dach und geringere Stockwerkshöhen insgesamt gedrungener und besaß auf Grund des seitlichen Eingangs und der sieben schmalen und engstehenden Rechteckfenster im Obergeschoss nicht die betonte Mitte und Offenheit des früher geplanten Künstlerhauses. Das dritte Obergeschoss des Hauses Stadler trug den Hauptschmuck des Gebäudes. In der Mitte der Hauptfassade zwischen gekuppelten Korbbogenöffnungen und an den Seitenwänden waren Reliefs von Joseph Rauch angebracht. An der Hausrückseite führte eine geschwungene Freitreppe von der Terrasse in den Garten. Auch hier erinnert das Motiv der Freitreppe mit darüber liegendem Balkon an das Lenbachhaus, vermittelt beim Haus Stadler jedoch durch die unterschiedliche Fassadenaufteilung den Ausdruck eines großzügigen Familienhauses mit Garten.

Das 1901 erbaute herrschaftliche Stadthaus des Bankiers und Handelsrichters Theodor Klopfer in der Brienner / Ecke Richard-Wagner-Straße stand in prominenter Umgebung und fiel gerade durch seine italienisierende Palastfassade auf: »Links ein einfaches Haus in deutscher Renaissance von Romeis, rechts die ebenfalls von G. v. Seidl erbaute Lenbachsche Villa, den Zauber Italiens atmend, links wieder an der Stätte, wo Richard Wagner Wohnung gefunden, ein reizendes Familienhaus von Emanuel Seidl im Barockstil, weiter Gedons,

den Bildhauer verratende Fassade, auf der andern Seite Drollingers herrschaftliches Wohnhaus. Dazwischen hat sich eine Erscheinung eingefunden, die im Kreise der Nachbarn im ersten Augenblicke durch Einfachheit und Grösse des Fassadenmotivs wie ein Werk Palladios anmutet.«[52] Über einem quadratischen Grundriss, an der Rückseite jedoch mit ausladender Terrasse und Erker, errichtete Seidl einen einfachen Baublock mit mächtiger Schaufassade. Das dritte Stockwerk wurde als mit einem Zeltdach geschlossener Aufbau auf die von einer hohen Brüstung umgebene Dachterrasse aufgesetzt. Die Hausfront zeigt über dem hochgezogenen Untergeschoss zwei Hauptgeschosse, im Erdgeschoss durch drei hohe Bogenfenster, im Hauptgeschoss durch Rechteckfenster geöffnet.

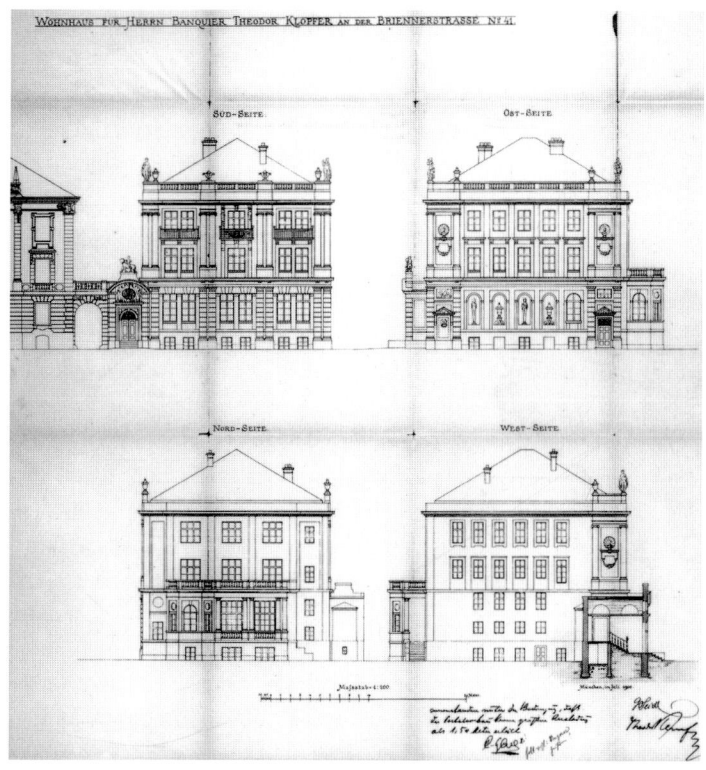

Haus Klopfer, Aufriss um 1900.

Das dekorative Gerüst ist gleichsam vor die tatsächliche Hauswand gesetzt. Es handelt sich dabei um mächtige, über zwei Stockwerke reichende, ionisierende Kolossalsäulen auf den dem Untergeschoss entsprechenden hohen Sockeln und einem schweren, durch die Dachterrassenbrüstung zusätzlich erhöhten Gebälk. An der Dachbrüstung und unter den Fenstern des Obergeschosses sind Reliefs von Pruska angebracht.

Eine für Seidl typische Besonderheit seiner Renaissancefassaden italienischen Stils ist auch am Haus Klopfer der seitliche Eingang, der als kleiner Pavillon im Empirestil angelegt wurde und im bewussten Miteinander verschiedener Stilformen gewissermaßen als Bindeglied zum Nachbarhaus dienen sollte. Die innere Aufteilung des Hauses, die sich in der Fassade spiegelt, war so ausgerichtet, dass im Untergeschoss die Wirtschaftsräume lagen. Im Erdgeschoss befanden sich der repräsentative, halböffentliche Bereich mit einem Empiresalon, der Galerie für die Gemäldesammlung des Hausherrn und ein Musik- und Speisesaal. Die ei-

Haus Schrenck-Notzing.

gentlichen Wohnräume lagen im ersten Obergeschoss. Die Frage, warum Seidl an dieser Stelle der Straße eine italienische Palastfassade errichtete, ist nicht zu beantworten. Es kann nur festgestellt werden, dass er außerhalb der Altstadt und für die gehobene Münchner Schicht immer wieder im Stil der noblen italienischen Renaissance baute, während die deutsche Renaissance dem bürgerlichen Handwerkerstand und dem Altstadtbereich vorbehalten blieb. Das bedeutet auch, dass Seidl stilistisch sehr genau nach Auftraggeber und Örtlichkeit differenzierte oder wie es in der Süddeutschen Bauzeitung hieß: »Der Architekt hat mit diesem Neubau neuerdings Stellung genommen zu der Frage, ob bewusst eine nationale Bauweise gepflegt werden soll, und hat in die Nachbarschaft der stimmungsvollen Lenbach'schen Villa dieses Wohnhaus gesetzt, das wie jenes italienischem Boden seine Vorbilder entlehnt. Er behält sich sonach volle Freiheit vor und löst die Frage nicht vom spekulativen Standpunkt, sondern folgt in derselben nur seinem künstlerischen Empfinden.«[53]

Das Familienhaus mit Praxis des Arztes Dr. Albert Freiherr von Schrenck-Notzing, 1904-06 in der Max-Joseph-Straße errichtet, schließt eng an die Konzeption des Hauses Klopfer an. Wegen der Nähe des monumentalen Obelisken auf dem Karolinenplatz war die allerhöchste Genehmigung für dieses Gebäude nötig. Sie war nur unter Schwierigkeiten zu erreichen, weil der Dachaufbau im Zusammenhang mit dem hohen, rustizierten, ein ganzes Geschoss bildenden Untergeschoss mit den Ordinationsräumen als unzulässige vierstöckige Gebäudeanlage angesehen wurde.[54] Wie das Haus Klopfer ist das Palais Schrenck-Notzing durch Kolossalsäulen und eine hohe Gebälkzone charakterisiert.

Der Hofantiquar Julius Böhler ließ sich 1904/05 von Gabriel von Seidl ein Wohn- und Geschäftshaus in der Brienner Straße erbauen. Böhler, dessen ursprüngliche Galerieräume seit 25 Jahren in der Arcisstraße, unmittelbar am Glaspalast lagen, wollte in seinem neuen Gebäude sowohl die Geschäftsräume als auch seine Privatsammlung und je eine Wohnung für sich und seinen Sohn untergebracht haben. Das relativ schmucklose, spätklassizistische Palais, das so genannte Baron Hirschsche Anwesen, das er zum Zwecke dieses Neubaus kaufte, war ein zweigeschossiger Bau mit zusätzlichem Mezzaningeschoss und Dachgauben am Walmdach. Das Erdgeschoss war mit Rustika verkleidet, der Eingang lag in der Mitte eines flachen Mittelrisalits. Die Gesamtgliederung des Hauses war symmetrisch, einschließlich der zu jeder Seite angebrachten Tordurchfahrten. Seidl hat auf einem Foto des Hirschschen Anwesens die Grundkonzeption des Böhlerhauses eingezeichnet, so wie es später auch verwirklicht wurde. Die Anlage des Erdgeschosses mit den seitlichen Durchfahrten, der mittige Eingang, das Walmdach und das Mezzaningeschoss erscheinen auch am Neubau wieder. Zwischen erstem Obergeschoss und Mezzanin wurde ein weiteres Stockwerk, die Wohnung des Hausherrn, eingefügt. Im Mezzanin befand sich die Wohnung des Sohnes. Mit Ausnahme des Erdgeschosses sind die Räume erhöht worden. Die Grundfläche des Vorgängerbaus wurde nach rückwärts verlängert und an einer Seite durch einen langgezogenen, schmalen Anbau mit den Geschäftsräumen bis zur hinteren Grundstücksgrenze fortgeführt. Am Hauptbau wurde die mit Rustika verkleidete Fassade des Erdgeschosses durch drei Rechteckfenster auf

jeder Seite geöffnet. Die beiden Durchfahrten und der mittige Eingang durch Säulen akzentuiert. Das erste Geschoss, mit der Privatsammlung Böhler, im Inneren mit einem französischen, italienischen, holländischen und altdeutschen Raum, ist durch enge Bogenstellungen mit gekuppelten Doppelsäulen hervorgehoben. Unter den Rechteckfenstern verlaufen Säulenbalustraden, die sich über den seitlichen Pavillons fortsetzen, über dem Portal ist ein Balkon eingefügt. In den Bogenfeldern ist reicher plastischer Schmuck von Julius Seidler angebracht. Auch das Mezzaningeschoss ist mit plastischem Schmuck versehen. Das Wohn- und Geschäftshaus Julius Böhler kann unter Gabriel von Seidls Bauten in italienischer Renaissance wohl als das deutlichste Beispiel für eine malerische Auffassung auch dieses Baustils gelten. Die optischen Effekte von Licht und Schatten, die noch beim Haus Klopfer wuchtig und gleichförmig erschienen, sind beim Haus Böhler durch Detailreichtum und die Verbindung von feingliedriger architektonischer Dekoration und Relief sehr

Skizze auf Foto von G. v. Seidl zur Planung des Kunsthändlerhauses Böhler.

abwechslungsreich und lebendig gestaltet: »Die malerischen Zonen der Architektur rechnen dagegen von vornherein auch mit Effekten, die nur mit den Augen aufgenommen werden können […] Eine solche Wand muß dann als malerisch bezeichnet werden, wenn die einzelnen Formglieder mit ihren Lichtern und Schatten zu einer das Ganze überschauernden Bewegung sich zusammenfinden.«[55] Die Fassade des Böhlerhauses unterscheidet sich stilistisch gravierend vom eigentlichen Gebäude und den Hofbauten. Schon an den Seitenfassaden des Hauptbaus hat Seidl den Stil der italienischen Renaissance aufgegeben und ein malerisch, von innen heraus entwickeltes Gebäude geschaffen. Die Nebenbauten im Hof, besonders ihre reich verzierten Portale, sind im Stil deutscher Renaissance gehalten und vereinen sich mit der Rückseite des Vorderhauses zu einem stimmungsvollen, romantisierenden Ensemble.

Das Wohn- und Geschäftshaus des Antiquars Drey von 1911/12 gehört zu den letzten Werken Gabriel von Seidls. Es fügt sich zu einem geschlossenen Baublock zusammen mit dem von Friedrich von Thiersch 1898-1901 errichteten Haus für Handel und Gewerbe, geschmückt mit figürlich-ornamentalen Jugendstilreliefs in Putztechnik, einer bunt kassettierten Hohlkehle und einem mit grün glasierten Ziegeln gedeckten Dach. Seidl nahm die Firstlinie des Nachbarhauses auf und gleicht sich ihm auch in der Tiefe des Grundrisses an. Die lange Fassade zeigt nur wenig vorspringende Seitenrisalite, der mittige Eingang unter einem steinernen Portalvorbau betont die Symmetrie der Fassadengliederung. Das Erdgeschoss mit den Verkaufsräumen öffnet sich nach drei Seiten in großen profilierten Bogenfenstern zwischen Quaderpfeilern, die übrigen Fenster sind hochrechteckig. Das letzte Stockwerk zeigt eine Reihe von Bögen mit dahinterliegenden Loggien. Den Hauptschmuck des Gebäudes bilden sparsame Hausteinrahmungen an den Risaliten und dem Portal sowie Medaillons zwischen den Fensterbögen und rote Terrakottabänder zwischen den Stockwerken und als Rahmungen der Fenster.

Diese dekorativen Friese, zum Teil mit vollplastischen Köpfen nach Modellen von Franz Naager, ausgeführt von der Königlichen Porzellanmanufaktur Nymphenburg, setzen kräftige Farbakzente im Verhältnis zum weißen Terranovaputz. Vor dem Haus befand sich ursprünglich ein schmaler Vorgarten mit hohen Pfeilern, die mit Steinfiguren von Düll und Pezold bekrönt waren und den vornehmfestlichen Charakter des Hauses betonten. Seidl hat hier als Ergän-

Kunsthändlerhaus Drey.

zung des farbig sehr differenzierten Thierschbaus kräftige Akzente gesetzt, um die Eigenständigkeit beider Gebäude zu erhalten und mit dem früheren Bau, wie er dies bei vielen Gelegenheiten in Bezug auf andere Bauten immer wieder betonte, nicht in Konkurrenz zu treten. Das Haus Drey ist ein Beispiel dafür, wie Seidl mit Gegensätzen arbeiten und sie dennoch zu einem harmonischen Ganzen vereinen konnte.

Monumentalbauten und Städtebau

Zu Seidls Lebenswerk gehören neben den zahlreichen Privatbauten auch mehrere Monumentalbauten wie die Kirchen St. Anna im Lehel und St. Rupert im Westend sowie die Erweiterung der Kirche St. Maria in Thalkirchen, das Bayerische Nationalmuseum und das Künstlerhaus, das Karlstor-Rondell und das Deutsche Museum.

Gerade diese Gebäude nehmen nicht nur als Monumentalbauten den wichtigsten Platz in Seidls Schaffen ein, sondern zeigen mehr noch als seine Privatbauten das Bemühen um die Erhaltung und Herstellung eines malerischen Stadtbilds, also die Einbeziehung des Umfelds in die Planung eines Gebäudes. München dehnte sich bereits seit dem Anfang des 19. Jahrhunderts gewaltig aus. Auf Grund der Verkehrsentwicklung auch im Innern veränderte sich das vertraute Stadtbild durch Straßenverbreiterungen und Straßendurchbrüche. In den Außenbereichen wurden ganz neue Dimensionen in der Straßenbreite und der Höhenentwicklung der Häuser durchgesetzt. Trotzdem waren die Neuerungen hier langsamer und behutsamer als in den norddeutschen Städten eingetreten: »Als Städtebaubild steht München einzig da. Keine deutsche Stadt hat sich so harmonisch entwickelt, wie

München [...] Der Vorzug liegt teils an der populären Behandlung von künstlerischen Fragen, auch was das Bauen betrifft, teils an einem konservativen, praktisch bürgerlichen Sinn, dem das Parvenühafte fehlt, an einem starken volkstümlichen Einfluss der Künstler auf das öffentliche Leben. Früher als in andern Städten wurde die entzückende lokale und ländliche Überlieferung erkannt, Gabriel von Seidl war die treibende Kraft.«[56] Der Haupttheoretiker eines malerischen Städtebaus, der in München durch die Arbeiten von Gabriel von Seidl, Theodor Fischer, Hans Grässel und Karl Hocheder ganz besonderen Einfluß gewann, war der österreichische Architekt Camillo Sitte. Mit seiner Schrift »Der Städtebau nach seinen künstlerischen Grundsätzen« von 1899 regte er den romantisch-malerischen Städtebau an. Er basierte »auf einer Schonung der historischen Teile der Stadt, auf der Nutzung der natürlichen Geländeform für die Stadtgestaltung, Ableitung der künstlerischen Form für Straße und Platz aus ihren praktischen Funktionen und sinnvollen Auswertung des Erfahrungsschatzes des historischen Städtebaus. Wichtig war vor allem, dass Sitte die Stadtbaukunst als Raumkunst ansah, bei der es darauf ankäme, Einzelarchitekturen in einer freien malerischen Komposition zu geschlossenen Raumbildern zu vereinen. Nicht das freistehende, nur das plastisch wahrnehmbare Einzelgebäude oder der stereometrisch begrenzte Häuserblock sei schon Stadtbaukunst, sondern erst die bewußte Gestaltung des städtischen Raums«[57] oder, anders formuliert: »Dachte der einstige Architekt nur an sein Werk, so sucht es der heutige in wohl abgestimmten Einklang zu bringen mit Umgebung, Stadtbild und Landschaft in bewußter Liebe zur Heimat.«[58] Der malerische Städtebau sollte ingenieurtechnischen Eingriffen wie Kanalisation, elektrischer Beleuchtung, Erfordernissen des Verkehrs oder auch des Geschäftslebens optisch entgegenwirken. Die alten, gewachsenen Städte früherer Zeiten dienten dabei als Vorbild: »In der Herrschaft der Individualität liegt der Reiz dieser mittelalterlichen Städte; und die Stadtbilder wurden um so malerischer, um so unterhaltender, je länger dieser künstlerische Umwandlungsvorgang dauerte, je mehr Jahrhunderte ihre besten Schöpfungen an den krummen Straßen und unregelmäßigen Plätzen eines im frühen Mittelalter ohne einheitlichen Plan entstandenen Stadtgrundrisses, diesen vielfach und wiederholt umgestaltend, vor unsern entzückten Blicken ausbreiten. Ja, die Mehrzahl der Bauwerke, aus denen sich die malerischen ›mittelalterlichen‹ Stadtbilder zusammensetzen, stammen aus den Zeiten der Renaissance.«[59] Der künstlerische Reiz der alten Stadtanlagen liege in der Abweichung von der geometrischen Regelmäßigkeit bei Straßen und Plätzen, in der Anpassung an die Terrainverhältnisse, in einer angemessenen Größe der Plätze und Breite der Straßen, in der Geschlossenheit des Straßenbildes durch die richtige Aufstellung hervorragender Gebäude, Denkmäler und Brunnen. Deshalb verlange »die schöne Ausbildung des Straßennetzes die sachgemäße Anwendung gerader und krummer Linien, […] den Wechsel des breiten und engen, des offenen und geschlossenen, die Begünstigung der geschlossenen Platzumrahmung; vor allem aber nicht eine schablonenmäßige, sondern eine selbständige Behandlung aller Theile des Netzes nach Bedürfnis und Zweck.«[60] Die Geschlossenheit des Bildes sei besonders für die Plätze und deren Erscheinung von allergrößter Bedeutung. »Wie bei einem Gemälde es sehr wichtig ist, welchen Rahmen es erhält, so wichtig ist auch die Umgebung jedes architektonischen Gebildes für seine Wirkung.«[61] Bei Neubauten

solle deshalb auf Kirchen, Tore, Stadtmauern und Ähnliches Rücksicht genommen werden. Es sei dafür Sorge zu tragen, »dass das neue Haus mit der Umgebung zu einem künstlerisch befriedigenden Bilde vereinigt werde.«[62]

KIRCHENBAUTEN

Der Münchner Stadtteil Lehel ist in großen Teilen ein gelungenes Beispiel malerischen Städtebaus. In diesem Stadtviertel errichtete Gabriel von Seidl neben dem Bayerischen Nationalmuseum und dem Altenheim Vincentinum einige, heute nur noch zum Teil vorhandene, großstädtische Mietwohnhäuser in der Prinzregenten- und der Liebigstraße und erbaute seinen ersten Monumentalbau, die Pfarrkirche St. Anna. 1885 war ein Wettbewerb zur Errichtung einer Pfarrkirche im Lehel ausgeschrieben worden. Das Bauprogramm[63] sah vor, dass die Kirche in romanischem Stil erbaut werde und dass die Architekturformen mehr durch einfache Wände als »durch große Opulenz« wirken sollten. »Die Bäume, welche den Bauplatz umgeben, sollen da, wo sie einer malerischen Gruppirung nützlich sind, belassen werden.« Der Gewinner des Wettbewerbs war Gabriel von Seidl mit seinem Entwurf »Basilika«, der allerdings noch zweimal umgearbeitet werden musste, um die vorgesehene Bausumme von 550 000 Mark einhalten zu können. Seidl errichtete, dem Bauprogramm entsprechend, eine dreischiffige Basilika in romanischen Stilformen. Der Kirchengrundriss weicht jedoch insofern vom romanischen Kreuzgewölbesystem ab, als die Seitenschiffe die gleiche Anzahl von Jochen aufweisen wie das Hauptschiff. Die Länge der Hauptschiffjoche ist deswegen entsprechend kürzer als im Kreuzgewölbesystem und das eigentliche

Kreuzgewölbe fehlt. Diese Veränderungen bewirken, dass der Kirchenraum größer erscheint, als er tatsächlich ist. Heute ist die ornamentale Ausstattung der Kirchenwände durch eine helle Tünche ersetzt. 1989 wurden die Mosaiken an den Nebenaltären wieder freigelegt. Das monumentale Apsisgemälde von Rudolf von Seitz und die Fresken von K. J. Becker-Gundahl sind jedoch erhalten. Der imposante Außenbau besitzt einen Westquerbau und einen Vierungsturm, die östlichen Querarme sind mit Apsiden geschlossen. Der Chor ist von einem zweigeschossigen, besonders reich gegliederten Ringbau mit dem Oratorium, einer Sakristei, einem Treppenturm, einer zweiten Sakristei und einem offenen Treppenhaus umgeben. Seidl erzielte auf diese Weise an der Chorseite eine besonders malerische Wirkung und eine deutliche Charakterisierung der Raumgliederung des Inneren auch am Außenbau. Das westliche Querschiff mit dem wuchtigen Turm dagegen wirkt durch sparsame Dekoration monumental geschlossen und steigert damit die Wirkung der großen Portalhalle mit der apokalyptischen Reiterfigur Christi von Ferdinand von Miller auf dem Dachfirst. Auch der am Hauptportal befindliche Tympanon von Anton Pruska kommt somit besser zur Geltung. Die städtebauliche Leistung, die Gabriel von Seidl im Zusammenhang mit der Errichtung des Kirchengebäudes erbrachte, bezieht sich auf die malerische Wirkung des gesamten Platzensembles, die er mit den Außenanlagen der Kirche - besonders der Terrasse, auf der die Kirche steht und dem Brunnen an der südwestlichen Terrassenseite - zu einer harmonischen Gesamtanlage zusammenfügte. Die neue Pfarrkirche erhebt sich gegenüber der barocken, von Johann Michael Fischer erbauten und den Brüdern Asam ausgestatteten Klosterkirche auf einem Terrassenunterbau mit Freitrep-

Die katholische Pfarrkirche St. Anna.

penanlagen auf dem St.-Anna-Platz: Mit seiner gebogenen Straßenführung an der Westseite und der hufeisenförmigen Umbauung der Pfarrkirche mit Wohnhäusern soll er wie ein in Jahrhunderten gewachsenes Ensemble wirken, in das sich der Kirchenneubau wie ein Altbau harmonisch einfügt. Der von Seidl bewusst gesteigerte Gegensatz zwischen den beiden Kirchen und die Dominanz der neuen Pfarrkirche wird durch die Anordnung der einander gegenüberliegenden Kircheneingänge dahingehend gemildert, dass der Blick des Besuchers des Seidlbaus beim Hinausgehen mit der kleinen Klosterkirche als älterem, anheimelndem Gegenpart konfrontiert wird.

Oben: Kath. Pfarrkirche St. Rupert.
Unten: Kath. Pfarr- und Wallfahrtskirche St. Maria Thalkirchen.

traggeber verlangten, eine Kirche für 3 000 Personen zu äußerst geringen Kosten, höchstens 380 000 Mark herzustellen.
Seidl projektierte einen Kirchenneubau, der auf Grund seines Innenraums zu den ersten
Sakralbauten mit modernen architektonischen Tendenzen gehört. Im Inneren zeigt sich die
Grundkonstruktion des Gebäudes, ein säulenloser Vierpass von
1 700 Quadratmetern Grundfläche, als unverhüllte Hallen-
konstruktion. Die Einwölbung
mit Rabitzverputz unter einem
eisernen Dachstuhl sieht wie
eine Eisenbetonschale aus, die
den gesamten Raum ohne Stützen überspannt. Auf einem Ring-
träger in der Gewölbemitte ruht
der Dachreiter. Der neuromanische Außenbau steht von den
formalen Stilmitteln her gesehen in einem völligen Gegensatz zu dem konstruktiv betonten Innenraum. Mit dem Haupteingang unter einer Vorhalle,
Glockentürmen in zwei Ecken
des Vierpasses, einem Treppen-

Einen ähnlich malerischen Effekt in der Platz-
gestaltung wie beim St.-Anna-Platz erreichte Gabriel von Seidl auch bei seinem zweiten Münchner Pfarrkirchenbau. St. Rupert wurde auf dem
Gollierplatz im Westend errichtet. Die Auf-
turm in der dritten Ecke und einem Sakristei-
anbau in der vierten zeigen sich die Funktionsbereiche des Kirchengebäudes in einer malerisch
gestalteten, romantisierenden Architektur in
romanischen Stilformen. Die kleinteilig geglie-

derte Außenarchitektur setzt an der einspringenden Längsseite des regelmäßig angelegten Gollierplatzes einen stimmungsvollen architektonischen Akzent.

In den Zusammenhang des malerischen Kirchenbaus gehört auch die Erweiterung der Kirche St. Maria in Thalkirchen 1904-1906. An diesem Bauvorhaben entzündete sich eine lebhafte Kontroverse, da das dörflich anmutende Kirchengebäude, dessen erste nachweisbare Anfänge im 14. Jahrhundert liegen, in seinem Bestand unangetastet erhalten bleiben sollte. Seidl formulierte die damit verbundenen Probleme: »Die Schwierigkeit lag darin, dass der Anbau eine noch größere Grundfläche haben sollte als das jetzige Kirchenschiff, aber trotzdem gebot sich von sich selbst, die schöne Silhouette der jetzigen Kirche nicht aufzugeben.« Deshalb sei der Erweiterungsbau »hauptsächlich nach der Seite der Höhenentwicklung hin so durchgeführt, dass das alte vertraute Ortsbild der Kirche nicht zerstört wurde. Der Neubau macht den Eindruck, als wäre er, ganz natürlich durch Zeit, Umstände und Bedürfnisse bedingt, hinzugewachsen.«[64] Dementsprechend läßt das Kirchendach heute drei Bauabschnitte deutlich unterscheiden. Ein niedriges Steildach über dem Chor, ein steiles hohes Satteldach über dem gotischen, barock umgebauten Langhaus und ein sechseckiges Zeltdach mit Laterne und Kupferhaube über dem neubarocken Westbau Gabriel von Seidls.[65] Der Westbau ist als Sechseck an das gotische Langhaus angefügt und dem barocken Eindruck der ursprünglichen Kirche angepasst. Die Laterne über Seidls Neubau ist in den Formen der Haube des alten Kirchturms angeglichen. Ein kleiner Treppenturm an der Südseite und die Fassade des Westbaus mit Freitreppe und Vorhalle ergänzen den Außenbau im Sinne des malerischen Bauens.

Das Bayerische Nationalmuseum in der Prinzregentenstrasse

Den Höhepunkt seines Schaffens erreichte Gabriel von Seidl nach der Errichtung seines ersten Monumentalbaus, der Kirche St. Anna, mit dem Bau des Bayerischen Nationalmuseums in der Prinzregentenstraße[66] und des Künstlerhauses am Lenbachplatz. Beide Gebäude wurden im Jahr 1900 eröffnet. Zu diesem Zeitpunkt war auch im Bayerischen Kunstgewerbeverein der Bruch zwischen der älteren Generation, den Anhängern einer historisierenden Stilauffassung wie Gabriel von Seidl und den Anhängern des Jugendstils wie Martin Dülfer und Theodor Fischer bereits offensichtlich. Die historisierende Architektur des Bayerischen Nationalmuseums und des Künstlerhauses wurde von den jüngeren Künstlern als nicht mehr zeitgemäß angesehen. Umso mehr galten beide Bauten für den Kreis um Seidl, Seitz und Lenbach als eine Demonstration ihres künstlerischen Selbstverständnisses, der Erfolge des Bayerischen Kunstgewerbevereins und der Münchener Künstlergenossenschaft sowie als Beharren auf den künstlerischen Errungenschaften der Ausstellung 1876.

Die Errichtung eines Neubaus für die Sammlungen des Nationalmuseums war nach jahrelangem Zögern wegen des desolaten Zustands des ersten Museumsgebäudes in der Maximilianstraße 1892 von der Bayerischen Abgeordnetenkammer beschlossen worden. Zugleich ließen sie für den Bauplatz an der Prinzregentenstraße den Neubauentwurf von Karl Bernatz, einem Beamten der Obersten Baubehörde, ausarbeiten. Dieser lieferte ein schulmäßiges Projekt mit einem rechteckigen Grundriss mit zwei Lichthöfen und Fassaden im Stil der italienischen Renaissance. In der Zwischenzeit war jedoch die Münchner Künstler-

Wettbewerbsentwurf
Gabriel von Seidls
für das Bayerische
Nationalmuseum in
der Prinzregenten-
straße.

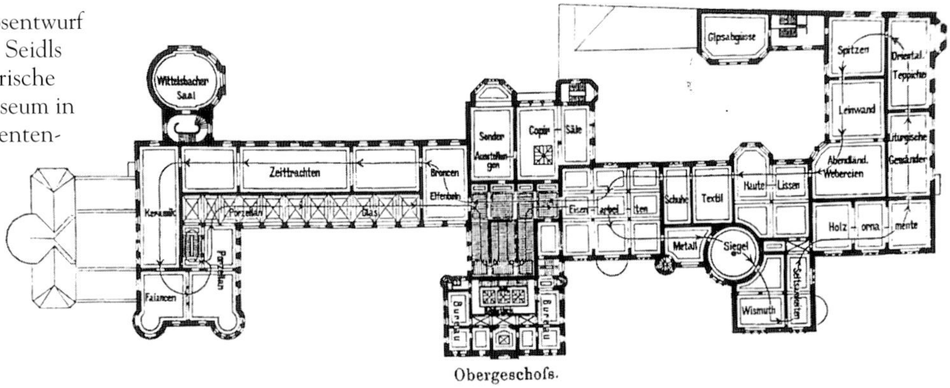

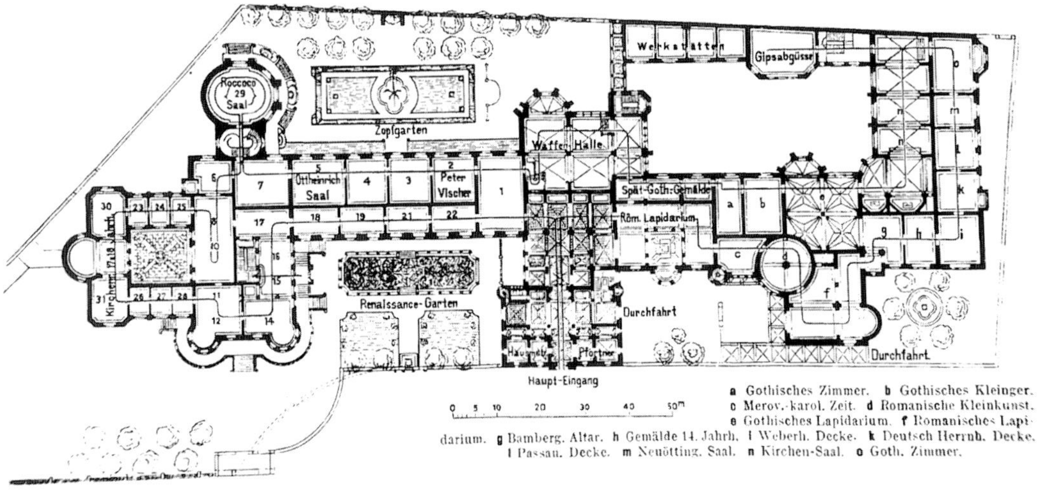

Bayerisches Nationalmuseum in der Prinzregentenstraße.

schaft auf das Vorhaben der Abgeordnetenkammer aufmerksam geworden. Unter der Führung von Lenbach beanspruchten die Künstler ihre Mitwirkung an dem Museumsprojekt. Lenbach und Seidl taktierten in der Folge so geschickt, dass der Staatsminister schließlich einwilligte, einen beschränkten Wettbewerb zwischen den Münchner Architekten Gabriel von Seidl, Georg Hauberisser und Leonhard Romeis auszuschreiben, aus dem auf Grund der geringen Höhe des Kostenvoranschlags und der Protektion von Lenbach Seidl als Sieger hervorging.

Seidl hatte einen Entwurf vorgelegt, der sich in wesentlichen Punkten von Romeis langgestreckter, symmetrischer Fassade mit Mittel- und Eckrisaliten, aber auch von Hauberissers dem Schloßbau nachempfundenen Projekt unterschied. Er

hatte seinen Grundriss von den je nach Ausstellungsobjekten unterschiedenen Museumsräumen der kulturgeschichtlichen Sammlungen im Erdgeschoss her entwickelt und ein asymmetrisch angelegtes Gebäude mit vor- und zurückspringenden, unterschiedlich gestalteten Fassaden von der Dorfkirche über den Schloßbau bis zum Patrizierhaus vorgeschlagen. Das von einer Mauer umgebene, mit unterschiedlichen Höfen in einer Grünanlage gelegene Museumsgebäude sollte wie ein allmählich gewachsenes Ensemble aussehen und die unterschiedlichen Epochen der Ausstellungsstücke schon im Äußeren spiegeln. Seidl hatte bei dem Entwurf für diesen Sammlungsbau auf jegliche Monumentalität verzichtet und sich an Museumsbauten wie dem Germanischen Nationalmuseum orientiert. Diese waren in alten

Klosterbauten untergebracht und ergaben durch die Aneinanderfügung unterschiedlicher Bauteile ein malerisches Ensemble. Vor allem fällt an Seidls Entwurf auf, auch im Unterschied zum ausgeführten Gebäude, dass der niedrig gehaltene Eingangsbau gegenüber den anderen Bauteilen nicht wesentlich hervortritt. Dies war der Hauptanlass für die Kritik des Museumsdirektors Wilhelm Heinrich Riehl, der eine Erhöhung und Vergrößerung des Eingangsbaus forderte. Beim ausgeführten Gebäude setzte Seidl dann hinter die erhöhte Renaissancefassade zwei Eingänge statt nur eine und entschied sich außerdem für einen mächtigen Turm. An der Westseite des Museums fügte Seidl den so genannten Sammlungsbau an, um die Asymmetrie des Gebäudes trotz betontem Mittelbau zu erhalten.

Seidls Konzeption wurde als besonders passend für ein kulturgeschichtliches Museum angesehen, denn: »Da musste man bald erkennen, dass der Palaststil mit seiner strengen, beinahe schablonenhaften Folgerichtigkeit auch für den Innenraum nicht jener Stil sei, welcher der individualisirenden Behandlung, die das Werk der Kleinkunst erfordert, entgegenkam. Denn dieses Werk ist in der weitaus grössten Mehrzahl der Fälle im Gegensatze zu dem Werke der Malerei oder Bildhauerei keine Welt für sich, sondern ein durch die verschiedensten Umstände aus dem Zusammenhange gerissener Theil eines grösseren Ganzen, welches nach Möglichkeit wieder herzustellen bei der das Historische gründlicher erfassenden Stimmung der Zeit als die vornehmste Aufgabe der neuen Richtung im Museumsbau betrachtet werden musste. Es löste also das individualisirende Angliederungssystem mit seinen mannigfachen praktischen baulichen Vorzügen das generalisierende Palastsystem, es löste der Gruppenbau den Kastenbau ab.«[67] Der Hauptbau des Bayerischen Nationalmuseums in der Prinzregentenstraße erhebt sich in Keller-, Erd- und einem Obergeschoss; nur an einzelnen Stellen, wie im Mittel- und an dem westlichen Seitenbau, liegt über dem ersten Obergeschoss noch ein zweites. Der Außenbau des Bayerischen Nationalmuseums entwickelt sich, entsprechend dem Rundgang durch die kulturgeschichtlichen Sammlungen im Innern, als langgezogener Agglomerationsbau mit mehreren eigenständigen, durch unterschiedlich gestaltete Querbauten verbundenen, vorspringenden Bauteilen. Im Westen befindet sich das Studiengebäude, ursprünglich mit Ausstellungs- und Arbeitsräumen, mit der Bibliothek und der Wohnung des Direktors. Dieses ist durch einen Bogengang an den Sammlungsbau angebunden, der mit einer von zwei kräftigen Rundtürmen flankierten Fassade beginnt, vom Mittelbau mit Renaissancefassade und Turm aus erschlossen wird und mit der ursprünglich dekorativ bemalten Fassade eines Patrizierhauses im Osten endet. Hier schließt sich eine längsrechteckige Eckumbauung entlang der heutigen Oettingenstraße an, im Westen war ursprünglich eine Rokokokapelle zur Seite des Englischen Gartens hin errichtet worden. Alle Teile des Gebäudes waren mit Bildhauerei und Malerei üppig dekoriert, die Gärten waren von den Ausstellungsräumen aus begehbar und waren - nach Vorgaben Seidls bepflanzt und mit Kunstwerken versehen - in den Besucherrundgang eingebunden.

Im Innern des Museums war die Einteilung in kulturgeschichtliche Sammlungen im Erdschoss und Fachsammlungen im ersten Obergeschoss beibehalten worden, die schon im alten Museum existierte. Die Einrichtung der Ausstellungsräume durch Rudolf Seitz entsprach besonders im Bereich der kulturgeschichtlichen Sammlungen den Vorgaben der Ausstellung von 1876. Seitz hatte mit den Sammlungsobjekten vollständige Raumensembles geschaffen und zum Teil sogar durch Kopien ergänzt, die die Stimmung der jeweiligen Entstehungszeit der Kunstwerke vermitteln sollten: »Jeder einzelne Saal der kulturhistorischen Sammlung ist ein Kunstwerk für sich geworden und auch für die Fachsammlungen sind charakteristische und vornehme Räume geschaffen, in welchen die Gesetze der Schönheit durchweg die Anordnung des gleichförmigen Stoffes beherrschen.«[68] Wichtig für das bürgerliche Verständnis der Neueinrichtung des Museums ist, neben der ganzheitlichen Präsentation der Gegenstände in den Räumen, die Einrichtung eines Bürgerstübchens sowie der Beginn der Sammlung der Bauernstuben im Untergeschoss und der Krippen im Dachgeschoss.

Das Bayerische Nationalmuseum in der Prinzregentenstraße kann neben dem Künstlerhaus als der Höhepunkt des aus dem Bayerischen Kunstgewerbeverein hervorgegangenen malerischen Bauens in München angesehen werden. Diese für einen Monumentalbau besondere, aus der bürgerlichen Architekturanschauung hervorgegangene Konzeption beinhaltete eine ideelle Aneignung des Museums durch die Münchner Kunstgewerbetreibenden. Diese erhält ihren Sinn, wenn man den engen Bezug des Bayerischen Kunstgewerbevereins zum Sammlungsbestand bedenkt. Seit der Museumsgründung, ganz besonders aber unter der Direktion und mit der Unterstützung von Jakob-Heinrich von Hefner-Alteneck ab 1868 wurden die ausgestellten Objekte als Vorbildersammlung für die Künstler angesehen und benutzt. Ab 1870 etwa fanden sogar die Ausstellungen des Bayerischen Kunstgewerbevereins in zwei Sälen im ersten Obergeschoss des Museums an der Maximilianstraße statt, um die ersehnte ungebrochene Verbindung zwischen alter und neuer Kunst zu dokumentieren. Gabriel von Seidl hat mit seinem

Museumsgebäude nicht nur versucht, den Sammlungsinhalt am Außenbau anschaulich zu machen, sondern hat zugleich die mit der Ausstellung 1876 durchgesetzte Aneignung von »Unserer Vaeter Werke« architektonisch nachvollzogen. »Waren die Propyläen, die Pinakothek, die Glyptothek, das Siegesthor, die Ruhmeshalle Werke einer Kunstperiode, welche der absolute Wille eines kunstbegeisterten Königs beherrschte, waren es Werke, welche einem politisch unmündigen Volke als Gnadengeschenke königlicher Huld gegeben wurden, so ist das neue Gebäude des National-Museums das erste grosse Werk der neuen Periode, […] einer der vornehmsten Repräsentanten des deutschen National-Bewusstseins, des aus der Unmündigkeit zur Erkennung seiner vollen Kraft erwachten Volksbewusstseins.«[69]

Unter städtebaulichen Gesichtspunkten ist beim Bau des Bayerischen Nationalmuseums hervorzuheben, dass die gesamte Umgebung des Museums in seine Planung mit einbezogen war, um der Prinzregentenstraße an dieser Stelle einen malerischen Charakter zu geben.[70] Die Umgestaltung des ehemals symmetrischen Forums vor dem Museum (der heutige Parkplatz) durch Theodor Fischer in Zusammenarbeit mit Gabriel von Seidl war auf eine romantisierende Aufgangssituation zum Museum berechnet. Durch die seitliche Verschiebung der Straßenachse und die Absenkung des Straßenniveaus wurde vor dem Gebäude eine Gartenarchitektur geschaffen, von der aus der Besucher zum Museumseingang hinauf ging. An der Ostseite wurde im Gegenzug eine Terrasse angelegt, auf der 1907 der Hubertusbrunnen Adolf von Hildebrands als Teil des geplanten Prinzregentendenkmals mit Reiterstandbild aufgestellt wurde. Als Abschluss des Forums zur Isar hin sah Seidl zwei Tortürme vor. Dem Museum gegenüber sollten Mietshäuser mit Arkadengängen entstehen. An der Westecke der Prinzregentenstraße war ein Schulhaus geplant.

Als Teil des Prinzregentenforums konnte Seidl 1902 das Mietshaus Prinzregentenstraße 48/Ecke Oettingenstraße zusammen mit einem Torturm errichten.[71] Darüber hinaus erbaute Seidl das neubarocke Mietwohnhaus an der Prinzregentenstraße 11a/Ecke Widenmayerstraße 1898 und das Gebäude an der Prinzregentenstraße 24, 1896. Das heute nach Kriegsschäden vereinfacht wiederaufgebaute Altenheim Vincentinum von 1901/03 liegt an der Reitmorstraße 39/Oettingenstraße 16. Sein großer Gartenhof bildet das Gegenüber zur Ostseite des Bayerischen Nationalmuseums.

DAS KÜNSTLERHAUS AM LENBACHPLATZ

Neben dem Bayerischen Nationalmuseum kann das Künstlerhaus als das zweite Bauwerk gelten, mit dem Seidl die architektonische Feier der bürgerlichen Münchner Kunstwelt beging. Schon seit 1851 gab es zahlreiche Vorschläge für unterschiedliche Standorte aus der Künstlerschaft für die Erbauung eines solchen Gesellschaftshauses. Konkret wurden die Pläne jedoch erst, als die Stadt München und die Königliche Zivilliste den Baugrund zu sehr günstigen Bedingungen zur Verfügung stellten. Der Urheber des letztendlich verwirklichten Bauvorhabens war wieder Franz von Lenbach, der sich wie für den Neubau des Bayerischen Nationalmuseums besonders auch für die Errichtung eines Künstlerhauses engagierte. In einer Rede vor dem Magistrat betonte er, dass in München ein Künstlerhaus fehle, »grösser als das Wiener und wie dieses zugleich«.[72] Lenbach hob weiterhin hervor, dass die Verbindung zwischen Künstlern und Bürgern mit einem eigenen Gebäude zum Ausdruck gebracht werden sollte, das

als Institut die Verbindung der zeitgenössischen bildenden Kunst mit dem Bürgertum repräsentiere und neben den schon existierenden Museumsbauten der Könige bestehen können müsse: »Nachdem die großartigen Bauten des Königs Ludwig erstanden waren, welche alle mit Staunen und Entzücken erfüllten, war schon in den 50er Jahren eine Lücke in der Stadt bemerkt worden, welche die Künstlerschaft selbst in Verbindung mit der Bürgerschaft ausfüllen sollte, und in den 60er Jahren ist zuerst von einem Laien der Gedanke ausgesprochen worden, es müsse gegenüber der Glyptothek, Pinakothek und dem Nationalmuseum ein für die bildenden Künste geschaffenes Institut entstehen, welches einem lebendigen Interesse entspreche an der Entwicklung der Kunst, an der Stadt als Kunststadt und gegenüber den die Stadt besuchenden Fremden und in welchem alles, was von Seiten der bildenden Künste zur Anschauung gebracht werden soll, in würdiger, elektrisierender, für den Produzirenden ermunternder, für den Beschauenden genußreicher Weise zur Ausstellung gelangen soll. […]

Viel mehr noch ist für München, die Bürgerschaft wie die Künstlerschaft, ein solches Haus nothwendig […] ein wirkliches Gemeindehaus; es soll das schönste Gebäude dieser Art werden, das es in Europa gibt […] Es hat uns der Gedanke bestimmt, dass nicht alles Schöne und Gute, was wir hier haben, von den Königen oktroyirt werden sollte, sondern dass wir auch aus eigener Kraft, Künstler und Gemeinde zusammen, etwas schaffen, was im Bund mit den großen Schöpfungen unserer Könige ein Ausdruck wäre der Schaffenskraft unserer Stadt und unseres Landes.«[73]

Als Architekten für dieses wichtige Projekt sah Lenbach Gabriel von Seidl vor, der bereits in den zurückliegenden Jahren verschiedene Planungen

Künstlerhaus, vor 1930, mit der Synagoge im Hintergrund.

für ein Künstlerhaus ausgearbeitet hatte. Nach einem Skizzenwettbewerb konnte Lenbach seinen Architekten auch durchsetzen. Nunmehr plante und baute Seidl im Wesentlichen zeitgleich mit dem Bayerischen Nationalmuseum zwischen 1893 und 1900 erneut ein Refugium der Künste. Es sollte im Zusammenspiel von städtebaulichen, architektonischen und dekorativen Gesichtspunkten und mit der teilweise von Lenbach bestimmten, überaus prächtigen Innenausstattung zu einem weiteren Glanzpunkt der Münchner Architektur werden. Außerdem sollte es am Ende des Jahrhunderts das Selbstverständnis des Münchner

Künstlertums in der Tradition von »Unserer Vaeter Werke« noch einmal vor Augen führen.

Um die Wahl des Bauplatzes hatte es im Vorfeld der Planung eine Kontroverse gegeben, da von Seiten der städtischen Behörden befürchtet worden war, dass ein Neubau am Maximiliansplatz die 1876-78 von Karl Effner geschaffenen Anlagen zerstören würde. Lenbach hielt dagegen, dass gerade der Maximiliansplatz, der heutige Lenbachplatz, der ideale Ort für das beabsichtige anspruchsvolle Gebäude sei: »Der Grund, der mich damals bestimmt hat, für diesen Platz zu sprechen, ist die Erfahrung gewesen, die ich durch meine vielen Reisen gewonnen habe, dass ein Platz durch ein monumentales Gebäude nicht etwa verlieren wird, sondern durch ein solches Gebäude überhaupt erst entsteht [...] Auf der anderen Seite bin ich immer mehr davon überzeugt worden, dass der Anlage am Maximiliansplatze gerade das fehlt, was ihr die volle Schönheit gibt, der architektonische Abschluß.«[74] Auch Gabriel von Seidl rückte bei seiner Künstlerhaus-Planung die städtebaulichen Gesichtspunkte in den Vordergrund. Auf dem Platz, vor dem das Künstlerhaus errichtet werden sollte, stand bereits die neuromanische Hauptsynagoge Albert Schmidts.

Dieser wichtige und prächtige zeitgenössische Monumentalbau wirkte sich ganz wesentlich auf Seidls Planung aus: »Durch die Vollendung der neuen Synagoge erhält der Platz einen trefflichen architektonischen Schmuck und die äusserst glückliche Silhouette derselben bildet mit den gleichzeitig sichtbaren Thürmen der Altstadt ein Bild von überraschender Schönheit, sodass ein Verbauen desselben einem Barbarismus gleichkäme, den die Künstlerschaft voraussichtlich niemals ausführen, vielmehr nach Kräften zu verhindern suchen wird. Es beschäftigte mich nun die Frage, ob der an sich trefflich gelegene Platz nicht etwa so für unsere Zwecke verbaut werden könne, dass durch niedere Gebäude vor der Synagoge deren hübsche Wirkung erhalten und durch einen hohen Saalbau neben derselben das ganze Architekturbild noch gesteigert werden könnte, und dies brachte mich zur vorliegenden Massenvertheilung, die einen grösseren Hof, von zwei niederen Gesellschaftshäusern und einem Arkadengang eingeschlossen, ergibt, an dessen einem Ende ein hoch sich entwickelnder Saalbau sich erhebt.«[75] Der Hauptbau des Künstlerhauses mit den Klublokalen, der Bibliothek im Erdgeschoss und dem berühmten Festsaal im ersten Oberge-

schoss liegt seitlich verschoben hinter dem Hof mit den ihn umgebenden Gebäudetrakten. Das hohe Gebäude mit vier Giebeln und Mittelturm zeigt sich nach allen Seiten als prächtig verzierter deutscher Renaissancebau. Die den Hof umgebenden, erdgeschossigen Gebäudeteile mit einem öffentlichen Restaurant, Büros und Sitzungszimmern trugen ursprünglich nur an den Ecken pavillonartige Erhöhungen und waren dazwischen mit Terrassen mit Balustraden versehen, um den Blick auf das schon vorhandene Städtebild mit Synagoge und Frauentürmen nicht zu verstellen. So ergänzte Seidl mit seinem Neubau das in räumlicher Staffelung vorhandene Bild eines gewachsenen Stadtensembles, dessen Rahmung und vorderer Abschluss durch das Künstlerhaus gebildet wurde.

Schon die in den 30er Jahren erfolgte Erhöhung des öffentlichen Restaurants im Künstlerhaus am Lenbachplatz um ein Stockwerk stellte einen empfindlichen Eingriff in die Konzeption des Künstlerhauses und des städtebaulichen Ensembles dar. Schlimmer noch, und dies am wenigsten in städtebaulicher Hinsicht, war die Zerstörung der dahinterliegenden Hauptsynagoge Albert Schmidts 1938 durch die Nationalsozialisten. Bis heute ist der Platz der Synagoge im Gedenken an das Unrecht jener Jahre leer geblieben. Neuere Überlegungen der Israelitischen Kultusgemeinde und der Stadt führten jedoch dazu, dass die Geschichte dieses Ortes getilgt wird und das Gelände in Zukunft von der Firma Karstadt bebaut werden kann.[76]

Bezeichnenderweise war wie beim Lenbachhaus und beim Bayerischen Nationalmuseum auch beim Künstlerhaus die Ausstattung der Innenräume von ganz besonderem Gewicht. Besonders das so genannte Lenbachzimmer, in dem der Maler eigene Werke zur Schau stellte und der Festsaal, der die gesamte Länge des Gebäudes ein-

nahm, wurden von den Zeitgenossen als Meisterwerke der dekorativen Kunst gerühmt. »Hier hat
die Mitarbeit Lenbachs eingesetzt, und was da seinem Zusammenwirken mit Gabriel von Seidl ent-
spross, gehört gewiss zu den höchsten Triumphen
der Richtung der Münchener Kunst, die durch die
Namen Lenbach und Seidl bezeichnet wird.«[77]

DAS KARLSTOR-RONDELL

Ein Bauvorhaben von eminenter städtebaulicher
Bedeutung war die Neugestaltung des nahegelegenen Karlstor-Rondells durch Gabriel von Seidl.
1891 hatte er für dieses Vorhaben einen ersten
Vorschlag ausgearbeitet, der mit der Neuprojek-
tierung des Rondells die Beseitigung des Neuhauser Tors vorsah. Diese Planung wurde wegen der
zu erwartenden hohen Kosten für die Abtragung
des Tores vom Magistrat abgelehnt. Eine 1899
durch Seidl vorgelegte und schließlich genehmig-
te Planvariante des Rondellumbaus beließ deshalb das gotisch restaurierte Karlstor in der Mitte
des Rondells und sah eine Aufstockung und Ver-
einheitlichung der ehemals klassizistischen Ron-
dellbauten sowie eine Fortführung der Platzwän-
de in den Flügelbauten nach Norden und Süden
vor. Mit barockisierenden Fassaden ging Seidl
auf die ausschwingende Rondellform ein und
stellte zugleich eine optische Verbindung zum

Das Karlstor-Rondell heute.

schräg gegenüberliegenden neubarocken Justiz-
palast von Friedrich von Thiersch, der zur Platz-
folge Lenbachplatz/Maximiliansplatz hinüber-
führt, her. Theodor Fischer bescheinigte der Stadt
einen hohen Gewinn durch die Ausführung von
Seidls Planung, da diese »die Entstehung eines
hervorragend schönen Städtebildes und [eine]
Verbesserung der Verkehrsverhältnisse«[78] be-
inhalte. Seidls Neugestaltung des Karlstor-Rondells schuf eine festliche und großzügige Platz-
anlage in großstädtischen Dimensionen vor dem
Eingang zur Münchner Altstadt und bildete eine
Fortsetzung der architektonischen Repräsenta-
tionszone von Maximilians- und Lenbachplatz.
Dort stehen außer Seidls Künstlerhaus und dem
Kunsthändlerhaus Drey bedeutende Bauten aus
der zweiten Hälfte des 19. Jahrhunderts: wie das
Haus für Handel und Gewerbe und das Bernhei-
merhaus, beide von Friedrich von Thiersch, sowie die Deutsche Bank von Albert Schmidt und
der von Emanuel Seidl errichtete Baublock Lenbachplatz Nr. 4-6. Ein Höhepunkt dieser städtebaulich für das Ende des 19. Jahrhunderts so
typischen Ringbebauung im Vorfeld der alten
Stadtmauer ist der 1893-95 durch Adolf von
Hildebrand geschaffene mächtige Wittelsbacher
Brunnen im Stile des römischen Hochbarock.

DAS DEUTSCHE MUSEUM

Gabriel von Seidls letztes Werk war der Bau des
Deutschen Museums, der von ihm selbst nur noch
in Teilen errichtet werden konnte. Als er 1913
starb, hinterließ er testamentarisch den Wunsch,
dass sein Bruder Emanuel das Werk vollenden
dürfe. Dieser führte den Bau bis zu seinem Tod
1919 weiter, vollendet wurde er allerdings erst
1925 durch Oswald Bieber.

Im Frühjahr 1903 hatte der weltbekannte Ingenieur Oskar von Miller, ein Sohn des Erzgießers
Ferdinand von Miller, den Plan gefasst, ein tech-
nisches Museum in München zu gründen, in dem
historische und zeitgenössische Technik gezeigt
werden sollte. Neben dem Sammlungsbau wollte
er eine große Bibliothek und ein Kongress- und
Veranstaltungszentrum einrichten. Für dieses
Großbauvorhaben hatte sich von Miller die Unterstützung des Kaisers und der Industrie gesichert.
Da ein solches neuartiges, nationales Museum
einen hohen Prestigegewinn für München bedeutete, stellte die Stadtverwaltung das Baugelän-
de auf der Kohleninsel kostenlos zur Verfügung.
1905 wurde ein Wettbewerb ausgeschrieben, aus
dem Gabriel von Seidl als Sieger hervorging.
Am 13. November 1906 erfolgte die Grundsteinlegung durch den Kaiser, 1909 konnte mit den
Bauarbeiten für das Museum begonnen werden.
Außer dem Wettbewerbsentwurf scheint Seidl
zahlreiche Planvarianten ausgearbeitet zu haben.
Diese ständigen Umplanungen gehen auf Oskar
von Miller zurück, der an der Technischen Hochschule in München Bauwesen studiert und anschließend als Bauaspirant im Staatsbauwesen gearbeitet hatte. Von ihm stammt deshalb wohl
auch die Idee, das zukünftige Deutsche Museum
als einen der ersten deutschen Großbauten in
Stahlbeton zu errichten. Vielleicht kam er mit seiner Experimentierfreude sogar einem geheimen
Wunsch Seidls nahe, der einmal geäußert hatte,
dass seine ganze Sehnsucht der letzten Jahre danach ging, »einmal ein großes Hotel mit allen den
technischen Neuerungen der Neuzeit oder einen
großen Bahnhof bauen zu können«.[79] Umgekehrt
hatte sich Seidl mit dem Bau des Bayerischen Nationalmuseums bei Oskar von Miller als Architekt
empfohlen, da auch Miller bei seinem Technikmuseum mit der trockenen, so genannten wissen-

Entwurf Gabriel von Seidls für das Deutsche Museum.

schaftlichen Präsentation brechen wollte und ein lehrreiches, lebendiges, anschauliches Ausstellungsprinzip favorisierte.

Seidl plante einen Ausstellungsbau auf dem südlichen und einen Bibliotheksbau auf dem nördlichen Inselgelände. Diese sollten durch niedere Verbindungsbauten an der Ost- und Westseite um einen Innenhof gruppiert werden. Im Umriss sollte sich der Bau dem leicht unregelmäßigen Inselverlauf angleichen. Er gliedert sich in eine innere Hallenanlage mit einer höheren Mittelhalle und zwei niedrigeren Seitenhallen und in einen äußeren Umbau mit Keller, drei Stockwerken und Dachgeschoss. Die Erschließung erfolgt vom Innern des Hofes aus, der über die Brücken von der Erhard- und Pestalozzistraße

aus erreichbar ist. Im Mittelpunkt der Gesamtanlage erscheint der vorgesetzte ovale Turm des Eingangsbaus, in dem der zweigeschossige Ehrensaal und, darüber liegend, die Sternwarte untergebracht waren. Obwohl Seidl im Verlauf der Entwurfsarbeiten historistische Formdetails zunehmend reduzierte, erstellte er den Ehrensaalvorbau aus Muschelkalkstein in historisierenden Formen, um die zentrale Bedeutung dieses Bauteils hervorzuheben. Insgesamt sind am Deutschen Museum jedoch nur noch wenige historische Stilmittel eingesetzt. Als Gesamtanlage gehört das Deutsche Museum mit unregelmäßigem Umriss, Ehrensaalvorbau sowie Observatoriumsturm und dem stadttorartigen Eingang an der Westfassade zu den malerisch gestalteten Museumsbauten: »Der Hauptvorzug des Entwurfes liegt in der gelungenen Einfügung des Baues in die Umgebung und in das Stadtbild, ferner in der schönen Gruppierung der Baumassen und in der Formensprache, welche den Zweck der einzelnen Bauteile charakteristisch zum Ausdruck bringen.«[80] Auch heute zeigt sich das Deutsche Museum - obwohl nur im Hauptteil nach den Plänen Seidls ausgeführt und durch Bibliotheksbau und Kongress-Saalbau nach Norden von German Bestelmeyer ergänzt - als imposante Bauanlage, die auf der heute so genannten Museumsinsel vor dem Isarhochufer einen städtebaulichen Akzent von hoher Bedeutung setzt.

Obwohl er Privatarchitekt und Unternehmer war und keine stadtplanerische Tätigkeit ausübte, gelang es Seidl, prägend auf das Stadtbild zu wirken: nicht nur durch seine eigenen Monumental- und Privatbauten, sondern auch dadurch, dass er mit der Übernahme der deutschen Renaissance sowie durch die Erfindung einer lokal getönten süddeutschen Architektur den Weg zu einer malerisch und stimmungsvoll empfundenen bürgerlichen Bauweise wies. Hinter der wohlwollenden Auf-

nahme von Seidls Bauten und ihrer Fortsetzung in einer gemäßigten Moderne, die bis heute für München bezeichnend ist, steht jedoch auch der Wegzug der jüngeren Künstlergeneration aus München um 1900. Denn in dieser Stadt konnte sich die von Seidl und seinen Mitstreitern in die Welt gesetzte Idealisierung einer retrospektiven, lokal begrenzten und mit Stolz weitergetragenen Kunstauffassung im Gegensatz zur Moderne mit durchschlagendem Erfolg etablieren. Angesichts der Stadtzerstörung im Krieg und in der Wiederaufbauzeit sowie der verkehrsplanerischen Sünden in späteren Jahren bringt man einer stadtbildpflegenden und harmonischen architektonischen Gestaltung heute wieder mehr Verständnis entgegen. Der historischen Bausubstanz wird, einschließlich der historistischen Architektur, wieder mehr Wert beigemessen. In Bezug auf die Sensibilisierung gegenüber den Wirkungen von Architektur, unabhängig vom jeweiligen Stil, und in Hinsicht auf die Einfühlung in die Erfordernisse des konkreten Bauplatzes mit seinem Umfeld, sowie auf die Bedürfnisse des Auftraggebers könnte Gabriel von Seidls Werk auch heute wieder eine neue Aktualität abgewonnen werden.

Von Bad Tölz über Worms bis nach Berlin: Die auswärtigen Bauten

Sigrid Epp

Die Zahl der Bauten Seidls außerhalb München ist weit größer, als man dies bei einem den süddeutschen Formen verpflichteten Architekten vermuten würde. Tatsächlich entwarf er im Verlauf seiner Karriere auch in anderen Teilen Deutschlands private Wohnhäuser, ländliche Villen, Gastronomiebauten, Rathäuser, Kirchen und Grabmäler. Eine Besonderheit stellen die Um- und Neubauten von Landschlössern dar, die er für die oft neureichen Bauherren aus der aufkeimenden Industrie konzipierte und die wohl nicht selten den Legitimationsanspruch ihrer Besitzer untermauern sollten. Von den Allotrianern wurden sie 1898 etwas boshaft charakterisiert:

> »Was für Schlösser hat er g'mauert
> und ›antique‹ dann angesauert,
> So stylistisch, recht und rein,
> Daß man sagt am End: O mein,
> Nur der B'sitzer passt net nein.
> Denn die meisten von den Herrn
> Schau'n oft aus ‑ schon sehr modern!«

Aufträge in Rheinland-Pfalz und Hessen

Gabriel von Seidl hat das Rheinland als seine zweite Heimat bezeichnet. Tatsächlich erhielt er hier die ersten Aufträge, die nicht aus dem Kreis seiner Familie kamen. Maximilian Freiherr von Heyl (1844‑1918), Wormser Lederfabrikant und hessischer Generalleutnant, war auf Lorenz Gedon aufmerksam geworden, als er mit seiner Frau 1878 auf der Pariser Weltausstellung den von Gedon gestalteten »Deutschen Salon« gesehen hatte. Durch Gedon gelangte Seidl in einen kunstsinnigen Auftraggeberkreis am Rhein, bestehend aus den beiden Industriellenfamilien Schoen und Heyl.

Der erste Bauauftrag für Seidl war die heute zerstörte *Villa Mathildenhof* des Fabrikanten und Kunstsammlers Julius C. Schoen in *Worms*. Schoen hatte die Münchner Kunstszene während eines mehrjährigen Aufenthalts selbst kennen gelernt und war Mitglied des Kunstgewerbevereins geworden. Franz von Lenbach porträtierte um 1871 Henriette von Schoen und um 1882 Clementine von Schoen mit ihrer Tochter. 1880/81 erhielt Gabriel von Seidl den Auftrag zum Bau der Villa. Viele der kennzeichnenden Merkmale seiner Bauten sind hier bereits erkennbar. Der blockhafte Grundriss, in dem sich alle Räume um die zentrale große Diele gruppieren, war in der Ansicht kaum mehr wahrnehmbar, weil er in ineinander geschachtelte Bauteile aufgelöst war. Die reichste der drei Giebelfronten sprang an der Straßenseite risalitartig vor. Sie erinnerte entfernt an diejenige des »Deutschen Hauses«, das Seidl nur ein Jahr zuvor in München fertiggestellt hatte. Zwischen den Kernbau und eine Giebelfront an der Seitenfassade schmiegte sich, wie so oft bei Seidlschen Villenbauten, der Eingang, dessen Überdachung auf einer stämmigen Säule ruhte. Ebenso typisch für Seidls Villen war die reiche Dachlandschaft auf dem nur mäßig steilen Walmdach mit Kaminen, Gaubenfenstern und einem zwiebelbekrönten Türmchen an der Rückseite. Das durchfensterte Souterrain diente dem Baublock als optische Basis. Zum ›malerischen‹ Eindruck, den die unterschiedlichen Ansichten der so zusammen komponierten Bauteile erweckten, trugen sowohl die Fensterrahmungen als auch die verschiedenen Farben der Baumaterialien bei: Sämtliche Gliederungen und Ecken der Villa waren mit rotem Sandstein aus der Wormser Gegend, die Flächen mit Backsteinen verblendet.

Wie um sicher zu gehen, ein Haus aus einem Guss zu bekommen, engagierte der Bauherr für die Ausgestaltung seiner Villa eine Künstlertruppe aus München, die in Zukunft noch bei vielen Gelegenheiten zusammenarbeiten sollte: Gedon war für den plastischen Fassadenschmuck wie die figürlichen Balkonträger verantwortlich, Rudolf Seitz für die Sgraffito-Fassadenmalerei und Dietrich Bußmann für das zierliche Eisengitter. Otto Hupp malte dort später eine Kinderzimmerdekoration, ein Auftrag, den Seidl offenbar ziemlich spontan organisierte: »Mein Freund Seidl hatte seltsame Einfälle. Da trifft er mich einmal über einem Entwurf für eine große Stickerei: eine Jagd mit Hirschen, Sauen, Jägern, Reitern und Reiterinnen. ›Eminent! Das ist gerad' das, was mir eben vorschwebt. Das musst du dem J. C. Schoen gleich in sein Kinderzimmer malen!‹«[1] Offensichtlich trug die »Spezl-Wirtschaft« der Allotria auch hier Früchte.

Der Bruder J. C. Schoens, der Fabrikant und Stadtverordnete von Worms, Friedrich von Schoen (1849–1941), erwarb 1877 circa zehn Kilometer südlich von Darmstadt in *Seeheim an der Bergstraße* ein Hanggrundstück, das sich, »aus dem malerischen Dorf Seeheim aufsteigend, über einen Hügel waldig herüberzog und überging in die endlosen Forste.« Darauf war erst wenige Jahre zuvor eine Villa im aktuellen, gotisierenden Stil mit Treppengiebeln erbaut worden. 1883 ließ Friedrich von Schoen diese Villa, nun »*Schönbühl*« genannt, durch Gabriel von Seidl vergrößern, umgestalten und mit einem Turm versehen. Nach mehreren Besitzerwechseln, Umbauten und teilweiser Zerstörung vermittelt sie heute als Gartenrestaurant nur noch eine matte Vorstellung des früheren Anwesens. Die Treppengiebel wurden wahrscheinlich aus praktischen Gründen abgerissen, weil sie die Außenmauern kaum vor Witterungseinflüssen schützten. Denn jetzt wurde der nunmehr aufgestockte Bau »mit übertrieben weiten schirmartigen Überständen versehen. Damit die Obergeschossfenster dadurch nicht verdunkelt wurden, bauten ihm die Zimmerleute einen ›Kniestock‹ und setzten darauf sogenannte ›Aufschieblinge‹, die der Dachfläche einen leichten Knick gaben.«[2] Der an der Hangseite an das Haus angefügte polygonale Turm mit Spitzhaube und Laterne erhob sich über einem Saalanbau. Mit dem angefügten Erker stellte er ein typisches Merkmal der Seidlschen Villenarchitektur dar. Die Holzverkleidung, die das oberste Turmgeschoss und eine Loggia unter dem zum Park gewandten Giebeldach charakterisierte, verlieh dem Bau eine süddeutsche Note. Diese Giebelfront, die außerdem eine Terrasse über einer doppelläufigen Treppe und einen Balkon mit schmiedeeisernen Geländern erhielt, schien das Zentrum der zum Tal gewandten Fassade zu bilden, aber durch den Turm war jede Symmetrie vermieden. Die Villa wurde durch Seidls Umbau deutlich auf den geplanten Park und die Aussicht auf die weite Tallandschaft bezogen, weil der ehemalige Winkelbau nun in die Breite entwickelt wurde. Die Bauzier aus geschnitzten Stützen der Dachkonstruktion, das ausladende Dach selbst, die Sonnenuhr und schließlich das Giebelfresko in Form einer Wandnische mit Figur an der Seitenfassade trugen wesentlich zu dem Eindruck des Schweizer Landhausstils bei.

Die mächtigste Industriellenfamilie in Worms waren die Heyls. Der politisch einflussreiche Cornelius Wilhelm von Heyl pflegte künstlerische Liebhabereien als Sammler und Mäzen vor allem der historischen Forschung. Für eine von ihm herausgegebene Chronik von *Worms* realisierte Gabriel von Seidl eine perspektivische Ansicht des alten Worms, die sich auf alte Stadtansichten und eine eigens von ihm veranlasste fotografische Aufnahme aus der Vogelschau stützte. Auf Heyls Initiative hin erhielt Gabriel von Seidl 1883 den Auftrag zum Umbau des ehemaligen Wormser Stadthauses zum *Rathaus* und zur Einrichtung des Stadtarchivs in den noch erhaltenen ebenerdigen Gewölben des alten Bürgerhofs. Er gestaltete die Schränke und die Urkundenrepositorien, während Otto Hupp die malerische Ausschmückung mit heraldischen Gemälden besorgte.

Der Wormser Stadtbaumeister Euler hatte bereits Pläne vorgelegt, die Seidl auch für gut befunden hatte. Offenbar sollte Seidl unter allen Umständen an dem Bau beteiligt werden.[3] Er entwarf die schlichte, zweigeschossige Putzfassade mit

Oben: Die Fassade der Villa »Mathildenhof«, die Gabriel von Seidl 1880/81 für den Industriellen J. C. Schoen in Worms errichtete, lässt sich gut mit dem kurz zuvor in München entstandenen »Deutschen Haus« vergleichen. Rechts: Mit der Villa »Schönbühl« in Seeheim an der Bergstraße führte der Bauherr Friedrich Schoen 1883 die süddeutsch gefärbte Architektur in Hessen ein.

Oben: Mit dem Umbau des alten Wormser Rathauses wurde G. v. Seidl zum ersten Mal ein Kommunalbau anvertraut, an dem er seine bevorzugten Schmuckformen verhalten, aber gezielt zum Einsatz brachte.
Unten: Der vom Kölner Baurat Pflaume erbaute »Majorshof« des Kunstmäzens und Industriellen Maximilian von Heyl in Worms repräsentiert den vorherrschenden Geschmack der Neurenaissance und macht den Unterschied zu der von G. v. Seidl vertretenen Auffassung vom »altdeutschen Stil« besonders eindrucksvoll deutlich.

zehn Fensterachsen und einem steilen Dach, in das drei Gaubenfenster mit verschieferten Hauben eingesetzt waren. Die Portalachse war aus der Mitte nach rechts verschoben und das Portal von reliefierten Pfeilern flankiert. Im Bogenfeld über der Balkontür des ersten Geschosses prangten der Spruch DIGNA BONA LAUDE SEMPER WORMATIA GAUDE (Würdig hohen Lobes, freue dich immer, Worms) und das Stadtwappen. Ein Zwerchhaus mit Ziergiebel, auf dessen Spitze eine Figur der Justizia thronte, betonte diese Achse zusätzlich. Ein gleichartiger Ziergiebel bildete den Abschluß der östlichen Schmalseite. Im Westen schloß sich ein behäbiger Uhrturm mit Gaubenfenstern und einem spitzen Helm an. Der Sitzungssaal erhielt nach Seidls Entwurf eine mannshohe Holzvertäfelung und eine Balkendecke, einen Renaissance-Kamin sowie Fenster mit Bleiverglasung und bunten Wappenscheiben. Nach den Kriegszerstörungen ist Seidls Fassade vereinfacht wieder aufgebaut worden, ebenso der Rathausturm, der seiner Wirkung aber schon vorher durch einen Arkadenanbau beraubt worden war.

1883/84 hatte Cornelius Wilhelm von Heyl nach seiner Erhebung in den Freiherrenstand das Empireschloss *Herrnsheim bei Worms* von den ehemaligen Herzögen von Dalberg erworben, das heute im Besitz der Stadt Worms ist. Dort ließ er 1890-92 von Seidl die *Gottliebenkapelle* als Familiengrabstätte errichten.[4] Es handelt sich um

Mit der Gestaltung der Gartenfassade der Villa von Maximilian Heyl in Darmstadt nahm G. v. Seidl 1890 neubarocke Stilelemente in seine Formensprache auf.

einen kleinen tonnengewölbten Saal in spätromanischen Formen mit ins Achteck übergeleitetem Chorturm und einem anschließenden malerischen neuromanischen Kreuzgang.

Gabriel von Seidl wurde später nach Worms zurückgerufen. Von 1892 bis 1902 gehörte er der Wormser Dombaukommission an, die über die Abtragung, Neufundamentierung und den Wiederaufbau des Westchors des Wormser Doms zu befinden hatte. Seidl hatte sich wohl anfänglich gegen die geplante Zerstörung der historischen Bausubstanz gestellt, gab aber später zu, dass sie weitgehend bewahrt werden konnte.

Maximilian von Heyl, der über seine Freundschaft mit Lorenz Gedon auf die Münchner Künstler aufmerksam geworden war, war wohl der mächtigste Kunstmäzen aus dem Wormser Umkreis. Er finanzierte den Umbau der Paulskirche zu einem Stadtmuseum, bei dessen Einrichtung Gedon als Berater fungierte. Gedon gestaltete auch die Inneneinrichtung seines neuen großen Hauses in Worms, des so genannten Majorshofes, der soeben vom Kölner Baurat Pflaume an der Wormser Promenadestraße im Stil der Deutschen

Renaissance errichtet worden war. Die Villa, angeblich nach den Maßen des Kölner Vaterhauses der Frau Heyls, Doris Stein, erbaut, wirkt mit der unruhigen Rustizierung der Fassaden und den vielen plastischen Einzelformen des Bauschmucks überladen. Sie steht im Kontrast zu Seidls Auffassung der Renaissance, wie er sie mit der Villa Mathildenhof realisiert hatte. Als Maximilian von Heyl 1890 nach *Darmstadt* übersiedeln musste, ließ er sich dort an der Weyprechtstraße von Gabriel von Seidl einen Stadtpalast bauen. Dieser zweite *»Majorshof«* sollte die gleichen Maße haben wie sein Wormser Stadtpalast, um die von ihm so geschätzte Gedonsche Ausstattung originalgetreu einbauen zu können. Bei der Rücksiedelung der Familie nach Worms 1930 kehrte auch die Ausstattung an den ursprünglichen Ort zurück, wurde aber, wie die beiden Versionen des Majorshofes, im Zweiten Weltkrieg total zerstört.

Seidls Architektur unterscheidet sich trotz der engen Vorgaben wesentlich von dem Wormser Vorgänger. Die von der Straße nur durch ein Vorgärtchen getrennte »weiß getünchte Fassade im französischen Villenstil des 18. Jahrhunderts« erschien einem zeitgenössischen Betrachter sehr nüchtern. Als umso »lieblicher« bezeichnete er die zum rückwärtigen Park gelegene Hoffassade. Tatsächlich machte die klassizistisch anmutende Straßenfassade in flachem Quaderschnitt, mit ihren großen Rechteckfenstern und dem leicht vorspringenden, von einem Dreiecksgiebel bekrönten Mittelteil, einen ganz anderen Eindruck als die plastisch gestaltete Gartenseite. Das Mansarddach, die spielerisch geschwungene Form des Giebels, die Säulen im Erdgeschoss und die Gauben mit den Rundbogenfenstern variieren neubarocke Formen. Der parkähnliche Garten mit

Teich und Orangerie, in dem es sogar eine Kegelbahn mit Kneipraum gab, suggerierte trotz der innerstädtischen Lage ein für sich abgeschlossenes Idyll. Schumacher schwärmt, Seidl habe »in den glücklichsten Augenblicken seines Schaffens einen edelgeformten Palast in einen zierlichen Barockgarten gesetzt, innen aber waltete der Geist Böcklins; zwanzig seiner schönsten Bilder strahlten an den Wänden, dazwischen grüßten die vollkommensten Marmororiginale der Antike, und prachtvolle Werke der Goldschmiedekunst aller Zeiten hoben sich von raffaelischen Teppichen. Diese stumme Welt aber durchströmte edelste Musik, und ganz lebendig erst wurde sie in dem feinsinnigen Geist ihrer Besitzer, Renaissancemenschen, die körperlich und seelisch in diese anspruchsvolle Stimmung passten. Ihr Haus war der künstlerische Mittelpunkt Darmstadts.« Hier verkehrten die Maler Lenbach, Kaulbach und Böcklin, das griechische Königspaar und die großherzogliche Familie von Hessen-Darmstadt. Eine Beschreibung der Darmstädter Villa, die anlässlich einer Führung für Interessierte aus dem Mittelrheinischen Architekten- und Ingenieurverein veranstaltet wurde, gibt einen Eindruck der Architektur und der prächtigen Ausstattung wieder. Das Eingangsportal war eine zweiflügelige geschnitzte Haustür, die von einem Münchner Abrisshaus stammte. Von dem überwölbten Vorraum gelangte man in ein Garderobenzimmer und durch eine Glastür mit bronziertem Gitterwerk ins Treppenhaus. Es bildete das Herz-

Eine Zeichnung von Heinrich Lossow überliefert die Einrichtung des Herren- und Jagdzimmers in der Villa von Maximilian Heyl, die Lorenz Gedon entworfen hatte. Der Auftraggeber schätzte sie so sehr, dass er sie bei seinem Umzug nach Darmstadt abbauen und in sein neues Heim wieder einbauen ließ.

Der Grundgedanke des Historischen Museums in Speyer war eine vierflügelige Burganlage. Vorgesehen war, nach dem Muster des Bayerischen Nationalmuseums, ein chronologisch angelegter Rundgang durch die Kulturgeschichte der Pfalz und ihrer Erzeugnisse.

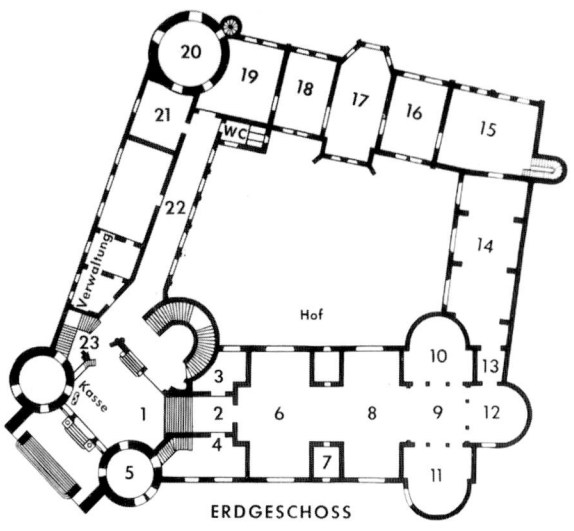

ERDGESCHOSS

stück des Grundrisses und besaß »nach Art der altdeutschen Diele einen Galerieumgang im ersten Stock« wie viele der Seidlschen Bauten. Ein Oberlicht und ein Treppenfenster mit Glasmalerei spendeten Licht. Der Besucher empfand den dunkelbraunen Holzton der Wandtäfelungen, Türen, Galerien (also der Geländer), die Gobelins, Drapierungen und das gedämpfte Licht als »harmonisch und wohltuend«. Bei den »gewölbten Holzdecken« dieser Diele und des Herrenzimmers (mit Billardtisch) handelte es sich um holzverschalte Tonnendecken, wie sie Seidl auch in anderen Innenräumen verwendet hat und wie sie in der Zeichnung Heinrich Lossows vom Jagd- und Herrenzimmer des Maximilian von Heyl zu sehen ist. Über einige Stufen gelangte man hinab in einen Raum mit kassettiertem Gewölbe, der nur von einer Seite her, durch hoch in die Seitenkappen eingeschnittene Fenster, Licht erhielt. Dieser Raum, fast im Innern des Hauses verborgen, stellte das Hausmuseum des Sammlers Maximilian von Heyl dar. Im östlichen Teil des Hauses lagen zum Garten hin in einer Zimmerflucht die Repräsentations- und Empfangsräume, in denen der Hausherr auch einen großen Teil seiner Gemäldesammlung ausstellte. Im westlichen Teil befand sich das Speisezimmer und daran anschließend Dienstboten- und Anrichteräume. Der private Wohnbereich lag im ersten Stock. Neben einer zentralen Luftheizung gab es in jedem Raum original italienische Kamine - eine einleuchtende Erklärung für die reichgestalteten Dachlandschaften auch anderer Bauten Seidls!

1902 wurde von der bayerischen Regierung die wissenschaftliche Grabung und Untersuchung der *Königsgrablege im Speyerer Dom* in Angriff genommen. Gabriel von Seidl wurde beauftragt, die Domkrypta um- und den vor dem Hauptaltar gelegenen Königschor künstlerisch neu zu gestalten. Nach den Kriegszerstörungen und dem purifizierten Wiederaufbau existiert davon nichts mehr. Auf die Grüfte sollten einfache flache Sandsteintafeln mit großen eingemeißelten Kreuzen und den Namen kommen, die nur von dem umlaufenden Bogengang aus und durch ein großes durchbrochenes Bronzetor zu sehen sein sollten. Durch diese Aufgabe hatte sich Gabriel von Seidl in Speyer als Architekt selbst empfohlen. Sein Bau des Bayerischen Nationalmuseums war seit nur wenigen Jahren vollendet und er saß bereits an den Plänen für das Deutsche Museum. So war der Historische Verein der Pfalz in Speyer stolz, Seidl für den Neubau eines Museums gewinnen zu können und billigte seine 1904 vorgelegten Pläne einstimmig.[5] Das neue *Historische Museum der Pfalz* sollte unweit des Doms entstehen, auf ihn Bezug nehmen, aber nicht mit ihm konkurrieren. Seidls Entwurf lehnte sich an die Formen des deutschen Profanbaus der Renaissance an und sah eine burgartige Vierflügelanlage um einen geräumigen Innenhof und einen angegliederten Außenhof vor. Die nordöstliche Ecke des rautenförmigen Grundrisses ist abgestumpft und wird von zwei Rundtürmen mit mehrfach getreppten Kuppelhelmen flankiert. In der dazwischen gespannten Fassade sitzt, unter drei Reliefs, das Hauptportal, zu dem eine Freitreppe empor führt. Es nimmt bewusst das Motiv des Triumphbogens auf. Dahinter öffnet sich die geräumige Eingangshalle und die halbrunde Treppe, die durch alle drei Geschosse führt. An der nordwestlichen Spitze beschließt ein halbrund aus der Fassadenflucht hervortretender niedriger Turm den Bau, an der südöstlichen Spitze ersetzt ein hoher Rundturm mit spitzem Helm und angelehntem Treppenturm zugleich den »Bergfried« und einen mittelalterlichen Stadtturm am Zugang zur Stadt. Mit den Unregelmäßigkeiten im architektonischen Aufbau und in der sparsamen Verwendung des Bauschmucks sollte ein gewachsenes historisches Gebäude suggeriert und zugleich eine malerische Wirkung erzielt werden. Wie im Bayerischen Nationalmuseum waren auch hier von Anfang an Rundgänge vorgesehen, die in chronologischer Abfolge historische Bilder und Sammlungen präsentierten. Eine Anzahl von Sälen, für deren Ausstattung unter anderem auch Rudolf von Seitz und Otto Hupp herangezogen wurden, waren der Geschichte, der Kunst und den kunstgewerblichen Leistungen der Pfalz gewidmet. Das »volkskunstliche Juwel des Museums« war (und ist) die Abteilung für Weinbau. Feuchtfröhliche Gedankenverbindungen schuf, laut Doering, der Fassraum. Am Speyerer Historischen Museum lassen sich übrigens, im Gegensatz zum Münchner Nationalmu-

seum, die Abfolge und der Formenreichtum der Stile nicht am Außenbau ablesen. Lediglich die historische Bauform der Burg spielt auf die Vergangenheit an, deren Schätze in ihrem Innern bewahrt werden.

SCHLOSSBAUTEN AUSSERHALB BAYERNS

Noch vor 1881 war der junge Gabriel von Seidl in Hessen - vermutlich über Lorenz Gedon und die persönliche Bekanntschaft des Freiherrn Maximilian von Heyl mit dem hessischen Großherzog Ernst Ludwig (1868-1937) - mit einer für ihn völlig neuen Bauaufgabe in Berührung gekommen, nämlich dem Umbau des *Schlosses in Romrod* zur großherzoglichen Sommerresidenz.[6] Otto Hupp hat im Innern Malereien ausgeführt, von denen heute Reste erhalten sind. Der Umfang von Seidls Beteiligung ist bisher nicht geklärt, vielleicht war er lediglich an der Innengestaltung beteiligt. Nichtsdestoweniger konnte er gerade an diesem Bau die architektonischen Eigenschaften dieses Landstrichs studieren und sich zu eigen machen. Das Schloss von Romrod, nördlich von Gießen gelegen, ist eine ehemalige mittelalterliche Wasserburg, die durch den Landgrafen von Hessen schon Ende des 16. Jahrhunderts zu einem Jagdschloss umgebaut worden war. Die Ringmauern der Vierflügelanlage sind teilweise in ihrer ursprünglichen Höhe erhalten und waren innenseitig ganz bebaut: mit einem Kanzleibau, dem so genannten »Herrenbau«, einem Dienerbau, seitlichen Treppen und einem Festsaal im zweiten Obergeschoss, dem niedrigeren Küchenbau mit abgewalmtem Satteldach aus Schiefer und einem inzwischen abgerissenen Marstall. Als ältester Teil ist ein spätstaufischer Wohnturm erhalten. Vor allem an der mit Schiefer verkleideten Aufstockung der Turmbauten kommt das heimische Fachwerk zum Tragen. Die geschweiften Giebel am Zwerchhaus des Mansarddachs auf dem Herrenbau tragen Seidls Handschrift, ebenso die Helme der beiden Türme, die sich hinter der Mauer mit dem unscheinbaren Portal erheben. Der rechte ist ein runder Treppenturm mit geschweifter Helmkuppel und »Pickel«, der linke ein Eckturm mit Spitzhelm.

Am Neuen *Schloss Büdesheim*, nördlich von Frankfurt gelegen, sind Anklänge an Schloss Romrod sichtbar. Seidl baute das herrschaftliche Wohnhaus im Auftrag von Graf Waldemar von Oriola (1854-1910) und seiner Frau Anna Maria Berna (1846-1915). Graf Oriola war der Enkel von Bettina von Arnim. Es ist denkbar, dass Gabriel von Seidl, der für die Grafen Arnim in Böhmen tätig gewesen war, durch diese verwandtschaftliche Beziehung empfohlen wurde. Als sich die Auftraggeber kurz nach dem zunächst geplanten Umbau mit ihrem Architekten überwarfen, wurde 1883/84 Gabriel von Seidl beauftragt, den Bau weiterzuführen. Er setzte eine großzügigere Neuplanung durch und erhöhte einen bereits vorgesehenen Turm. Die Absicht, einen luxuriösen und repräsentativen Neubau zu errichten, kommt, abgesehen von der Größe und der außerordentlich aufwändigen Ausstattung, auch in der Trennung von Gut und Wirtschaftsgebäuden durch Mauern und dem Schlosstor zum Ausdruck. Beispielsweise gab es ein »Peruginozimmer«, in dem der Hausherr ein abgenommenes

Fresko des italienischen Renaissancemalers ausstellte, und bemalte Glasscheiben, die sich heute im Hessischen Landesmuseum in Darmstadt befinden. Das Ensemble aus Schloss, Schlosspark und Gartenanlagen sollte, zusammen mit den Kunstsammlungen Graf Oriolas, zu einem beliebten Aufenthaltsort für die zahlreichen illustren Gäste wie Clara Schumann und Bill Bismarck werden.[7] Rudolf von Seitz' Fresko und die Inschrift »Uns und unseren Freunden« auf der Fassade des älteren und schlichteren Wirtschafts- und Gästebaus erinnern noch an diese Besuche. Obwohl das erste Obergeschoss Anfang 1885 vollendet war, zogen sich die Arbeiten an der Ausstattung bis 1896 hin.[8] Seidl selbst hat im Gästebuch des Büdesheimer Schlosses einen Eintrag dazu gemacht: »Das Versprechen im alten Jahre den 1. Stock zu vollenden ist erfüllt. Vom 42 bis 55 [!] Dezember 1885 hier im Neubau selbst auf Wände, Papier, Decken etc. gezeichnet vom Architekten GSeidl Der diese Prozedur eminent findet u. sie sich anzugewöhnen gedenkt.« Otto

Schloss Oriola in Büdesheim.

Hupp malte 1894 die Wände des Herrenzimmers aus. Die Gartenfront des hochragenden, vielgiebeligen neuen Repräsentationsbaus ist durch die verschieden großen Kuben der einzelnen Bauteile gegliedert. Der Anbau von Terrassen, Altanen und Balkonen ist hier ebenfalls von Bedeutung. Ein schlanker, viereckiger Turm mit reicher Fachwerkkonstruktion, einem Zeltdach und vier Türmchen beherrscht die Anlage. Er erinnert an die Bekrönung des Kanzleiturms von Schloss Romrod. Auch im übrigen Bau hat der Architekt über dem massiven Untergeschoss vielfach Fachwerk verwendet, dazu gesellt sich der detailreiche

Der Neubau von Schloss Lerbach in Bensberg/Westfalen für das Industriellenehepaar Richard Zanders und Anna von Siemens demonstriert den Wunsch einer neuen Auftraggeberschicht nach einem repräsentativen und dennoch wohnlichen Haus.

plastische Bauschmuck am Außenbau. Nach dem Tod ihres Ehemanns beauftragte Marie von *Oriola* Gabriel von Seidl 1912 mit dem Bau eines *Familienmausoleums* auf dem Friedhof der evangelischen Kirche von Büdesheim: Die Rotunde mit einem steilen Spitzdach hat einen kurzen tonnengewölbten Eingang.

Die enorme Schlossanlage, die die Brüder Gabriel und Emanuel Seidl 1893-95 für den Freiherrn Hugo von Stumm in *Ramholz bei Schlüchtern*, östlich von Frankfurt, errichtet haben sollen, wird ihnen fälschlicherweise zugeschrieben. Die Verbindung zu diesem Bauherrn stellte der befreundete Graf Oriola von Büdesheim her. Zwar hat Gabriel von Seidl in der Tat eine Villa für Stumm entworfen; sie wurde aber nie ausgeführt. Das lag zum einen an der mangelnden Sicherheit des Standorts und zum anderen daran, dass sich der Bauherr nach seiner Nobilitierung im Jahre 1888 einen prächtigeren Wohnsitz wünschte. So zog Gabriel von Seidl wohl seinen Bruder zur Mitarbeit heran, aber der Bauherr beauftragte daneben weitere Architekten, die er öfter auch gegeneinander auszuspielen suchte, so dass es schließlich rund 1000 Detailpläne zu dem Schloss gab![9] Das im Schlosspark gelegene Familienmausoleum hingegen ist zweifelsohne Gabriel von Seidl zuzuschreiben.

Über *Schloss Repten in Schlesien*, das Seidl 1894 gebaut haben soll, ist bisher nichts Näheres bekannt. Der Auftraggeber, Guido Fürst Henckel von Donnersmarck (1830-1916), war einer der mächtigsten Montanindustriellen der Zeit und galt neben Krupp als der reichste Mann Deutschlands. Er war mit Bismarck befreundet und Mitglied des Staatsrates und des Preußischen Herrenhauses. Wie einen Renaissancefürsten hatte ihn Lenbach dargestellt, der sich seit 1878 im Kreis um Bismarck bewegte. Es ist anzunehmen, dass der Auftrag über ihn zustande kam. Für Schloss Repten entwarf Rudolf Seitz eine Sonnenuhr, die später von Villeroy und Boch in Tonstiften-Mosaik ausgeführt wurde.[10] Otto Hupp schuf zwei reiche Kassettendecken.

Vermutlich ist Seidl durch Oskar von Miller mit Anna von Siemens (1858–1939) bekannt geworden. Sie und ihr Mann, der Papierfabrikant Richard Zanders (1860–1906), waren die Auftraggeber für den Bau des *Hauses Lerbach in Bergisch-Gladbach*. Das Ehepaar Zanders hatte 1893 das Rittergut Lerbach gekauft, eine im klassizistischen Stil umgebaute Wasserburg inmitten eines künstlichen Weihers. Als bei der Instandsetzung versehentlich die Abdeckschicht durchstoßen wurde und in der Folge Feuchtigkeit in das Haus drang, entschloss man sich 1897 zum Abriss und zur Errichtung eines Neubaus auf einer nahegelegenen Anhöhe. Die imposante Gesamtanlage besteht aus einem rechteckigen Baublock, an dessen Rückseite sich ein langer Flügel mit den Ökonomie- und Stallgebäuden anschließt. An der Nahtstelle der beiden Gebäudeteile steht an der östlichen Fassade mit dem unspektakulären Haupteingang der markante Viereckturm. Bei der großzügigen Gestaltung des Erdgeschosses im Haupthaus fallen besonders die geräumige Halle mit umlaufender Brüstung im ersten Obergeschoss und das ovale Esszimmer auf, von dem aus man in den Garten gelangt.[11] In der korbbogenförmigen Tür und dem oktogonalen Erkerturm über dem Herrenzimmer erkennt man Seidls bevorzugte Bauformen. Der Gebäudekomplex bildet von jeder Seite eine neue und unterschiedliche Ansicht, ganz Seidls Auffassung von »malerischer Architektur« entsprechend. Die zweigeschossige Südseite des Haupthaus ist dagegen symmetrisch aufgebaut. Zwischen seinen zwei Eckrisaliten führt eine zweiarmige Freitreppe in den Park. Gerade

am Haus Lerbach, das mit seiner Größe die Dimensionen einer Villa sprengt, wird deutlich, dass Seidl zweckmäßige Wohnraumgestaltung mit repräsentativen Ansprüchen zu vereinen wusste.

SCHLOSSBAUTEN IN BAYERN

Das auf einem Höhenrücken über dem Mindeltal gelegene Klimnach-Bad bei Günzburg war bis zum Ende des 18. Jahrhunderts ein Heil- und Schwefelbad. Nach einem Brand, der die Gebäude des Bades 1878 vollkommen zerstörte, ließ der Besit-

Die Bau- und Schmuckelemente an der Talfassade von Schloss Klingenburg zeigen eindrucksvoll die Seidlschen Ansprüche an eine »malerische« Architektur und schaffen doch wegen der sparsamen Verwendung geradezu graphische Effekte.

Mit dem Um- und Erweiterungsbau von Schloss Schönau konnte Seidl alle Register seines technischen und künstlerischen Könnens ziehen.

zer Freiherr Wilhelm von Schertel in den Jahren 1880/81 von Gabriel von Seidl ein Schlösschen erstellen, das seitdem *Klingenburg* genannt wurde. Die Anlage stellt einen Gutshof dar, dessen östlicher Hauptflügel und seine niedrigeren Nebenbauten locker um einen Rechteckhof gruppiert sind. Der Hauptbau setzt sich aus einem Giebelhaus und einem langen Flügel zusammen, die im rechten Winkel ineinander geschoben sind. Die gegen das weite Tal gerichtete östliche Fassade zeigt eine Rundbogenloggia, Dachgauben und einen kleinen Chor an der Ecke. Im Vergleich zu den anderen Gebäudeteilen, deren charakteristisches und vereinheitlichendes Merkmal die Treppengiebel sind, wirkt die Fassade malerisch. An den Türpfeilern befinden sich Reliefs von Anton Pruska aus dem Jahre 1902. Sie zeigen die Heiligen Wendelin und Notburga.

Zwischen 1899 und 1903 wurde das mittelalterliche Wasserschloss *Schönau* im Landkreis Rottal-Inn im Auftrag des Besitzers Eduard Karl August Alexander Freiherr Riederer von Paar (1864-1940) nach Plänen Gabriel von Seidls vollständig überformt und erweitert. Der östliche Teil mit seinem Turm musste auf einem neuen Pfahlfundament völlig neu errichtet werden. Die beiden dreigeschossigen Wohntrakte mit Satteldächern liegen gegeneinander versetzt auf einer Achse. Die Treppengiebel mit den abgerundeten gotischen Zinnen setzte Seidl in den gleichen Jahren auch am Schrobenhausener Rathaus als Schmuckform ein. Der Baukomplex ist durch geschweifte Lunettengiebel, unterschiedlich gestaltete Erkertürme und, im Zentrum, durch einen mächtigen, siebengeschossigen quadratischen Hauptturm mit Schopfwalmdach malerisch aufgegliedert. Jede Seite bietet eine neue reizvolle Ansicht. Von der mit einem Balustergeländer umfriedeten Terrasse im Süden gelangte man über Treppen, die heute - nach der jüngsten Umgestaltung des Teiches, etwas unmotiviert ins Wasser führen - in den Park. Seidl stattete den Bau nicht

Der Neubau des Mittel-
traktes von Schloss
Neubeuern musste sich
einem historisch
gewachsenen Komplex
einfügen und dennoch
allen Wünschen eines
anspruchsvollen
Bauherrn nach
Repräsentation
genügen.

nur mit den neuesten technischen Errungenschaften wie Bädern, sanitären Anlagen, elektrischem Licht und Zentralheizung aus, sondern sorgte auch für das Wappen am Torbau und die Sonnenuhr am Burgfried. Im Innern haben sich neben einigen Raumausstattungen aus dem 16. und 17. Jahrhundert auch Seidlsche Interieurs mit Marmortreppen, schmiedeeisernen Gittern, Vertäfelungen und Wand- und Deckenmalereien erhalten.

Die Tante des Schönauer Auftraggebers, Adelheid Riederer von Paar, war mit Hermann Freiherr von Gebsattel verheiratet. So liegt die Annahme nahe, dass Seidl über diese verwandtschaftlichen Beziehungen einen weiteren Auftrag für den Umbau einer älteren Schlossanlage erhielt. Der neue Besitzer, General Konstantin Freiherr von Gebsattel, ließ in den Jahren nach 1901 sein aus dem 16./17. Jahrhundert stammendes *Schloss in Gebsattel* im Landkreis Ansbach samt Schlosskapelle und Nebengebäuden »instandsetzen, ausbauen und im Stil der Zeit einrichten«.[12]

Zwei parallel verlaufende, unterschiedlich hohe Flügelbauten sind durch einen zweistöckigen Durchgang verbunden. An den Wohnflügel wurde im rechten Winkel ein Vorbau angefügt. Die umlaufenden, farblich abgesetzten Gesimse tragen ebenso Seidls Handschrift wie die Eckrustizierung des Putzbaus, der polygonale Eckturm mit Helmbedachung und der Dachreiter. Auch die Gestaltung eines Wohnraums mit niedriger Balkendecke, Lüsterweibchen und einer Wandbemalung mit ornamentalen und figürlichen Motiven des Münchner Malers Max Luber gehen eindeutig auf Seidl zurück.

Die mittelalterliche *Ringburg von Neubeuern* im Landkreis Rosenheim war seit 1881 im Besitz des Jan Victor Freiherr von Wendelstadt (1846 bis 1909). Er war der Sohn des Mitbegründers des Darmstädter Bankvereins, ein Schöngeist, der sich von Lenbach porträtieren ließ und 1888 im Stammbuch der Allotria auftaucht. Zunächst ließ der neue Schlossherr die Ökonomiegebäude umgestalten und die »Infrastruktur« für einen herrschaftlichen Schlossbetrieb einrichten: Eiskeller, Treibhäuser mit Heizungsanlagen, ein beheizbares Weinrebenhaus, moderne Pferdeställe und den Schlosspark mit seltenen Pflanzen und einem Pavillon. Der mittelalterliche Turm wurde restauriert und erhielt Wappenmalereien. Als Wohnung dienten Wendelstadt und seiner Mutter das alte Schloss des Grafen Preysing von Hohenaschau. Der östliche Schlosstrakt wurde Anfang der 90er

Jahre modernisiert.[13] Als Baron Wendelstadt 1896 Gräfin Julie von Degenfeld-Schonburg (1871 bis 1942) heiratete, begann der Abriss und Neubau des alten zweistöckigen Mitteltraktes. Gabriel von Seidl entwarf das neue repräsentative Mittelstück des langgestreckten Schlosses, das in den Jahren 1904-08 ausgeführt wurde und sich dem hohen Ostflügel aus dem 16. und dem niedrigeren Westflügel der Brüder Gunetzrhainer aus dem 18. Jahrhundert harmonisch anpasst. Über die große Freitreppe, die durch drei Stockwerke reicht und an der Hoffassade gelegen ist, gelangt man in die auf der Talseite gelegenen Wohn- und Gästeräume, an deren Ausstattung mit Stuck, Kaminen und Vertäfelungen einige Jahre später auch Henry van de Velde beteiligt war. Der neue Trakt ist talwärts durch zwei seitliche Rundtürme flankiert, in denen die holzvertäfelte Bibliothek und das Speisezimmer mit angrenzendem Musiksalon liegen.[14] Durch eine Loggia mit großen Rundbogenarkaden gelangt man auf die Gartenterrasse mit einem atemberaubenden Rundblick auf das Dorf Neubeuern und das von Bergen gesäumte Innbecken.

Seidls letzter und weitaus prächtigster Schlossbau im bayerischen Raum war das Neue *Schloss Steinach* bei Straubing. Es liegt westlich des Dorfes auf einer bewaldeten und parkartig gestalteten Anhöhe und wurde zwischen 1905

Der Neubau birgt die holzgetäfelte Bibliothek und den Speisesaal, der sich in einen Musiksalon auf leicht erhöhtem Podium öffnet.

Noch nach der Jahrhundertwende gab es Bauherren, die Repräsentation am besten im Rückgriff auf historische Formen und Dimensionen verwirklicht sahen. So konnte G. v. Seidl zum letzten Mal all seine Erfahrung im Neubau von Schloss Steinach verwirklichen.

und 1908 unter Reichsfreiherr Dr. jur. Carl August von Schmieder (1867 bis 1941), seines Zeichens königlich bayerischer Kämmerer und Geheimer Landesökonomierat, neu errichtet. Er soll in den repräsentativen Prachtbau mit insgesamt 200 Sälen und Zimmern, mit 440 Fenstern und 230 Türen rund vier Millionen Goldmark investiert haben. Die Anlage enthielt außerdem ein Gestüt, eine Acker- und Waldwirtschaft, Obstkulturen, eine Baumschule, Vieh- und Fischzucht und einen großen Jagdbetrieb. Ein Teil der Wirtschaftsgebäude ist noch erhalten. Von der im Grundriss annähernd quadratischen Schlossanlage stehen nach einem Brand 1945 nur noch der ehemals aus der Mitte des südlichen Hauptflügels aufsteigende viereckige Bergfried und zwei Torhäuser mit Nebengebäuden. Mit diesem Schlossbau konnte Gabriel von Seidl, ohne auf Vorgängerbauten Rücksicht nehmen zu müssen, sein ganzes architektonisches und gestalterisches Können, aber auch seine Formvorstellungen zum Einsatz bringen – offensichtlich in völliger Harmonie mit einem Bauherren, der noch zu Beginn des 20. Jahrhunderts seine gesellschaftliche Stellung durch historistische Formen verwirklicht sehen wollte. Die Baumasse des südlichen Wohnflügels war durch mehrere, verschieden geformte Türme, einen Balkonvorbau und übergiebelte Zwerchhäuser im Dach aufgegliedert. Auch zur Hofseite hin begrenzten niedrigere Rundtürme den

Schlossbau. Der westliche Torbau trug einen Uhrturm, das von zwei Rundtürmen flankierte östliche Zufahrtstor zeigt noch heute, als Anspielung auf den ritterlich-höfischen Charakter des Baus, ein Fresko mit dem heiligen Georg. Es stammt von Ludwig Herterich,[15] einem langjährigen Weggenossen Seidls in der Allotria. Die Formensprache des plastischen Bauschmucks war hauptsächlich im Renaissancestil gehalten. Einige Fensterformen hingegen waren gotisch, während der blockhafte, alles überragende Bergfried an die Romanik erinnerte. Das wabenförmige Maßwerk des Haupttorturms am Fuß des Singbergs zeigt den unbekümmerten Umgang mit den historischen Formen. Wie an anderen Bauten Seidls auch, wird der malerische Charakter der Anlage durch das verwendete Material unterstrichen: Der helle Putz war mit Verzierungen aus Granit, Donau- und Muschelkalk kombiniert. Die zeitgenössischen Beurteilungen betonen, wie gefällig und natürlich sich der Bau in die landschaftliche Umgebung einfüge und dass es nur der »abtönenden Wirkung der Zeit mit Wetter und Wind« bedürfe, um die Anlage als organischen Bestandteil ihrer Umgebung zu empfinden.[16]

Villen und Stadthäuser

Weniger pompös waren die repräsentativen Villen, die Seidl für die Industriellen der Gründerzeit baute. In vielen Fällen waren es die mutigen Söhne strebsamer Handwerksmeister, die erfolgreich den Sprung ins industrielle Zeitalter gewagt hatten.

In *Teisendorf* war Gabriel von Seidls Tante, Anna Sedlmayr, mit dem Brauereibesitzer Max Christian Wieninger (1809-1884) verheiratet. Einige Jahre nachdem sein Cousin Max Josef Wieninger (1842-1910), ein langjähriges Mitglied des Münchner Kunstgewerbevereins, die Brauerei übernommen hatte, baute Gabriel von Seidl ihm 1890 am südlichen Ortsausgang auf einer Anhöhe eine Villa. Die drei Fassaden des blockhaften Baus sind, wie gewohnt, unterschiedlich gestaltet. Er zeigt alle Elemente und Schmuckformen, die kennzeichnend für Seidls Bauten sind: die horizontale Gliederung der drei Geschosse durch einfach profilierte Gesimse; ein polygonaler, von einer flachen Haube bekrönter Erkerturm; die gedrückte Rundbogenöffnung der Loggia, von der

aus man in den Garten gelangt; Raupputzrahmung der unterschiedlichen Fensterformen, von denen zusätzlich einige mit geschweiften Sohlbänken und Bekrönungen geziert sind; Rustikaquaderung, die die Ecken kraftvoll betont und mit der die Gartenfassade gegliedert ist; einen geschweiften Giebel sowie Dachgaubenfenster. Die maßvolle Zusammenstellung der einzelnen Elemente suggeriert behäbige Gemütlichkeit, ohne bedrückend zu wirken und ist repräsentativ, ohne protzig zu sein. Wie bei vielen anderen Bauten Seidls auch, ist die Ausrichtung der Villa auf den Garten und darüber hinaus auch auf die Landschaft ein maßgebliches Kriterium für die Konzeption gewesen.

Für den Industriellen Friedrich Voith (1840 bis 1913) entwarf Seidl 1901 auf dem Fabrikgelände in *Heidenheim* an der Brenz ein repräsentatives Wohnhaus, das heute als Gästehaus der Firma dient. Friedrich Voith hatte die Firma für Papierherstellungsmaschinen von seinem Vater 1867 als florierendes Unternehmen übernommen und begründete später den weltweiten Erfolg des Unternehmens mit dem Bau von Wasserturbinen. Voith könnte Seidl auf der Weltausstellung in Chicago 1893 kennen gelernt haben, berufliche Berührungspunkte ergaben sich aber auch über Werner von Siemens. Die Villa präsentiert sich als malerisch gruppiertes Ensemble von Bauelementen: die Satteldächer eines niedrigeren Vorbaus und des dreistöckigen Hauptbaus sind so ineinander geschoben, dass der eigentlich blockhafte Grundriss des Gebäudes vollkommen überspielt wird. Daran sind angegliedert eine als Wintergarten gedachte Loggia mit Rundbogenöffnungen, deren

Zeitgemäßer trotz der historistischen Formensprache ist die Villa Wieninger in Teisendorf. Sie dominiert einen Hügel am südlichen Dorfausgang.

Für den Industriellen Voith baute G. v. Seidl in Heidenheim an der Brenz mitten auf dem Fabrikgelände eine repräsentative Villa.

Flachdach zugleich als Balkon dient, ein polygonaler Erkerbau mit Balkon und einem verglasten, überkuppelten Vorbau im ersten Geschoss sowie ein überkuppelter Rundturm an einer Ecke. Dieser bildet zugleich den Erker des Salons. An einer Ecke des zweiten Geschosses ist eine überdachte Loggia integriert. Malerische Akzente setzen auch die verschiedenen Fensterformen, der plastische Bauschmuck an Fensterrahmungen, Sohlbänken und Balkonbrüstungen, ein Ziergiebel und schließlich die mit vielen Kaminen belebte Dachlandschaft. Die Rustikaquaderung des Sockelgeschosses und die Eckrustika sollten ursprünglich ebenso wie die Fensterrahmung aus Kalksandstein zur Belebung des Außenbaus beitragen.

Am südlichen Rand von *Schrobenhausen* ließ sich der Papierfabrikant Georg Leinfelder 1903 von Seidl seine Sommervilla bauen.[17] Vermutlich kam der Auftrag über die alte freundschaftliche Verbindung zu Franz von Lenbach zustande. Der blockhafte Grundriss wurde von der nächsten Generation an der südwestlichen Ecke erweitert. Die östliche, zur Straße gewandte Hauptfassade ist nahezu original erhalten, sieht man einmal von dem später angehobenen Straßenniveau ab, das den Bau heute optisch hinter der Straßenhecke verschwinden lässt. Der Haupteingang unter einem zweijochigen Arkadenbau ist an die nordöstliche Ecke versetzt. Das Treppenhaus, erhellt durch übereinander gestaffelte Fenster in unterschiedlichen Formen, tritt apsidenartig aus der Nordfassade hervor. Seine kegelförmige Beda-

Einige Unstimmigkeiten an der Sommervilla des Schrobenhausener Papierfabrikanten Leinfelder lassen vermuten, dass nur der Entwurf von Seidl stammte.

chung fügt sich eher unglücklich an den Giebel des Satteldachs. Überhaupt lässt diese Hauptansicht des Baus die sonst bei Seidl übliche Gruppierung der Baumassen vermissen. Allerdings wird die Straßenfront durch unregelmäßige Fenstergruppierung und einen vorspringenden Eckrisalit belebt. Auch die Verwendung diverser Baumaterialien unterschiedlicher Farbtönung und die Vielzahl dekorativer Einzelformen wirken vorteilhaft: Da gibt es Blendbalustraden, Flachreliefs, Rustikaquaderung an den Eingangsarkaden, Volutengiebel an den beiden Dachgaubenfenstern, mehrfach profilierte Fensterrahmungen, Muschelrosetten über den oberen Fensterstürzen und einen Balkon mit zierlichem Eisengitter.

Im selben Zeitraum, 1903, baute Seidl für den mächtigen Verleger August Scherl (1849-1921) eine Villa in *Berlin-Grunewald*. Es ist anzunehmen, dass die Wahl des Architekten aus Süddeutschland von der Tatsache abhing, dass Scherls zweite Frau, Therese Zöttl, aus Kufstein stammte. Scherl besaß außerdem eine Villa in Rottach-Egern und war mit Ludwig Thoma gut bekannt.[18] Scherl galt vor allem in seinen späteren Jahren als Sonderling. In der Tat scheint es, als sei die Villa, die einen von ihm selbst in Auftrag gegebenen Neubau, der ihm nicht gefiel und den er wieder abreißen ließ, ersetzen sollte, nur sehr sporadisch bewohnt worden. Der blockhafte Grundriss wird in der Außenansicht scheinbar zu zwei Gebäudekörpern mit zwei ineinander geschobenen hohen Zeltdächern aufgelöst. Die Zimmer und Terrassen gruppieren sich wie so oft bei Seidl um die zentral gelegene, belichtete, zweigeschossige Diele. Es fehlen weder der halbrund aus der Eingangsfassade hervortretende Treppenturm unter einer Zwiebelhaube noch der polygonale, durchfensterte Erker an der südöstli-

chen Ecke. Durch eine Loggia bzw. eine Veranda mit darüberliegenden Balkonen auf der Ost- bzw. Westseite öffneten sich die Wohnbereiche zu dem enormen Park hin, von dem die Villa umgeben war. Dadurch ergaben sich vier verschiedene Außenansichten. Die sorgfältig gearbeiteten Details, wie zum Beispiel die Blendarkaden der Eingangsfront, die kannelierten Säulen der farbig bemalten Loggia, ihr Geländer und die Fensterrahmungen in Steinschnitt, die übergiebelten Dachfenster und die schmiedeeisernen Gitter sorgten besonders bei Sonnenlicht für malerische Effekte. Den optischen Zusammenhalt schufen die sich um das ganze Haus ziehenden grünen Obstspaliere. Malerisch war auch die Farbgebung des dunkelgrünen Lattenwerks, der graugestrichenen Fensterläden auf den gelblich-weiß verputzten Hauswänden und der rötliche Sockel, dazu die kupferverkleidete Zwiebelhaube, die sich mit der Zeit grün färben musste. Wie es scheint, hat Seidl auch für die Innengestaltung Sorge getragen. So war vor allem in der repräsentativen, aber wohnlichen Diele seine Handschrift zu erkennen: Wandverkleidungen, eine Kassettendecke und die gegenläufige Treppe aus Holz zeigten reduzierte Schmuckformen, ohne mit den dekorativen Malereien von Franz Naager in Konkurrenz zu treten.

Um die Flexibilität des Architekten Seidl beurteilen zu können, ist es bedauerlich, dass wir über das Aussehen des *Düsseldorf*er Hauses der Witwe Fritz Rosorius', das Seidl 1903/04 in der Lindemannstraße erbaut haben soll, und über das Haus Friedrich Meeses in *Wuppertal-Barmen*, das Seidl um 1908 in der Beethovenallee erstellt hat, nichts wissen.

Der Düsseldorfer Stadtpalast, der zwischen 1905 und 1907 an der Königsallee 49 entstand, existiert dagegen heute noch. Seidl baute ihn für

Das Stadtpalais Puricelli in Düsseldorf musste der Umgebung angepasst werden und konnte nicht wie eine freistehende Villa vielansichtig konzipiert werden. Seidl wusste seine Stilprinzipien dennoch anzuwenden.

Portal. An der entgegengesetzten Fassadenecke führte eine kleinere Tür in die Souterrain- und Diensträume. Die großen, rechteckigen Fensteröffnungen des hochgelegenen Erdgeschosses sind zu Gruppen zusammengefasst und wirken damit einer Eintönigkeit entgegen. Die Mitte der Fassade ist durch einen risalitartig vorspringenden, eckigen Erker betont, dessen Fensterrahmungen Halbsäulen darstellen. Im ersten Geschoss entpuppt er sich als Balkon! Ein Wappen bekrönt die Mitte der Fassade. Das zweite Geschoss liegt in dem nicht allzu hohen Dach mit zwei Kaminaufsätzen, in das in dichter Folge Zwerchhäuser mit muschelförmigen Rundgiebeln eingesetzt sind. Für die übliche Gruppierung der Räume um eine zentral gelegene Halle war die zur Verfügung stehende Gebäudetiefe zu gering, stattdessen reihen sich die Zimmer auf drei Ebenen entlang eines breiten Korridors auf. Teile der prachtvollen Inneneinrichtung, für die Seidl ebenfalls verantwortlich zeichnete, sind erhalten, darunter Türrahmungen aus Marmor, kassettierte Stuckdecken und ein reliefierter Jahreszeitenzyklus im Speisezimmer.

KLEINERE AUFTRÄGE DES ALTADELS

Im Gegensatz zum »Geldadel« konnte der alte Adel nur noch Umbauten an seinen Landschlössern in Auftrag geben.

Die Ausstattung des Jagdschlosses Berchem-Bogen in *Böhmen* muss vor 1881 erfolgt sein. Eventuell führt dieser frühe Auftrag für die Familie Berchem direkt zum Umbau des Schlosses der Familie De Bassus in *Sandersdorf* bei Eichstätt. Charlotte von Berchem (1843-1892) war die Mutter des Auftraggebers dieser Umbauten, Max De Bassus (1869-1931), Kämmerer und Rittmeister der Reserve des ersten Schweren Reiterregiments und

die Witwe des Chemikers und Inhabers der Rhein-Böller-Hütte, Elodie Puricelli.[19] Der raukörnige Lenci-Tuff aus den Steinbrüchen Brohl am Rhein und die schwach sichtbare Quaderformation geben der Fassade etwas Malerisches. Im Vergleich zu anderen Seidlbauten wirkt sie dennoch beinahe streng. Der Eingang, ein Rundbogenportal mit darüber liegendem gekoppelten Doppelfenster mit Butzenscheiben, ist auf die Seite verschoben; beide Öffnungen weisen plastischen Bauschmuck auf, die auf zwei Volutenkonsolen ruhende Brüstung des Fensters schützt das

erblicher Reichsrat der Krone Bayerns. Sein Bruder Konrad Max Friedrich De Bassus (1874–1928) war zunächst Schüler von Oskar von Miller gewesen – eine Verbindung, die wiederum in den Kreis um Seidl führte. Später wurde er ein enger Mitarbeiter des Grafen Zeppelin.[20] Die Familie De Bassus stammte aus der italienischen Schweiz, war aber seit dem 17. Jahrhundert im Dienst des bayerischen Hofes und im Besitz von Sandersdorf. Schloss Sandersdorf, ein vom Mittelalter bis zum 17. Jahrhundert gewachsener Komplex, wurde zwischen 1897 und 1903 von Gabriel von Seidl überformt. Tatsächlich sind die im Schlossarchiv aufbewahrten Pläne von seiner Hand signiert, obwohl die Entwürfe für den Remisenbau, die Orangerie, die Kegelbahn und eine kleine Kapelle wahrscheinlich aus Seidls Baubüro stammen. Dagegen sind die Schlossgaststätte und das zum Komplex gehörende Forsthaus deutlich von Seidls Stil geprägt, wobei letzteres aber von seinem Mitarbeiter Ludwig Catharinus entworfen wurde.

Oben: Mit einer sich in Arkaden öffnenden Loggia und einer Treppe richtete G. v. Seidl die trutzige Burg von Seefeld auf den davor liegenden Park aus.
Unten: Eine häufig wiederkehrende Bauaufgabe waren herrschaftliche Grabkapellen, so die der Oriola in Büdesheim, die der von Stumm im Schlosspark von Ramholz und die hier gezeigte der Grafen Moy de Sons in Obenhausen bei Illertissen.

In welchem Maß G. v. Seidl versuchte, seine Bauten mit ihrer Umgebung in Einklang zu bringen, zeigt das Beispiel der Pfarrkirche St. Michael in Stepperg, deren Kirchturm ganz offensichtlich die Form der Dachtürme des Gräflichen Schlosses aufnimmt.

Der Kern von Schloss *Seefeld,* oberhalb des Pilsensees gelegen, ist eine Wasserburg aus dem 13. Jahrhundert. An die dem ehemaligen Graben zugewandte Seite des Südflügels fügte Seidl 1897 einen eingeschossigen Arkadenbau mit neun Korbbögen an, der durch seine Tiefe wie eine Loggia wirkt. Der wehrhafte Charakter der Burg ging durch diese »Öffnung« nach außen absichtlich verloren. Das Schloss sollte sich über den Arkadenbau und eine vorgelagerte zweiläufige Treppe in den davor liegenden Garten öffnen.[21] Anlass zu dem Umbau war wohl die Hochzeit des Grafen Hanns-Veit von Toerring-Jettenbach (1862-1929) mit Prinzessin Sophie von Bayern.

Für die Grafen Moy de Sons entwarf Seidl 1894/95 in *Obenhausen bei Illertissen* das Familienmausoleum. Der hohe, nach Norden in einer Säulenhalle geöffnete Mittelteil mit der Kapelle ist von einem Schweifgiebel mit einem Muttergottesmosaik abgeschlossen und wird von einem runden Turm mit dem Zugang zur Gruft flankiert. Der Umbau eines unmittelbar neben dem Obenhausener Schloss gelegenen, zweigeschossigen

Mansarddachhauses, dem Gasthaus »Zur blauen Traube«, wird ebenfalls Seidl zugeschrieben, wurde aber wahrscheinlich, wie im Fall von Sandersdorf, von seinem Baubüro durchgeführt.

1907 bekam Seidl in *Stepperg bei Neuburg an der Donau* sowohl den Auftrag zum Umbau der Dreiflügelanlage des Schlosses der Grafen Arco-Stepperg als auch zum Neubau der benachbarten Pfarrkirche St. Michael. Offenbar ist hier die Absicht einer malerischen Zusammenschau formbildend gewesen: Der Zwiebelturm der Kirche nimmt die Form der beiden Türmchen auf den Flügelbauten des Schlosses auf.

Öffentliche Bauten

Neben der Stadt Worms erteilten die Magistrate von Ingolstadt, Schrobenhausen und schließlich Bremen Gabriel von Seidl Aufträge zum Neubau ihrer Rathäuser.

In Ingolstadt wurde 1882 mit dem Bau begonnen, und wiederum handelte es sich um eine Zu-

Die behäbige Pracht der Bürgerhäuser der deutschen Renaissance stand Pate für den Rathausumbau in Ingolstadt, der in Seidls frühes Schaffen fällt.

sammenarbeit mit Hupp, Bußmann und Gedon, der für den figürlichen Schmuck der Fassaden verantwortlich war. Neben den Amtsräumen waren im Rathaus auch die Arrestzellen, die Polizeiwache und die Sparkasse untergebracht. Die Lage des großen Saals ist durch die Anordnung hoher Fenster an der Fassade abzulesen, die vielfältig durch Erker und Risalite gegliedert und durch Giebel, Quaderschnitt und Rustika belebt ist. Das Hauptdach war zum Teil mit Flachziegeln eingedeckt, zum Teil bestand es aus Kupfer.

Der Wille zur Repräsentation ist hier deutlich sichtbar, vor allem im Vergleich zu dem Wormser und dem Schrobenhausener Rathaus. Franz von Lenbach, der als Sohn der Stadt *Schrobenhausen* den Umbau finanzierte, bat seinen Freund Seidl um entsprechende Pläne. In die Gestaltung des neuen Ratssaals griff er selbst massiv ein, wie ein Briefwechsel aus den Jahren 1898 bis 1902 mit dem Bürgermeister dokumentiert.[22] An dem quaderförmigen Putzbau mit dem Steildach, der erst 1967 abgerissen und durch ein modernes Gebäude ersetzt wurde, fielen vor allem die Treppengiebel an den Schmalseiten auf. Sie erinnerten an gotische Zinnen. Die Fensterbrüstungen des ersten Geschosses hatten plastischen Bauschmuck, zusätzlich schufen die korbbogenförmigen Erdgeschossfenster mit ihren eingestellten Biforen Helldunkelwerte. Die westliche Eingangsfront war durch ein doppeltes Rundbogenportal über einer vorgelagerten doppelläufigen Treppe, ein Doppelfenster, die Rathausuhr, einen Treppengiebel und ein obenauf sitzendes Türmchen mit Spitzhelm ausgezeichnet. Seine Form nimmt eindeutig auf die aufstrebende Form des dahinterliegenden Kirchturms Bezug. Wie schon bei der Gestaltung von Kirche und Schloss in Stepperg war diese Zusammenschau wohl berechnet und zeugt von Seidls Absicht, seine Bauten so in ihre städtebauliche Umgebung einzupassen, dass der Betrachter glaubt, ein historisch gewachsenes Ensemble vor sich zu haben.

Gabriel von Seidls letztes Werk war der Erweiterungsbau des *Bremer Rathauses*. Er wurde im Januar 1913 eingeweiht. Die Bauaufgabe war insofern schwierig, weil das alte gotische Rathaus, das sich als zu klein erwiesen hatte, von einem Um-, An- oder Neubau nicht in den Schatten gestellt werden sollte. Seidls Neubauplanung ist es gelungen, diesen ehrwürdigen Vorgänger an Umfang -

Am Bau des Schrobenhausener Rathauses zeigt sich wiederum, dass Seidl die Umgebung seiner Bauten genau studiert haben muss: Mit dem gotisierenden Türmchen schafft er einen optischen Bezug zum Kirchturm der dahinterliegenden Stadtpfarrkirche St. Jakob.

nicht aber an Höhe – ganz wesentlich zu übertreffen und gleichzeitig ein städtebauliches Ensemble zu schaffen. Hauptaufgabe war, angeblich nach Seidls eigenen Worten, die Unterordnung des neuen Ergänzungsbaus unter die alte Kunst. Zu der bruchlosen Einbindung des Neubaus in ein städtebaulich bereits bestehendes Ensemble trug auch die Verwendung von bayerischem Muschelkalkstein bei. Der zur Flächenverblendung eingesetzte Oldenburger Handstrichklinker, dessen Farbgebung sich der Patina des alten Rathauses anglich, fügte sich ebenfalls gut ein.[23] So stimmte Seidl die

vier Fassaden in unterschiedlicher Weise auf ihre Umgebung ab: Die südwestliche wirkt mit ihrer großen Fensterfront wie eine Folie vor dem alten Rathaus. Die nordöstliche, Richtung Dom, zeigt regelmäßige Fensterachsen und Zwerchhäuser im Dach. Die dem Dom direkt gegenüberliegende Fassade wirkt mit ihren vertikal verlaufenden »Fensterbändern« schlicht, passt sich aber den gotischen Fenstern des alten Rathauses perfekt an. Die der Liebfrauenkirche gegenüberliegende, nordwestliche Seite dagegen ist mit ihren aneinander gereihten Dreiecksgiebeln, zwiebelbekrön-

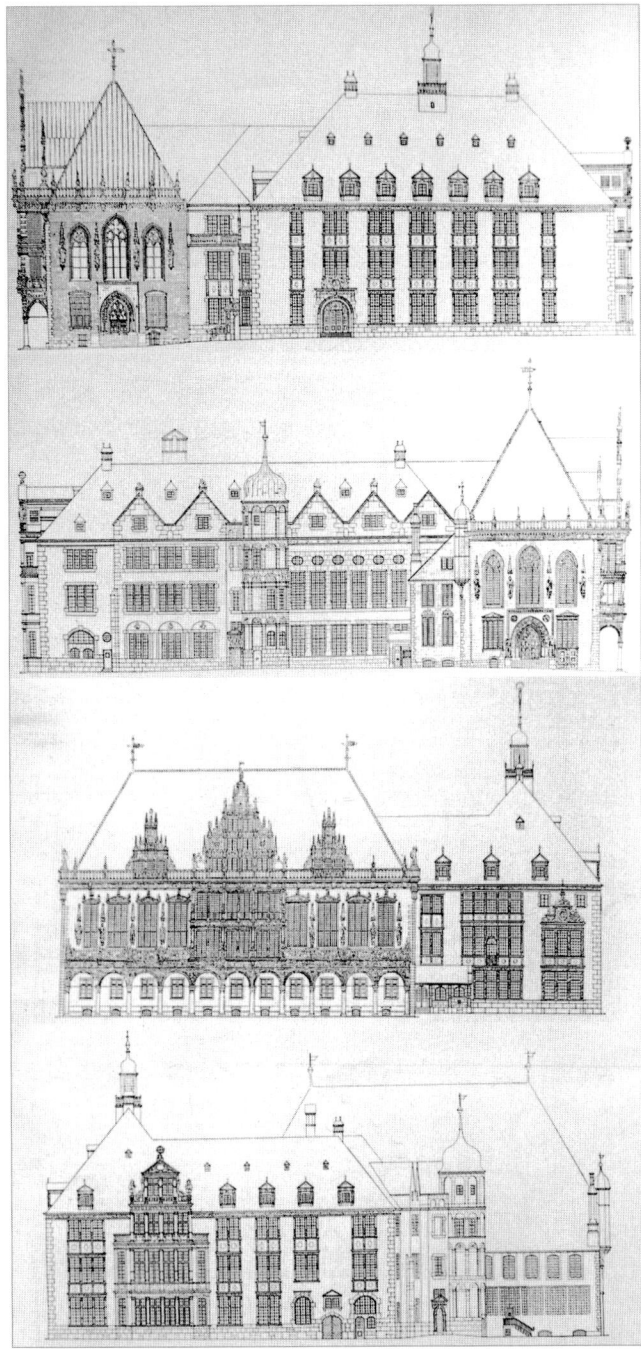

tem Rundturm, Erkertürmchen und einer Balustrade am verschwenderischsten gestaltet. Stilistisch ist Seidls Neues Rathaus als ein Renaissancebau anzusehen, dessen plastischer Bauschmuck ebenfalls dem des Alten Rathauses angepasst wurde. Die Zeitgenossen rühmten die wohltuende und abwechslungsreiche Raumgestaltung, die sich auf die unterschiedliche Nutzung der Räume bezog und die »feinste Stilechtheit mit sorgfältigster Erfüllung der modernen praktischen Ansprüche«[24] vereinte. Eine Münchner Künstlerkolonie hat dieses letzte Gesamtkunstwerk Seidls mitgestaltet: die Bildhauer Anton Pruska, Georg Römer und Adolf von Hildebrand, die Maler Ludwig Herterich und Franz Naager und Fritz von Miller.[25]

Die vier unterschiedlichen Fassadengestaltungen für das Bremer Rathaus.

Anwalt für die Isar

Reinhard Falter, Gerti Fluhr-Meyer

Am 16.2.1902 war in den Münchner Neuesten Nachrichten eine Beschreibung der Eindrücke während eines Spaziergangs an der Isar zu lesen. Nachdem der Autor die wilde Schönheit des Isartals, so wie sie bis vor kurzem noch existiert hatte, beschrieben hatte, beklagte er sich bitter darüber, was daraus geworden ist: »Aber heute. Wer heute jene vor kurzem noch so märchenhaft anmutenden Waldwege aufsucht, sieht unmittelbar vor dem ersten Damm einen zweiten aufgeführt, der den Blick auf die Isar völlig verdeckt! Stromaufwärts endet derselbe in eine Betonmauer und diese mündet in ein zweites Isarwerk, […], dessen Bauart überdies so störend und verletzend wie möglich ist. Weiter hinauf soll es noch schlimmer aussehen […].«[1]

Der Verfasser war Gabriel von Seidl. Er war in großer Sorge um die Isar, von der die wachsende Großstadt München ihren Tribut forderte. Südlich der Stadt sollte die Isar aus Gründen des

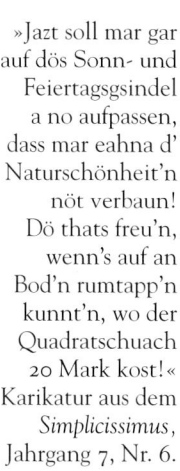

»Jazt soll mar gar auf dös Sonn- und Feiertagsgsindel a no aufpassen, dass mar eahna d' Naturschönheit'n nöt verbaun! Dö thats freu'n, wenn's auf an Bod'n rumtapp'n kunnt'n, wo der Quadratschuach 20 Mark kost!« Karikatur aus dem *Simplicissimus*, Jahrgang 7, Nr. 6.

Hochwasserschutzes und zur Stromgewinnung kanalisiert werden. Der Wildflusslandschaft, die damals noch weitgehend unverbaut bis nach München reichte, drohte die völlige Umgestaltung, nicht nur durch Kraftwerksprojekte. Immer mehr wohlhabende Münchner wollten im schönen Süden der Stadt direkt an den Ufern der Isar ihre standesgemäßen Villen bauen. Es war zu befürchten, dass, wenn es so weiterginge, die Münchner bald keinen freien Zugang mehr zur Isar hätten. Die Stadt München und der Staat taten nichts, um der Bauspekulation Einhalt zu gebieten und die Ufer der Isar für die Allgemeinheit zu sichern. Die Isar brauchte einen Anwalt. Gabriel von Seidl wollte dieser Anwalt der »Perle Münchens« sein, obwohl dies »Rücksichten mancher Art nicht ratsam erscheinen ließen«.[2] Gemeint war, dass er sich damit sicher nicht allseits beliebt machte und dass er eigentlich als Architekt genug zu tun hatte. Was also trieb den Künstler und Architekten Gabriel von Seidl dazu, sich als Naturschützer zu engagieren?

Heimatschutz – ein Anliegen Gabriel von Seidls

Seit Mitte des 19. Jahrhunderts mehrte sich in Deutschland die Zahl derer, die der allgemeinen Fortschritts- und Technologiebegeisterung skeptisch gegenüber standen.

Vordenker war der Musiker und Komponist Ernst Rudorff, der schon 1880 in seinem Aufsatz »Über das Verhältnis des modernen Menschen zur Natur« die Grundlage für die Programmatik des Heimatschutzes gelegt hatte. Rudorff gehörte wie von Seidl zu den vielen Künstlern, die die Heimatschutzbewegung begründeten. Warum diese Bewegung nicht von Biologen und Naturwissen-

schaftlern, sondern von Künstlern und Kulturbeflissenen getragen wurde, gilt es zu verstehen. Ihr Motiv war die Rettung des »Poetischen« in der Natur. Das »Poetische« war für Rudorff ein Merkmal der Natur, und er vertrat die Ansicht, nur wenn der Mensch selbst poetisch sei, verstehe er die Sprache der Natur. Natur war für ihn nicht definiert durch einen Bestand an Arten, sondern durch eine Wirkungsweise auf den Menschen.

Das Wort »poetisch« wurde dabei noch im ursprünglichen, griechischen Sinn verstanden als »etwas zustande bringen«. Wir würden heute eher »kreativ« sagen. Demnach ist die Natur poetisch, weil sie eine Fülle stets neuer Formen hervorbringt. Das lateinische Wort »natura« bedeutet ja wie das griechische »physis« etwas, das wächst und aus der Verborgenheit des Keims und der Erde ans Licht kommt. Demnach ist auch der Mensch poetisch, wenn er, wie die Natur, bisher Verborgenes sichtbar macht. Der Künstler macht eine Idee, eine Art geistiger Keim oder Samen, für alle sichtbar. Seidl verwendet noch ein anderes Gegensatzpaar, das uns heute nicht mehr auf Anhieb verständlich ist. Er sagt, nicht im Sinne des Rechts dürften große Fragen, schöne Dinge gelöst werden, sondern in der Pietät.[3] »Pietät« ist in unserem heutigen Wortschatz gerade noch als Name eines Bestattungsunternehmens geläufig. Pietät ist die Achtung vor dem, was nicht unseresgleichen ist, z. B. den Verstorbenen, und ihren Wünschen. Mit »Recht« sind Ansprüche gemeint, die unseresgleichen an uns stellen. Die Ansprüche, die die Natur an uns stellt, gleichen dagegen denen der Pietät. Das ist heute erklärungsbedürftig. Schließlich assoziieren wir Natur mit Leben und nicht mit der Art, wie wir den Toten verbunden sind. Die Antike kannte dafür den Begriff des Genius. Der Genius ist etwas, das in uns als eine Aufgabe wirkt, die wir unbewusst übernommen haben.

Pietät gegenüber der Natur heißt, sich zu vergegenwärtigen, dass wir ohne sie nicht existieren können.

Der Mensch ist gerade so weit wirklich Mensch, wie er seinen egozentrierten Interessenstandpunkt überschreiten gelernt hat, wie er von seiner eigenen Perspektive absieht und sich als Teil eines Ganzen sieht.

Recht bedeutete die Abwägung von Interessen, Pietät hingegen die Überschreitung von Interessenstandpunkten.

Im Sinne Seidls gilt es zu begreifen, dass das Grundanliegen des Naturschutzes gar nicht in den Kategorien von Interessen zu erfassen ist. Werte lassen sich nicht als Interessen formulieren. Insofern stehen für Seidl, wie auch für Rudorff, nicht menschliche Interessen gegen Interessen der Natur, sondern Menschlichkeit gegen eine Menschheit, die sich selbst zu verfehlen droht. Naturschutz ist dann der Schutz des vom Aussterben bedrohten homo sapiens vor dem überhand nehmenden homo faber.

Weder Rudorff noch Seidl waren große Theoretiker. Doch ihrem naturschützerischen Engagement liegen dieselben Motive zugrunde wie ihrem künstlerischen Schaffen. Die mythologischen Wesen, die Putten und Faune des Neubarock oder Jugendstils, mit denen beispielsweise auch der ebenfalls im Heimatschutz engagierte Maler Hans Thoma seine Landschaften bevölkerte, sind nicht einfach nur Spielerei und Zierrat. Sie sind Erinnerung daran, dass im Leben nicht nur die Kräfte wirken, die einen biologischen oder technischen Körper haben. Früher dachte man sich die Grundkräfte des Lebens als Götter oder Engel und Dämonen.

Der Ansatzpunkt des Heimatschutzes lässt sich erst aus der spätromantischen Ästhetik heraus richtig verstehen.[4] Nur von daher wird auch der ursprüngliche Sinn des Begriffs »Naturdenkmal« und der Satz Rudorffs verständlich, wonach die Denkmäler der Geschichte, »soweit sie malerisch und poetisch wirken, als ein Stück Natur gelten können«.[5] Natur war geradezu definiert als das, was poetisch wirkt. Menschen wie Seidl und Rudorff, die aus solchen Beweggründen heraus Naturschutz betrieben, waren keine weltfernen Träumer.

Seidl wird als bodenständiger, trotz allen Erfolges, bescheidener Mensch geschildert. Er war weder Philosoph noch Literat. Von Göttern und Geistern schrieb er nicht. Und doch war er auf eine tiefe und uns heute nicht mehr selbstverständliche Weise mit der wesenhaften Dimension der Natur verbunden.

Ein Symbol dieser Naturverbundenheit stellt es dar, dass in der Nacht nach seinem Tod die hundertjährige Seidl-Linde in Wackersberg barst, die Freunde ihm geschenkt hatten.[6]

Gründung des Isartalvereins

Der Heimatschutz blieb nicht auf eine Hand voll Künstler beschränkt. Es vollzog sich der Wandel vom Agrar- zum Industriestaat. Alte bewährte Wertvorstellungen waren bedroht. Weite Kreise des Bürgertums fühlten sich zutiefst verunsichert und wollten etwas tun zur Rettung von Traditionen in Kunst, Handwerk und Kultur und zum Erhalt von Landschaft und Natur. Als Ideal galten die Kultur und Landschaft der vorindustriellen Zeit, wo der Mensch noch im Einklang mit der Natur und sich selbst gelebt zu haben schien. Die Beschäftigung mit der Geschichte der eigenen Wurzeln, auch mit Naturgeschichte, wurde wichtig. Die Naturwissenschaften Geologie, Botanik und Zoologie gewannen an Bedeutung. Zahlreiche naturwissenschaftliche Vereine entstanden. Die Heimat- und Naturschutzbewegung erfasste auch Bayern: 1900 wurde in Bamberg Bayerns erster Naturschutzverein der »Verein zum Schutze der Alpenpflanzen« gegründet.

Auch Gabriel von Seidl ließ seinem Aufruf in den »Münchner Neuesten Nachrichten« bald Taten folgen. Am 2. Mai 1902 fand auf seine Initiative eine Versammlung im Münchner Künstlerhaus statt, um einen Verein zum Schutz der Isar zu gründen. Anwesend waren viele angesehene Beamte, Künstler und Gelehrte, unter ihnen der bayrische Innenminister Graf von Feilitzsch, der erste Bürgermeister der Stadt und Geheimrat von Borscht.[7] Der Verein erhielt den Namen »Verein zur Erhaltung der landschaftlichen Schönheiten in der Umgebung Münchens besonders des Isartals« (kurz »Isartalverein«). Staatsminister von Feilitzsch trug sich als erstes Mitglied ein.[8] Indem er in Staat und Stadt einflussreiche Mitglieder gewann, hoffte Gabriel von Seidl seine Anliegen durchsetzen zu können. Man wählte ihn zum ersten Vorsitzenden.

Zweck des Vereins war es, der Allgemeinheit die landschaftlichen Schönheiten der Umgebung Münchens und in erster Linie des Isartals zu erhalten.

Der Jahresbeitrag wurde zunächst auf den symbolischen Betrag von zwei Goldmark festgelegt, um jedem den Beitritt zu ermöglichen[9]. Seidl hoffte, durch Spenden der vielen vermögenden Mitglieder möglichst viele Grundstücke im Isartal kaufen und so vor Zerstörungen retten zu können. Dabei ging er selbst mit gutem Beispiel voran und trug sich als Erster in die Spendenliste ein.[10]

1905 wurde der nächste Schritt zur Institutionalisierung getan. Mit der Gründung des »Bayerischen Landesausschusses für Naturpflege« wurde der Naturschutz in Bayern erstmals zur Staatsaufgabe. Gabriel von Seidl war als Vertreter des Isartalvereins dabei. Der Ausschuss sollte die Arbeit des Naturschutzes in ganz Bayern koordinieren und die Regierung in Naturschutzfragen beraten. Der Ausschuss bestand zunächst aus 11 in München ansässigen Vereinen. Neben Naturschutzvereinen und naturwissenschaftlichen Vereinigungen waren im Ausschuss auch Architekten-, Künstler- und Ingenieursverbände vertreten. Diese Anfangsjahre des Naturschutzes in Bayern waren für Gabriel von Seidl und seine Mitstreiter im Isartalverein und im Bayerischen Landesausschuss für Naturpflege sehr arbeitsintensiv.

Isarregulierung im Süden von München

Die Pläne der Stadt München, die Isar südlich der Stadt zum Zwecke der Energiegewinnung und des Hochwasserschutzes zu kanalisieren, waren Anlass für die Gründung des »Isartalvereins« gewesen. Die Isar sollte durch einen Damm in zwei Teile geteilt werden. Links, auf der Thalkirchner Seite, sollte ein Werkkanal laufen, der zwei Wasserwerke treiben und an der Schinderbrücke in den Stadtbach münden sollte. Der rechte Arm der Isar war als Überlauf geplant, der in wasserarmen Zeiten leer sein würde.[11] Isartalverein und Gabriel von Seidl waren zunächst strikte Gegner des Projekts, da außer Zweifel stand, »dass die Kanalisierung der Isar an dieser Stelle einen Abschied der schmerzlichsten Art für alle Zeiten bedeutet, - dass der Charakter der Umgebung Münchens, der gerade durch diese Partie noch einen Hauch Gebirgsnatur in sich birgt, sehr herabgestimmt und profaniert würde, und dass nicht nur ein großer Naturschatz, sondern auch ein unschätzbarer Kapitalwert bleibend dadurch zerstört würde«.[12] Auch der Bedarf wurde in Frage gestellt. Denn die bestehenden Isarwerke in Pullach und Höllriegelskreuth waren noch längst nicht ausgelastet: So langsam lief angesichts fehlender Überlandleitungen der Einstieg in die Stromwirtschaft an. Es wurde die Einschaltung einer Sachverständigenkommission gefordert, die prüfen sollte, ob die Energie nicht auch ebenso gut im Norden von München gewonnen werden könne.[13] Die Stadt München und die königliche Regierung lehnten die Bildung einer solchen Kommission ab und beharrten auf der Isarkanalisierung im Süden von München.[14] Der für das Projekt vorgesehene Platz im Norden lag nicht mehr im Stadtbereich, außerdem befürchtete man Beeinträchtigungen durch die Abwässer der Großstadt[15]. Die öffentliche Meinung schlug zu Ungunsten des Isartalvereins um, und man konnte in den

Die drei Bilder aus dem ersten Jahresbericht des Isartalvereins zeigen den Ausgangszustand, die erste Planung des Stadtbauamts und den schließlich verwirklichten Alternativvorschlag des Isartalvereins für die Kanalisierung der Isar in München. Ansicht von der Großhesseloher Brücke.

»Münchner Neuesten Nachrichten« lesen: »Bei der Beratung und Beschlussfassung bezüglich der Wasserwerksanlagen und Isarregulierung im Süden der Stadt gingen die beiden städtischen Kollegien über die auch hingegen gemachten Einsprüche und Forderungen des Isartalvereins hinweg, die von ganz falschen Voraussetzungen ausgingen und vollständig unberechtigt sind, zur Tagesordnung über. Die energische Haltung des Magistrats und des Bevollmächtigtenkollegiums gegenüber dem Isartalverein rief überall in der Bürgerschaft eine freudige Empfindung hervor und wird geradezu als erlösende Tat betrachtet, umso mehr, als bereits allgemein die Meinung herrschte, als befände sich der Magistrat völlig in den Händen des Vereins.«[16] Der Isartalverein musste sich gegen den Vorwurf allgemeiner Technikfeindlichkeit verwahren. Man beschränkte sich nun auf äußerst detailliert ausgearbeitete Korrekturen am geplanten Projekt[17], nachdem auch die Stadt den Verein erheblich unter Druck gesetzt hatte, was ein Brief des Magistratsrats Heinrich Schlicht an Gabriel von Seidl zeigt: »Entweder der Isartalverein geht mit uns und traut uns so viel Verständnis für unsere Interessen zu, dass wir die Sünden der Isarwerke nicht nachmachen, oder er beharrt auf seinem Standpunkt und wir sagen uns auf das Schärfste von ihm los.«[18] Der Isartalverein, der fast die gesamte Stadtspitze zu seinen Mitgliedern zählte, von der Stadt finanziell unterstützt wurde und auf diese Art von Einflussmöglichkeit gesetzt hatte, musste nachgeben. Das einzige Zugeständnis der Stadt war, dass der Werkkanal annähernd die Form des früheren Isarlaufes erhielt.[19] 1906 stellte der Isartalverein zur Isarkanalisierung abschließend fest: »Das auszuführende Projekt und die nähere Art der Durchführung kennen zu lernen und uns darüber zu äußern, hatten wir keine Gelegenheit. Es liegt uns daran, dies festzustellen, damit nicht die Meinung aufkomme, der Verein hätte irgendeine Mitarbeit bei der definitiven Ausführung gemacht oder er hätte sie machen können.«[20]

Die Wasserkraftanlage an der Isar bei Mühltal (Baierbrunn-Schäftlarn)

1911 heißt es im Jahresbericht des Isartalvereins: »Die Kunde einer bevorstehenden Ausnützung der Wasserkräfte der Isar bei Schäftlarn hat nicht nur innerhalb des Vereins, sondern auch in der ganzen Stadt Beunruhigung hervorgerufen, die auch in der Presse vielfach zum Ausdruck kam.«[21] Für den Kraftwerksbetrieb sollte auf einer Strecke von neun Kilometern fast das gesamte Isarwasser in einen Seitenkanal geleitet werden. Das Projekt an sich versuchte man nach den Erfahrungen bei der Isarregulierung südlich von München nicht mehr in Frage zu stellen. Der Isartalverein forderte lediglich, dass landschaftlich äußerst wertvolle staatseigene Flächen nur mit Konzessionen an den Naturschutz verkauft werden sollten und dass absolut sichergestellt werden sollte, dass der Abschnitt Birg-Georgenstein erhalten bleibt. Es scheint dringend notwendig gewesen zu sein, um die Aufforderung zu einer gutachterlichen Stellungnahme zu bitten, damit man noch reagieren konnte, bevor ein endgültiger Beschluss gefasst wurde. Man fürchtete anscheinend übergangen zu werden und versuchte Druck auszuüben mit dem Hinweis auf öffentlichen Unmut im Falle einer Nichtbeteiligung.

Daraufhin wurde der Verein tatsächlich gutachterlich gehört. Erst ein Jahr später aber wurde bei einer Ortsbesichtigung klar, dass der Isarkanal so ausgelegt war, dass er acht Monate des Jahres

Kloster Schäftlarn, im Hintergrund das neugebaute Kraftwerk Mühltal, ca. 1930. Zu sehen sind die kanalisierte Rest-isar und die Strukturen des ursprünglichen Flussbetts, die später völlig zugewachsen sind. Mit der Renaturierung seit 1995 werden sie zum Teil wieder angeschlossen.

das ganze Wasser führen sollte. Der Isartalverein nannte diese Tatsache erschreckend.[22] Es gelang ihm jedoch nicht, eine Mindestwassermenge für die »Rest-Isar« durchzusetzen. Das Projekt der Isarwerke wurde genehmigt. Immerhin wurden wichtige landschaftskosmetische Anregungen des Isartalvereins, wie die Linienführung des Werkkanales, die Lage der Hochwasserdämme und die Dammbepflanzung, in den Genehmigungsbescheid der Planung mit aufgenommen.[23] Der Vertrag mit dem Betreiber (der erst 1930 aufgesetzt wurde, weil mit dem Bau erst nach dem Weltkrieg begonnen werden konnte) enthält die Regelung, dass der Betreiber im Fall der Nichtverlängerung der Konzession den ursprünglichen Zustand wiederherzustellen habe. Ob dies ein nachträglicher Erfolg des Vereins war, lässt sich heute nicht mehr feststellen.

Der Isartalverein stellte 1913 abschließend zum Kraftwerksbau in Mühltal fest: »Hiernach bleibt, wenn auch durch das dankenswerte Eingehen der Behörden auf die von uns ausgesprochenen Wünsche manches Schlimme verhindert wurde, doch die immerhin sehr zu bedauernde Tatsache bestehen, dass das Landschaftsbild des Isartales, […], einen großen Teil des Jahres uns nicht mehr in dieser Schönheit erfreuen wird.«[24]

Emotionaler reagierten die Naturfreunde. Der Vorsitzende der Münchner Ortsgruppe Ludwig Ziegler schrieb: »Rau hat der Mensch im Isartal eingegriffen. Hat die stürmische Gebirgstochter vielfach in Ketten gelegt, um ihm anderwärts Frondienste zu leisten. Melancholisch äugt der lange Kanal zu den Wäldern herauf, er trauert um seine Gefangenschaft und die Wasser raunen, dass der Tag kommt, wo sie wieder im wilden lustigen Lauf ihren Weg suchen können. Nur wissen sie noch nicht, wie sie die Ketten ihrer Gefangenschaft abstreifen sollen. Die Steine unten im alten Isarrinnsal, die immer in guter Freundschaft mit den Fischen lebten, sind verlassen und schmachten nach frischem Wasser, das ihnen geraubt wurde. Das frohe Lied der wandernden Welle, das Jahrtausende und Abertausende sie umfing, ist ihnen weggenommen. Auch uns ergreift bitteres Weh beim Schauen besonders, wenn man die alte Schönheit gesehen hat.«[25]

Das Walchenseekraftwerk

Ein Unternehmen ganz anderer Größenordnung war das Walchenseeprojekt.[26] Im »Heimatschutz«, der Zeitschrift des »Bundes Heimatschutz«, hieß es 1904: »Es sind Pläne im Gang, die nicht nur ganz Bayern, die ganz Deutschland bewegen müssten, wenn nicht weiten Kreisen Fortschritt der Technik gleich bedeutend wäre mit Fortschritt der Kultur.«[27] Es folgten zwei Aufsätze über das geplante Projekt, die als Reaktion auf die Pläne der Obersten Baubehörde für die Ausnutzung der Wasserkräfte in Bayern 1907 entstanden waren. Sie stammten von Gabriel von Seidl und dem am Walchensee wohnenden Architekten Professor Schmidt.

Geplant war, das Gefälle von 200 Metern zwischen Walchen- und Kochelsee für die Wasserkraftgewinnung zu nutzen. Da der Walchenseezufluss zu gering war, sollten Isar und Rißbach in den Walchensee umgeleitet und die Isar dann über das Loisachtal wieder in ihr altes Bett zurückgeleitet werden. Isar und Rißbach würden trockenfallen und der Walchensee im Winterhalbjahr mangels Wasserzufuhr eine Senkung um 16 Meter erfahren. Seidl dazu: »Wenn es sich darum handelt, die Isar samt dem Rißbach von Wallgau an nahezu trocken zu legen, und zwar bis Wolfratshausen[28], muss doch das Gewissen sich rühren - bei Betrachtung der teils sicheren, teils ganz unberechenbaren Schäden, die durch solch einen Eingriff in die Natur dieser selbst und dem Wohle der Bevölkerung des ganzen Landstreifens drohen.«[29] Seidl zählte des Weiteren die Folgen durch den Bau des Walchenseekraftwerkes auf, darunter vor allem der Verlust der Flößerei und die Absenkung des Grundwasserspiegels mit unabsehbaren Konsequenzen für die Land- und Forstwirtschaft.

Gabriel von Seidl und seine Mitstreiter suchten im Fall des Walchenseekraftwerkes von Anfang an einen Kompromiss: Kohleknappheit und wachsende Industrialisierung ließen neue Energiequellen unabweislich erscheinen. In Bayern mit seinen großen Wasserreservoirs lag es nahe, die Nutzung der »Weißen Kohle« auszubauen. Gabriel von Seidl betonte, dass »nicht die Verwerfung dieser wirtschaftlich so wichtigen Projekte aus diesen Worten spricht, sondern die Gegnerschaft gegen ein krass materielles Vorgehen, das keine Schonung mehr kennt, wenn es sich um Gewinn handelt.« Er forderte, »nicht so radikal und schonungslos vorzugehen, wie es das staatliche Projekt vorsieht«.[30] Man kann Gabriel von Seidl als Wertkonservativen im besten Sinn bezeichnen: Er lehnte den »Fortschritt« nicht prinzipiell ab, mochte ihn aber auch nicht um jeden Preis befürworten.

Der Isartalverein nutzte seine Einflussmöglichkeiten im »Landesausschuss für Naturpflege« und im eigens für das Projekt im Februar 1910 eingerichteten »Ausschuss zur Klärung der administrativen Fragen«, und zwar in dessen Unterausschuss für »ästhetische Fragen«, dem Gabriel von Seidl angehörte.[31] Die Forderungen des Landesausschusses für Naturpflege zur Projektauswahl entsprachen dem schon früher von Gabriel von Seidl formulierten: Verzicht auf die Rißbachableitung, maximale Wasserentnahme von 10 Kubikmetern pro Sekunde und verminderte Senkung des Walchenseespiegels.[32] Jede weiter geplante Erweiterung (Rißbachüberleitung) wurde abgelehnt. Außerdem sollte die Frage der Rentabilität noch einmal geprüft werden.[33] 1912 hieß es dann im Jahresbericht des Landesauschusses für Naturpflege: »Von dem schon öfters erwähnten Walchensee-

projekt ist zu erwähnen, dass es jetzt zur Ausführung kommt. Die Senkung des Seespiegels in den Monaten April bis Oktober soll höchstens 4,6 m sein, der See soll dann durch die Schneeschmelze bis Juni wieder aufgefüllt sein. [...] Wenn auch die Schädigung des Landschaftsbildes sowohl am Walchensee wie an der Oberen Isar bis Wolfratshausen, wo sie wieder in ihr altes Bett zurückfließt, eine sehr bedeutende sein wird, so ist

Zwei Bilder von Tölz vom Anfang und aus der Mitte des 20. Jahrhunderts zeigen die beginnende Veränderung durch die Ableitung der Isar zum Walchensee. Das breite Kiesbett wächst allmählich zu. Heute ist der Prozess viel weiter fortgeschritten. Die Isar ist vom Kalvarienberg aus kaum noch erkennbar.

doch eine Verbesserung gegenüber dem ursprünglichen Projekt erreicht.«[34] Von einer Rißbachüberleitung wurde vorläufig abgesehen. Natur- und Heimatschutz hatten zumindest erreicht, dass ein Teil seiner Vorschläge bei der Festlegung der Eckdaten des Kraftwerks berücksichtigt wurde und nicht das technische Maximum geplant wurde. Eine Mindestwassermenge wurde jedoch nicht vereinbart.[35] Gemessen an den Hoffnungen, die Seidl mit dem Erwachen der Heimatschutzbewegung verbunden hatte, war dies ein Erfolg mit bitterem Beigeschmack.

Auch das Walchenseekraftwerk wurde erst nach dem Krieg in den Jahren 1919-24 gebaut. Die ökologischen Folgen waren, wie Seidl entgegen der bezahlten und professionellen Gutachten vermutet hatte, groß: Das Isarbett fiel bis auf wenige Hochwassertage im Jahr zwischen Krün und der Rißbachmündung völlig trocken. Das bedeutete das Ende der Fischerei und Flößerei. Der Grundwasserspiegel sank ab, Quellen versiegten und die Aue begann auszutrocknen. Am Walchensee kam es infolge der Seespiegelschwankungen zu massiven Hangrutschungen. Trotzdem kam es angesichts der Energieknappheit 1947 zu einem weiteren Ausbau mit Überleitung des gesamten Rißbaches zum Walchensee. Damit fiel nun auch der Isarabschnitt unterhalb Vorderriß trocken.

Als Kompensationsmaßnahme für die Rißbachüberleitung wurde Ende der 50er Jahre der Sylvensteinspeicher gebaut. Dieser sollte die Hochwasserwellen abfangen und zugleich die Wasserführung der Isar in Tölz sicherstellen.[36] Diese Art der Problemlösung schuf freilich neue Probleme: Der Speicher hielt das Isargeschiebe zurück, so dass sich die Isar in den Untergrund eingrub, das Grundwasser absank und die Isarauen auszutrocknen begannen.

Erhaltung der Isar als Naherholungsgebiet im Süden von München

War das Hauptproblem auch der Kraftwerksbau, so brachte das Wachstum Münchens doch auch andere Probleme mit sich. Die Erschließung der Isar im Süden von München musste den Bedürfnissen der wachsenden Großstadt München gerecht werden. Darüber war man sich auch beim Isartalverein im Klaren: »Wir (und überhaupt das Publikum) muss sich mit dem Gedanken abfinden, dass die großen Terrains auf den Höhen allmählich der Bebauung entgegengeführt werden; wir werden also Straßenzüge, Einzäunungen und Rodungen entstehen sehen, und dagegen können wir uns selbstverständlich nicht sträuben, - wohl aber können wir hoffen und mit allen Kräften daran arbeiten, dass in einer schönen, schonenden Weise vorgegangen werde, dass ein organischer Zusammenhang der schwebenden Frage gewonnen und damit ein gewisses, festes Programm geschaffen werde, in welchem unsere Wünsche zum Ausdruck kommen.«[37] Wichtigstes Ziel dieses Programms war, dass das Isarufer und seine Aussichtspunkte den Fußgängern vorbehalten werden und von jeder Bebauung freigehalten werden sollten. Den Verkehr wollte man über eigene, rechts und links vom Isarufer ziehende Fahrstraßen vom Stadtinnern nach Grünwald führen.

Der Isartalverein unter Gabriel von Seidl plädierte zumindest an den malerischsten Stellen für ein Beibehalten der bisherigen konservativen Bewirtschaftung der Wälder, die Baumbestände alt werden ließ und nicht sofort bei Erreichen des Wachstumsmaximums kahl schlug. Forstwirtschaftlich bezeichnet man das als längere Umtriebszeiten: »Aber unbeschadet einer modernen Forstwirtschaft wird es doch möglich sein, dass

Waldpartien, welche wegen ihrer landschaftlichen Schönheit, z. B. an Ufern von Flüssen und Seen, an freigelegenen dominierenden, landschaftlich schönen Punkten, dann als Durchgangs- oder Endpunkte für den Ausflugsverkehr und wegen ihrer Nähe von Städten, Bädern und Sommerfrischorten besonders in Betracht kommen, von den neuen kürzeren Umtriebszeiten ausgenommen werden und für sie die alte längere Umtriebszeit beibehalten wird.«[38]

Die Stadt München griff viele der Vorschläge des Vereins auf. Schon ein Jahr nach der Gründung fassten die städtischen Kollegien einen Beschluss, dessen Kernpunkt die Freihaltung der Ufer, Hänge und Leiten von jeder Bebauung mit Ausnahme von Werksbauten war.[39]

Auch erhielt der Isartalverein Gelegenheit, seine Vorstellungen bei der Planung wichtiger Details zumindest teilweise mit einzubringen. So wurde erreicht, dass in Thalkirchen eine Holzanstatt einer Betonbrücke gebaut wurde. Die Brücke in Grünwald wurde 20 Meter stromaufwärts verlegt, so dass ihre Widerlager nicht die schönste Stelle - den Weg vom Schloss zur damals noch bestehenden Fähre zum Brückenwirt - trafen.[40] Der Verein und Gabriel von Seidl mussten aber auch manchen Rückschlag verkraften. So waren zum Beispiel die fraglichen Waldpartien zum Zeitpunkt des Ortstermins an der Auffahrtsstraße in Grünwald, zur Absteckung der zukünftigen Straße, bereits gefällt.[41]

Oft half der Isartalverein auch finanziell, der Öffentlichkeit das Isartal zu sichern: So stellte er dem königlichen Bezirksamt 600 Reichsmark für den Baulinienplan Grünwald zur Verfügung.[42] Grundstücke, die dem Projekt entgegenstanden, wurden vom Isartalverein aufgekauft. Gabriel von Seidl ging alle seine Freunde, wie Lenbach, Kaulbach und von Miller, sowie seinen Bruder Emanuel um Spenden an.[43] So blieb die reizvolle Landschaft der Allgemeinheit vielerorts zugänglich.[44] Der Erwerb der Schlossleite in Grünwald war Gabriel von Seidl besonders wichtig. Sein langjähriger Mitarbeiter Martin Baur schildert, wie er zusammen mit Seidl und dem Regierungsbaurat Fischer die Schlossleite besichtigte, die in 12 Villenbauplätze aufgeteilt werden sollte. Seidl sagte zu Fischer: »Siehst du, diesen Fleck Erde möchte ich noch der Allgemeinheit sichern und für den Verein erwerben; dann sollen die Leute Ruhe haben. Das Paradies darf sich jeder Mensch vorstellen, wie er will; ich dächte, das deutsche Paradies müsste so ausschauen.«[45]

Schutz der oberbayerischen Seen

Der Isartalverein kümmerte sich nicht nur um die Isar. In einem Brief an die zuständigen Behörden aus dem Jahre 1903 rief er zum Schutz der oberbayerischen Seen auf. Diese waren durch Tourismus und wachsende Siedlungen akut gefährdet.[46] Auch hier ging es zunächst wieder um die Sicherung der Ufer vor Bauspekulation, um den freien Zugang und den Blick auf die oberbayerischen Seen zu erhalten. Schon damals machte der Isartalverein auf die Abwasserbelastung durch die wachsenden Erholungsorte aufmerksam und wies auf die ökologischen Folgen hin, nämlich dass »einer solchen Häufung von unreinlichen Zuläufen auf die Dauer die Seen nicht gewachsen sind, umso weniger, je geringer die Gesamtfläche und das Quantum des jeweiligen Zu- und Abflusses ist«.[47] Der Verein riet, an den Gebirgsseen keine neuen Anlagen zur Abwassereinleitung mehr zu genehmigen und die bestehenden Anlagen allmählich zu beseitigen oder zumindest durch Kläranlagen zu verbessern.

1913 – das Todesjahr Gabriel von Seidls und Schicksalsjahr für den Naturschutz

Gabriel von Seidl starb am 27. April 1913 in München. Damit blieb ihm die Erfahrung des Ersten Weltkriegs und der anschließenden Wirtschaftskrise, in der der Naturschutz einen schweren Stand hatte, erspart.

Das Todesjahr Seidls war in mehrfacher Hinsicht auch ein Schicksalsjahr für den Naturschutz:

Es markiert mit der Gründung des »Bund Naturschutz« am 26. Juni 1913 einerseits und dem Aufruf »Mensch und Erde« des Schwabinger Philosophen Ludwig Klages andererseits den Beginn einer Spaltung in eine pragmatische und eine fundamentalistische Richtung. Unter dem Leitsatz »Die Zivilisation trägt die Züge entfesselter Mordsucht« stellte Klages eine Totenliste der Natur auf: »Eine Verwüstungsorgie ohne gleichen hat die Menschheit ergriffen, die Zivilisation trägt die Züge entfesselter Mordsucht und die Fülle der Erde verdorrt vor ihrem giftigen Anhauch […] wir sehen, dass Methode im Wahnwitz der Zerstörung steckt. Unter den Vorwänden von ›Nutzen‹, ›wirtschaftlicher Entwicklung‹, ›Kultur‹ geht er [der Fortschritt] in Wahrheit auf Vernichtung des Lebens aus. Er trifft es in allen seinen Erscheinungsformen, rodet Wälder, streicht die Tiergeschlechter, löscht die ursprünglichen Völker aus, überklebt und verunstaltet mit dem Firnis der Gewerblichkeit die Landschaft und entwürdigt, was er von Lebewesen noch übrig lässt, gleich dem Schlachtvieh zur bloßen Ware, zum vogelfreien Gegenstande eines schrankenlosen Beutehungers.«[48] Das ist ein völlig anderer Ton als in den Äußerungen Seidls und seiner Freunde. Die Honoratioren, die sich am 26.6. 1913 auf Einladung des Geschäftsführers des Bayerischen Landesausschusses für Naturpflege, Rudolf Reubold, im Sitzungssaal des Innenministeriums zur Gründung des »Bund Naturschutz« zusammenfanden, musste diese radikal pessimistische Haltung noch mehr befremden.

Es handelte sich dabei überwiegend um die ehemaligen Mitstreiter Gabriel von Seidls aus dem Bayerischen Landesausschuss. Vergeblich hatten sie seit der Gründung 1905 auf ein Naturschutzgesetz gehofft, mit dem auch Naturdenkmäler in Privatbesitz dauerhaft hätten geschützt werden können. Vorgänge wie der Bau des Walchenseekraftwerks hatten die Begrenztheit des eigenen Handlungsspielraums gezeigt.

Ohne die Hoffnung, an der Gesamttendenz etwas ändern zu können, wollte man wenigstens kleinräumig retten, was zu retten war und gründete einen übergreifenden Naturschutzverband, den »Bund Naturschutz« in Bayern. Hauptzweck sollte das Eintreiben finanzieller Mittel für den Ankauf schützenswerter Flächen sein. Anders waren diese offenbar nicht dauerhaft zu schützen. Staatlicher Naturschutz und Verbandsnaturschutz blieben eng verzahnt: Die Arbeit im Landesausschuss und im Vorstand des »Bund Naturschutz« wurde im Prinzip von denselben Personen organisiert. Der Ankauf von Grundstücken war kein befriedigender Ersatz für eine erfolgreiche Verteidigung der bäuerlichen Gesellschaft gegen die Schrecken des Industrialismus, aber was wollte man sonst tun? Immerhin sähe es heute, ohne den Einsatz dieser engagierten, aber kompromissbereiten Menschen, in Bayern noch ganz anders aus.

Radikale Kritiker sahen hingegen keine Perspektiven. Klages sagte den Untergang der Menschheit voraus und schleuderte ihr im Namen der Elementarseelen einen Fluch ins Grab hinterher. Vieles von dem, was er sagte, hat sich bewahrheitet, und es lohnt heute noch, den Aufruf zu lesen.

Die Spaltung in eine pragmatische und eine fundamentalistische Ausrichtung der Naturschutzbewegung wird hier ganz deutlich: Die eine leugnete die Dimension der Zerstörung, um handlungsfähig zu bleiben; die andere verzichtete um der Wahrheit willen auf jegliches Handeln, weil dieses allenfalls kosmetische Änderungen bringen konnte.

Gabriel von Seidl zog einen pragmatischen Umgang mit dem Naturschutz vor. Er ließ sich trotz seines mehrfachen Scheiterns, wenn es um den Ausbau der Wasserkraft ging, nicht entmutigen. Es scheint für ihn auch kein Widerspruch gewesen zu sein, den Bau des Deutschen Museums zu übernehmen, obwohl dessen Protagonist, Oskar von Miller, der wohl hemmungsloseste Befürworter eines Wasserkraftausbaus, ohne jede Rücksicht auf die Landschaft war und seine technikverherrlichende Ideologie das Museum grundlegend prägte.[49] Seidl blieb dem bürgerlichen Millieu und seinen Konventionen verpflichtet. Die Linke war ja, von einigen Naturfreunden abgesehen, noch wesentlich fortschrittsgläubiger und industriebegeisterter als das Bürgertum. So erschien Seidl die konservative Bejahung der bestehenden sozialen Verhältnisse immer noch das kleinere Übel. Dass diese Gesellschaft mit ihrem Wirtschaftssystem eine Wachstumsdynamik in sich trug, die zur Naturzerstörung führen mußte, wurde ausgeblendet.

Gabriel von Seidl konnte die Zerstörung der Wildflusslandschaft durch den Ausbau der Wasserkraft nicht verhindern, weil die wirtschaftlichen Interessen zu stark waren. Dennoch konnte er kleine Erfolge verbuchen. Seine Zähigkeit war ein wichtiger Faktor im Entscheidungsprozess. Ohne Seidl aber wurde der Isartalverein schnell

harmlos. Bereits 1912 machte sich Resignation breit: »Man bürde für die Zerstörung des jungfräulichen Zaubers des Isartals nicht Einzelnen die Schuld auf. Die neue Zeit wollte hier Einzug halten, ihr musste geöffnet werden.« Gabriel von Seidls langjähriger Mitstreiter Gustav von Kahr schreibt in seinen Memoiren, mit Seidls Tod sei die Schlagkraft des Isartalvereins dahin gewesen.[50] Seidls Erfolg im Kampf um den Erhalt der Isar südlich von München als Naherholungsgebiet war von Dauer: Heute kann der Isartalverein stolz auf seine Bilanz von 274 Kilometern Wanderwegen, 60 Kilometern Radwegen und Grundstücken mit einer Fläche von rund 100 Hektar blicken.

DIE NACHFOLGER GABRIEL VON SEIDLS IM KAMPF UM DIE ISAR

Seidls Anliegen sind weiterhin hochaktuell - andere Naturschützer haben auch unabhängig vom Isartalverein dessen Anliegen fortgesetzt. Zu nennen sind Alwin Seifert[51], Kaspar Seibold[52] und die Initiatoren der Initiative Mühltal.

Erst in jüngster Zeit, wo die Bedeutung der Wasserkraft für die Energiewirtschaft geringer geworden ist, konnten Gabriel von Seidls Nachfolger größere Erfolge verzeichnen, auch wenn sie gegen die Vorurteile der Umweltbewegung der achtziger Jahre anzukämpfen hatten, die die Wasserkraft pauschal für umweltfreundlich erklärte: Es wird versucht, die schwer wiegenden ökologischen Folgen durch die Wasserkraftnutzung an der Isar abzumildern, auch wenn man natürlich die alte Wildflusslandschaft niemals wiederherstellen kann.

Bemerkenswert ist, dass die Renaturierungsbemühungen chronologisch in umgekehrter Reihenfolge zu den Eingriffen stattfinden. Begonnen haben die ökologischen Wiedergutmachungsmaßnahmen am Walchensee, dann folgten Mühltal und schließlich die Isar in München. Ein erster nennenswerter Schritt zu einer substantiellen Renaturierung war 1990 die Rückleitung eines Teils des Isarwassers am Krüner Wehr, das seit 1924 die Isar komplett zum Walchenseekraftwerk umgeleitet hatte. Die Bayernwerke haben seitdem am Walchenseekraftwerk eine Tafel angebracht, auf der sie den Naturschutz beschuldigen, ihrer »umweltfreundlichen Stromerzeugung« in den Rücken zu fallen. Demgegenüber hatte bereits Otto Kraus, damals Bayerns oberster Naturschützer, die Wasserkraft als nicht regenerativ bezeichnet, das Wasser komme zwar immer wieder nach, die Landschaft aber sei meist unwiederbringlich zerstört.[53]

Auch den fehlenden Geschiebetransport versuchte man seit 1990 auszugleichen: am Krüner Wehr mit Baggern und am Sylvensteinspeicher mit Hilfe von Lastwagen, die 5 000 Kubikmeter Geröllmasse pro Jahr in die Isar transportieren. Am Tölzer Wehr versucht man es mit Spülungen. In Tölz, unterhalb der Marienbrücke, wurden die Uferverbauungen entfernt, um der Isar das Umlagern wieder zu ermöglichen.[54]

Im Fall des Kraftwerks Mühltal hätte der Freistaat Bayern freie Hand für eine den Steuerzahler nicht belastende Renaturierung gehabt. Der alte Vertrag mit dem Betreiber sah, wie oben bereits vermerkt, vor, dass dieser im Falle der Nichtverlängerung der Konzession den ursprünglichen Zustand wiederherzustellen habe. Dieser Sachverhalt wurde 1990 durch den Schäftlarner Gemeinderat Jürgen Heinrich öffentlich gemacht und bildete den Anlass zur Gründung der »Initiative Mühltal«. Die bayerische Staatsregierung nutzte ihre Chance aber kaum: Fünf Millionen

DM für die Renaturierung der Rest-Isar und eine Verdreifachung der Restwassermenge auf 15 Kubikmeter pro Sekunde war alles, was man den Isar-Amperwerken für 30 weitere Jahre Ausbeutung abverlangte. Dabei wurde wie schon 80 Jahren zuvor der Vorwurf laut, dass mit Gefälligkeitsgutachten und Pseudowissenschaft gearbeitet werde. In den Gutachten wurde die Frage, welche Restwassermenge ökologisch optimal sei, von der Frage getrennt, wie weit das neue Isarbett sein werde. Damit war das gewünschte Ergebnis vorprogrammiert, nämlich dass die Isar nicht zuviel Wasser erhalten solle, weil sonst keine freien Kiesflächen übrig blieben. Nach dem Pfingsthochwasser von 1999 aber hat der Fluss das nicht mehr befestigte Bett so aufgeweitet, dass wesentlich mehr Wasser Platz hätte: Bei weiterer natürlicher Flussentwicklung würde die Restwassermenge, obwohl verdreifacht, geradezu darin verschwinden.[55]

Im Mai 2001 wurde das erste Brutpaar von Flussregenpfeifern auf einer der neu gebildeten Kiesinseln im einstmals kanalisierten Bett unterhalb des Ickinger Wehrs gesichtet. Sie mögen als ein Symbol dafür gelten, dass sich menschliche Zerstörung wenigstens zum Teil wieder rückgängig machen lässt, soweit der politische Wille dafür vorhanden ist.

Die Diskussion um die Gestaltung der Isar innerhalb Münchens läuft bereits seit der ersten Öffentlichkeitsphase des so genannten Isarplans Ende der achtziger Jahre.

Mittlerweile steht fest, dass bis zur Bundesgartenschau im Jahr 2005 die Ufer von der Großhesseloher Brücke bis zur Corneliusbrücke »naturnah umgestaltet« werden sollen. Wie schon am Anfang des 20. Jahrhunderts sind fast 100 Jahre später wieder Bagger aufgefahren, um »Korrekturen« der Isar wieder rückgängig zu machen. Neben der naturnäheren Landschaft wird, wie schon vor hundert Jahren, der Hochwasserschutz als Argument für diese Maßnahmen angeführt. Heute soll das Bett der Isar wieder aufgeweitet werden, um dem Hochwasser genügend Platz zu schaffen. Damals fasste man das Wasser in Kanäle, um Hochwässer besser kontrollieren zu können. Umstritten ist noch die Wassermenge, die die von den Stadtwerken betriebenen Kraftwerke, gegen die der Isartalverein seinen ersten großen Kampf kämpfte, in das befreite Flussbett entlassen müssen. Obwohl hier die Stadt sowohl politischer Betreiber der Renaturierung als auch Eigentümer der Kraftwerke ist, sind Maßnahmen zum Naturschutz nicht so leicht durchzusetzen – zum einen, weil sich die Stadtwerke eine gewisse Selbstständigkeit bewahrt haben, zum anderen, weil auch sie mit »emissionsfreiem Strom« argumentieren.

Oben: Die beiden Bilder des Landesamtes für Wasserwirtschaft zeigen den Ausgangszustand der Renaturierungsbemühungen an der Isar in München von der Großhesseloher Brücke abwärts und das Ergebnis der Flussbettaufweitung. Unten: Zum Vergleich der Zustand der Isar um 1900 an dieser Stelle.

Auch wenn eine Renaturierung der Isar in der Stadt ökologisch nicht so viel bringt wie im Abschnitt Mühltal, ist sie doch mehr als nur eine kosmetische Korrektur. Eine größere Attraktivität der Isar in der Stadt dürfte auch eine Entlastung der Isar südlich von München mit sich bringen, wo sich sommerliche Ausflügler mit den Tieren um die besten Plätze streiten.

Die Befürchtung, dass die Masse der Erholungssuchenden eines Tages zu einer Gefahr für die Landschaft werden könnte, hatte Gabriel von Seidl nicht.

Er, der den Niedergang des Flößerhandwerks durch den Ausbau der Wasserkraft immer sehr bedauert hatte, wäre sicher entsetzt, sähe er heute die Saufspektakel bei den so genannten »Gaudi-Floßfahrten«. Was hätte er wohl zu den Forderungen der Flößer gesagt, dass gerade in dem vom Isartalverein mühsam geschützten Bereich Birg-Georgenstein ein durch das Hochwasser von 1999 freigespülter Fels gesprengt werden müsse, damit sie diese Stelle gefahrlos passieren können? Dem Georgenstein ist sein Inselcharakter bereits genommen und damit die Strömung so beruhigt worden, dass auch schlecht geschulte Flößer gefahrlos daran vorbei kommen. Das Hauptproblem der Isar ist seit Gabriel von Seidl das gleiche: Auch heute noch geht die wesentliche Zerstörung des Wildflusscharakters von der Stromerzeugung aus, die zu Unrecht als umweltfreundlich gilt.

Der Isartalverein hat Gabriel von Seidl an der Hochleite in Höllriegelskreuth, gegenüber der Schlossleite in Grünwald, ein Denkmal gesetzt, das an den Kämpfer für das Isartal erinnert und den heiligen Georg im Kampf mit dem Drachen zeigt. Seidls Haltung war zweifellos eine ritterliche. Seidl war kein Analytiker und kein Hellseher, aber er hat mit seinen Mitteln tatsächlich konsequent und unerschrocken gekämpft.

Gabriel von Seidl als Kämpfer gegen den Drachen.

Auf Seidls Spuren durch München und Bad Tölz

Irmgard Bommersbach, Gabriele Schickel

Spaziergang durch München

Bayerisches Nationalmuseum, Prinzregentenstraße 3. 1894-99 nach den Plänen von Gabriel von Seidl errichteter, 1900 eröffneter Neubau für die seit 1867 im Bayerischen Nationalmuseum, Maximilianstraße 42 präsentierten kulturgeschichtlichen Sammlungen. Hauptwerk Seidls und Hauptbeispiel des malerischen Gruppenbaus. Nach Kriegsschäden mit Ausnahme der Rokokokapelle, der Gärten und des Forums teilweise vereinfacht wiederhergestellt, unter großen Verlusten bei der originalen Innengestaltung. Öffnungszeiten: Di-So 10.00-17.00 Uhr.

Vincentinum, Reitmorstraße 39 und Oettingenstraße 16. 1901-03 als Zweiflügelbau errichtetes Altenheim mit malerischem, neubarockem Kapelleneinbau mit Turm in der Ecke und Renaissancegiebeln an den Traufseiten der Dächer. Bemerkenswerte Eingangsportale in der Reitmorstraße. Nordflügel nach dem Krieg vereinfacht wiederaufgebaut. Hauskapelle von 6.00-19.00 Uhr geöffnet.

Mietwohnhaus, Prinzregentenstraße 24. 1896 erbautes neubarockes Eckhaus. Dach, Fenster und Portal modern verändert.

Mietwohnhaus, Liebigstraße 19 und 21. 1882 errichtete Baugruppe aus zwei Neurenaissancebauten mit Erkern, Nr. 21 mit auffallendem, rundem Eckbau mit Balkonen.

Kath. Pfarrkirche St. Anna, St.-Anna-Platz 5. 1887 bis 1892 ausgeführter neuromanischer Kirchenbau mit Terrasse. Nach Seidls Entwurf von Anton Pruska gefertigter Schalenbrunnen an der Südwestseite. Teile der zeitgenössischen Innenausstattung, besonders das Apsisgemälde von Rudolph Seitz erhalten.

Neubarockes Mietshaus, St.-Anna-Platz 2, mit Fassade nach einem Entwurf von Gabriel von Seidl 1887 errichtet.

Korpshaus Germania, Stollbergstraße 12. 1906/07 von Gabriel von Seidl mit Innenausstattung errichtetes Verbindungshaus in reduziertem deutschen Renaissancestil.

Deutsches Museum, Museumsinsel 1. Ab 1906 für das größte Technikmuseum der Welt in Stahlbeton errichtete Vierflügelanlage nach Entwürfen von Gabriel von Seidl, ab 1913 durch Emanuel von Seidl und O. E. Bieber vollendet. Sammlungsbau mit Turm an der Südseite in reduzierten, historisierenden Formen von Gabriel von Seidl. Das gegenüberliegende Bibliotheksgebäude mit Saalbau 1929-36 von German Bestelmeyer, Kraftfahrzeughalle im Süden 1936/37 von K. Bäßler. Öffnungszeiten: Täglich 9.00-17.00 Uhr.

Ruffinihaus, Rindermarkt 10, Sendlinger Straße 1 und Rosental 1. 1903-05 im so genannten Heimatstil mit stuckierten, farbigen Fassaden an städtebaulich wichtiger Stelle errichteter, mehransichtiger Baublock.

Karlsplatz-Rondell, Karlsplatz 7/8/10/11/12. 1899 bis 1902 unter Einbeziehung des Neuhauser Tors an Stelle der klassizistischen Vorgängerbauten errichtete, vereinheitlichte, neubarocke Rondellanlage aus Geschäftshäusern. Städtebaulich wichtige Funktion als Eingang zur Altstadt.

Künstlerhaus, Lenbachplatz 8. 1896-1900 in den Formen der deutschen Renaissance errichteter Gesellschaftsbau der Münchener Künstlergenossenschaft mit hohem Saalbau und niedrigen Verbindungsbauten um den vorgelagerten Hof. 1937/38 wurde der erdgeschossige Restaurantflügel zum Karlsplatz aufgestockt. Saalbau nach schweren Kriegsschäden ab 1955 wiederaufgebaut. Vestibül und Treppenhaus des Saalbaus sowie das »Venezianische Zimmer« im Restaurant original erhalten, Lenbachzimmer und Festsaal rekonstruiert. Im Künstlerhaus tagt heute noch die gesellige Vereinigung »Allotria«.

Haus Drey, Max-Joseph-Straße 2. 1911/12 erbautes Geschäfts- und Wohnhaus des Kunsthändlers Drey mit bemerkenswerten Terrakottafriesen. Heute Industrie- und Handelskammer. Bildet mit dem schon 1898-1901 in Jugendstilformen ausgeführten, ehem. Haus für Handel und Gewerbe von Friedrich von Thiersch einen Baublock.

Haus Schrenck-Notzing, Max-Joseph-Straße 9. 1904-06 errichtetes Palais im Stil der italienischen Renaissance. Heute Bayerischer Bauernverband.

Haus Böhler, Briennerstraße 25. 1904/05 mit einer Schauseite im Stil der italienischen Renaissance errichtetes ehemaliges Wohn- und Geschäftshaus des Kunsthändlers Böhler.

Haus Berchem, Briennerstraße 22. 1897/98 im Stil der italienischen Renaissance errichtetes Stadtpalais. Nach Kriegsschäden nur vereinfacht wiederaufgebaut.

Lenbachhaus, Luisenstraße 33/35. 1887-91 errichtete ehemalige Villa mit Atelier des Malers Franz von Lenbach im Stil der italienischen Renaissance. Heute Städtische Galerie. 1927-29 Anbau des Nordflügels, 1970/71 Anbau an der Richard-Wagner-Straße. Im Inneren zwei Repräsentationsräume Lenbachs rekonstruiert. Öffnungszeiten Di-So 10.00-18.00 Uhr.

Ehemaliges Kaulbachhaus, Kaulbachstraße 15. 1887 bis 1889 für den Maler und Akademiedirektor Friedrich August von Kaulbach im Stil der italienischen Renaissance erbaute Künstlervilla mit Gartenanlage. Die Villa wurde noch zu Lebzeiten Seidls aufgestockt, danach mehrfach im Innern umgebaut, jedoch nach Rekonstruktion und Restaurierung 1986-88 im Wesentlichen wiederhergestellt. Im Dritten Reich war die Villa Sitz des Gauleiters Adolf Wagner, von 1945-83 war hier der amerikanische Soldatensender AFN untergebracht. Ab 1987 wird die Villa vom Historischen Kolleg genutzt. Ein Besuch empfiehlt sich in Verbindung mit den öffentlichen Vortrags- oder Konzertveranstaltungen, die hier durchgeführt werden. U-Bahn-Station Universität.

Kath. Pfarrkirche St. Rupert, Gollierplatz 1. 1901 bis 1903 errichteter neuromanischer Kirchenbau mit stark vereinfachtem Zentralraum. Heute durch Fenster in der Apsis und Verlust der ehemaligen einfachen Ausstattung im Inneren leicht verändert. U-Bahn-Station Messegelände.

Kath. Pfarr- und Wallfahrtskirche St. Maria Thalkirchen, Fraunbergplatz 1. 1907/08 errichteter, neubarocker Erweiterungsbau des im Kern mittelalterlichen, um 1692 barockisierten Kirchenraums. U-Bahn-Station Thalkirchen.

SPAZIERGANG DURCH BAD TÖLZ

»Marienstift«, Marktstraße 2. Geburtshaus des Historikers und Politikers Johann Nepomuk Sepp (1816-1909). Von dessen Schwester Anna Barbara Merz 1873 zu dem heutigen drei- bis viergeschossigen Gebäudekomplex in neugotischen Formen umgebaut. Seit 1892 Marienstift. 1905 von Gabriel von Seidl durch eine Neugestaltung des Dachs mit zwei Zwerchgiebeln der »heimischen Bauweise« angepasst. Fassadenmalerei nach Seidls Entwurf im Zopfstil von Karl Wahler, Professor der Münchner Kunstgewerbeschule, ausgeführt. Thema: der bayerische Volksaufstand von 1705. Dargestellt sind zwei Anführer des Aufstandes, Johannes Jäger aus Tölz und der Schmied von Kochel, bedeutende Begebenheiten während des Aufstands und der damals regierende Bayerische Kurfürst Max Emanuel mit seinen Söhnen.

Wohn- und Geschäftshaus, Marktstraße 1. Seit 1885 Sitz des »Tölzer Kuriers«. Der ehemals neugotisch geprägte Bau wurde 1909 von Gabriel von Seidl im Sinne des Heimatstils umgestaltet und mit einem flachen Satteldach der Bauweise der Häuserzeile angepasst. An den Fassaden ein Bildnis Johannes Gutenbergs, des Erfinders des Buch-

drucks, und Zunftwappen, außerdem ein Relief zu Ehren Gabriel von Seidls, das seine Verdienste um die Tölzer Marktstraße würdigt.

Enzianbrennerei, Weinhandlung und Weinstube Max Schwaighofer, Marktstraße 17. Zwischen 1870 und 1880 errichtetes traufständiges Gebäude. Im Jahr 1896 Einbau einer Weinstube durch Gabriel von Seidl, der 1906 auch die Fassade neu gestaltete. Originelle Synthese von Stuckornamentik und Fassadenmalerei; dargestellt sind der Wirt und ein Zecher, die ein Spruchband mit der Inschrift halten: »Vivat zur Rechten, Vivat zur Linken, redliche Freundschaft versüßet das Trinken«.

Weinhaus »Zum Höckh«, Marktstraße 41. Stammt im Kern aus dem 15./16. Jahrhundert. Im ersten Obergeschoss sind eine spätgotische Balkendecke und eine originale Raumausstattung vom Beginn des 19. Jahrhunderts mit angeschlossener Hauskapelle erhalten. Von der Bemalung der Fassade, die Gabriel von Seidl 1904 von Karl Wahler ausführen ließ, sind nur Fragmente geblieben: die farbig abgesetzten Fensterumrahmungen, ein Medaillon, das an das Handwerk der Hausbesitzer, die Lebzelterei, erinnert, und die Familienwappen. Eine Inschriftentafel erinnert an den Anführer des Volksaufstandes von 1705, Johannes Jäger, der in diesem Haus geboren wurde.

Altes Rathaus, Marktstraße 43. 1476 erstmals als Rathaus urkundlich erwähnt. Nach dem großen Brand im Jahr 1634, der große Teile der Marktstraße einäscherte, wiederaufgebaut. Stuckdekoration der Obergeschosse stilistisch dem späten 18. Jahrhundert zugehörig. 1903 ging das Haus in Privatbesitz über. In den folgenden Jahren von Gabriel von Seidl in ein Wohn- und Geschäftshaus umgebaut. Die Fassade nur im Erdgeschoss verändert. Die von Seidl in Angleichung an das Portal bogenförmig abgeschlossenen Schaufenster sind heute durch Rechteckformen ersetzt.

Sporrerhaus, Marktstraße 45. Wohn- und Geschäftshaus im Kern aus dem 18. Jahrhundert stammend. Fassadenmalerei auf alter Grundlage erneuert. Themen: heiliger Florian, Szenen aus dem Leben des heiligen Antonius Eremita, Lamm Gottes, Verkündigung an Maria mit Beweinung Christi und ein Maria-Hilf-Bild. Neugestaltung des Portals durch Gabriel von Seidl mit seitlicher Pilastergliederung und bekrönender Kartusche. Kunstvoll gearbeitete schmiedeeiserne Ziergitter in den Türfüllungen.

Bürgerhaus und Heimatmuseum, Marktstraße 48. Ehemals ein im Stil der Neorenaissance errichtetes Wohn- und Geschäftsgebäude, das so genannte »Bürgerbräu«. 1903/04 von Gabriel von Seidl zum »Neuen Rathaus« umgebaut. Durch Aufsetzen eines Doppelgiebels und vorgelegte Kastenerker der traditionellen Tölzer Bauweise angepasst. Die Fassaden mit einer dem Barock entlehnten kolossalen Pilastergliederung und Bemalung belebt. Durch Dachreiter, Glockentürmchen, Uhr und Stadtwappen als Rathaus charakterisiert. Heutige Nutzung als Bürgerhaus und Heimatmuseum. Die Malerei wurde von dem Münchner Kunstmaler Martin Herz ausgeführt.

Wohn- und Geschäftshaus, Marktstraße 49. Bau des 18. Jahrhunderts mit schönem Mittelerker. Putz-

gliederung und Fensterumrahmungen 1904 von Gabriel von Seidl entworfen.

Pflegerhaus, Marktstraße 59. 1485 von Caspar II. Winzerer, dem ersten Pfleger der Wittelsbacher in Tölz, erbaut. Die von Gabriel von Seidl 1908 entworfene farbige Gestaltung der Hauptfassade ist bis auf das erneuerte Wappen der Winzerer am Erker über dem Eingang heute verloren. Die Fassade zur Hindenburgstraße wurde von Seidl neu gegliedert und mit einem Stifterbild im Stil der Renaissance geschmückt, das sich auf die Familie der Winzerer, der ehemaligen Hausbesitzer, bezieht.

Der Kahnturm. Den Abschluss der Marktstraße bildet der Kahnturm. Weitsichtig erkannte Gabriel von Seidl, dass das mittelalterliche Bauwerk in Gefahr war. Deshalb kaufte er, zusammen mit Kommerzienrat Schmederer und dem Handschuhfabrikanten Roeckl, im Jahr 1899 den Turm für kurze Zeit, um eine »Grunddienstbarkeit« eintragen zu lassen: Diese verfügte, »dass der Turm, ohne seine oder seiner Nachkommen Einwilligung nicht verändert werden darf.« Leider setzte sich die Stadt Bad Tölz im Jahr 1968 über diese Verfügung hinweg und ließ in einer Nacht- und Nebelaktion das mittelalterliche Bauwerk abreißen. Ein spitzfindiger Jurist fand einen Formfehler im Seidl-Dokument, der Abriss war dadurch legalisiert. Weichen musste der Turm, weil die Durchfahrt für die Autos zu eng war. Heute lenkt eine Umgehungsstraße die Verkehrsströme an der Stadt vorbei! Der jetzige Turm stammt von Martin Döllgast aus dem Jahr 1968.

Zusammenfassung

Gabriele Schickel

Gabriel von Seidl hat ein umfangreiches innenarchitektonisches und architektonisches Werk geschaffen. Zu seinen Bauten zählen Kirchen, Museen, Schlossbauten, großbürgerliche und ländliche Villen, Kunsthändlerhäuser, Geschäftsgebäude, Rathäuser, städtische Mietwohnbauten und Wirtshäuser. Bei vielen dieser Gebäude geht auch die Innenausstattung auf Seidl zurück oder entstand in enger Zusammenarbeit, etwa mit Rudolf Seitz oder Franz von Lenbach. Auch die jeweiligen Gartenanlagen oder das Umfeld eines Gebäudes wurden in der Regel von Gabriel von Seidl gestaltet. Darüber hinaus engagierte er sich, etwa mit der Gründung des Isartalvereins im Landschaftsschutz und, zum Beispiel mit seiner Denkschrift zur Erhaltung des Augustinerstocks, in der Stadtbildpflege. Seidl errichtete in München auch ephemere Festbauten und -hallen und war, was nur wenige wissen, mit Preisen ausgezeichnet auf den Weltausstellungen 1893 in Chicago, 1900 in Paris und 1904 in St. Louis vertreten.

Obwohl Seidls Bauten in vielen deutschen und auch einigen ausländischen Orten zu finden sind, ist seine Heimatstadt München Ausgangspunkt und stetes Haupttätigkeitsfeld seines Wirkens geblieben. Mit Ausnahme des Bremer Rathauses stehen hier seine Hauptwerke wie das Bayerische Nationalmuseum, das Künstlerhaus, die Kirchen St. Anna und St. Rupert sowie das, allerdings nicht mehr von Seidl selbst vollendete, Deutsche Museum.

Die künstlerische Situation in München zwischen den 1870er Jahren und dem Ersten Weltkrieg zeichnete sich durch zahlreiche selbstverwaltete Vereinigungen aus. Mit dem Rückzug des Hofes aus der Bautätigkeit und dem Erstarken der kommunalen Verwaltung sowie dem wirtschaftlichen Faktor kunstgewerblichen Exports bildete diese Situation den Nährboden für den besonderen Erfolg einer bürgerlich-konservativ ausgerichteten Kunst und Architektur, zu deren Hauptvertretern Gabriel von Seidl zählt. Mit der Erfindung eines bürgerlichen Baustils löste sich Seidl in seinem Architekturverständnis einerseits völlig unbefangen von höfischen und akademischen Architekturtraditionen und war in diesem Sinne ein Neuerer. Andererseits verweigerte er sich aber den fortschrittlichen Strömungen in Kunst und Gesellschaft. Dem Jugendstil konnte er nichts abgewinnen. Er beharrte vielmehr auf der Variation und Weiterführung traditioneller Formen der italienischen und der deutschen Renaissance, des Barock und der regionalen Architektur. In Seidls Werken blüht die historistische Architektur ein letztes Mal auf. Er vermochte alle Baustile nach Bedarf eindrucksvoll anzuwenden. Selbst seine Gegner aus der jüngeren Generation, wie August Endell oder der Kunstkritiker Eduard Engels, die ihm die Verwendung historischer Stile an seinen Werken vorwerfen, bescheinigen ihm eine souveräne Handhabung derselben: »Die St. Annakirche Seidl's ist in ihrer Art direkt ein

Meisterwerk. Staunenswert die Sorgfalt und das phänomenale Anpassungsvermögen, mit dem hier eine vergangene Zeit bis ins Detail nachempfunden ist. Und es ist gar nicht zu leugnen, daß auch Seidls spätere Arbeiten reizvolles Detail in Menge enthalten, überraschend seine Gliederungen, sogar bei aller Imitation einen Schimmer Persönlichkeit, ja daß sie im großen und ganzen bestechender sind als die meisten Leistungen anderer, von den unbeholfenen modernen Versuchen ganz zu schweigen.«[1]

Wenn aber weitergehend der Rückgriff auf frühere Kunstformen gerade im 19. Jahrhundert als »inhaltloser bzw. verlogener, unschöpferisch reproduzierender Historizismus, unter formalistischer Beschwörung fast aller früheren Stilformen«[2] klassifiziert wird, möchte man dies für Seidls Werk nicht gelten lassen, da sowohl eine schöpferische Umformung der Vorbilder als auch eine regionale, auftragsspezifische, stimmungstragende Bezogenheit seiner Bauten nicht von der Hand zu weisen ist. Seidl knüpfte an vergangene Stilrichtungen an und wurde besonders wegen seines Rückgriffs auf den Putzbau der süddeutschen Renaissance berühmt, dessen Effekte er auf die zeitgenössischen Bauten übertrug. Er schuf aber dennoch eigenständige, nach Auftraggeber und Ort unterschiedene Ausformungen innerhalb dieses von ihm erfundenen bürgerlichen Baustils: »Schon die eigentümlichen und segensreichen Unterschiede unserer Volksstämme und die grossen Unterschiede der Materialien, die verschiedenen deutschen Landen zu Gebote stehen, wirken einem durchgehenden allgemeindeutschen Stilcharakter entgegen; dass es aber trotz aller Schwierigkeiten möglich ist, auch bei uns einen einheitlichen bürgerlichen Baustil für einheitliche Stammesdistrikte auszubilden, das hat München in den beiden letzten Jahrzehnten

dank dem Wirken von Künstlern wie Gabriel von Seidl, Emanuel Seidl und Hocheder bewiesen. Hier ist eine bürgerliche Baukunst entstanden, die einen scharf ausgeprägten und zwar spezifisch süddeutschen Charakter trägt.«[3]

Dass gerade Seidls Architektur das Festhalten an der stark idealisierten, retrospektiven Idylle des gehobenen Münchner Bürgertums unter Ausblendung der gesellschaftlichen Umwälzungen am Jahrhundertende spiegelt, machen Gebäude wie die Bäckerherberge und seine Wirtshausbauten wie der Franziskaner Keller oder der Bauerngirl ebenso deutlich wie seine Wohn- und Kunsthändlerhäuser im nobilitierenden Stil der italienischen Renaissance. Die Feier der bürgerlichen Kunst als Hort des Schönen und der Harmonie aller Gattungen, als Identifikationsangebot an alle Schichten, war ihm ein besonderes Anliegen. Davon zeugen das Bayerische Nationalmuseum und das Münchner Künstlerhaus.

Über die stilistischen und die Zeitbezüge hinaus kann Seidls Architektur gewürdigt werden in ihrem Zusammenhang mit dem städtischen Raum und dem Gestalten aus dem baulichen Organismus heraus: »Der thatsächliche Wert der jetzigen Geschmacksbewegung liegt aber viel tiefer. Es handelt sich hier nicht bloss um den Streit der neugefundenen oder überlieferten Formendetails, nicht so sehr (um mit einem hervorragenden hiesigen Bildhauer zu reden) um die Sprache, in der der Architekt seine Gedanken ausdrückt, sondern um das, was er in seiner Sprache sagen kann; es handelt sich ferner um den gewonnenen klareren Einblick in die Gestaltungsgesetze eines Organismus, angefangen von der Behandlung der groben Massen im ununterbrochenen Zusammenhang bis hinab zum kleinsten Detail, ein Einblick, der allein ein selbständiges Schaffen und Weiterbilden ermöglicht.«[4] Die bürgerliche Architektur kannte in der Zeit vor Seidl nur »kasernenartige, öde Nutzbauten« oder unpassende palastartige Repräsentationsbauten. Seidl aber verlieh den Bauten mit seinem Repertoire der malerischen Architektur Stimmung und verstärkte auf diese Weise die Identifikation der Bürger mit diesem, *ihrem* Stil: »Stimmung […], das ist ein künstlerisches Gut, für das diejenigen, die immer nur nach neuen und originellen Formen suchen, gar nicht die richtige Wertung haben; Stimmung zu erzielen, gleichviel in welcher Kunstsprache, das ist das wesentlichste Ziel, das eine bürgerliche Baukunst sich zu setzen vermag, ein Ziel, das hier höher steht, als das Streben nach interessanten neuen Lösungen.«[5]

Die Gestaltungsgesetze, die sich unabhängig vom jeweiligen Stil an Seidls Bauten studieren lassen und »für das Zustandekommen eines wohlgefälligen Bildes«[6] sorgen, sind vielfältig. Zu ihnen gehören: das harmonische Einfügen eines Neubaus in seine Umgebung; ausgewogene Proportionen; eine belebte Silhouette und die Ausgestaltung des Dachs; Mehransichtigkeit und die freie Komposition aller Teile. Die romantisierenden Tendenzen im Städtebau sind besonders auch mit dem Namen des Wiener Architekten und Städtebautheoretikers Camillo Sitte verbunden. Sie erscheinen gerade zu einer Zeit, als die Innenstädte drastisch umgebaut werden und das Stadtgebiet immer weiter ausgedehnt wird, um dem steigenden Verkehrsaufkommen und dem Bevölkerungswachstum gerecht zu werden. »Die Nichterfüllung dieser [Sittes] Forderungen würde aber zu jenem künstlerischen Unglück führen, das William Morris in einem zu Birmingham abgehaltenen Vortrag ›über die Aussichten der Architektur in der modernen Civilisation‹ als Verunstaltungen der Erde bezeichnet hat, welche hinanzuhalten doch unsere heiligste Pflicht ist.

Daraus ergibt sich die zwingende Notwendigkeit, dass bei Veränderungen der zusammenhängenden Bilderreihe der Erde durch bauliche Neu- oder Umgestaltungen stets die größtmögliche Rücksicht auf das bestehende Bild genommen wird, und das geschieht, wenn man sich stets bewusst bleibt, dass jedes Ding im Bilde ein Teil jenes grösseren Ganzen ist, das sich eben zum Bilde vereint und dass jeder Teil dieses Bildes deshalb die Aufgabe hat, diesem höheren Ganzen sich unterzuordnen, dass aber in weiterem auch das ganze Bild wieder ein Teil eines noch grösseren Ganzen ist, das man im Wenden der Blicke und im Fortschreiten nacheinander geniesst, und so fort bis zur Gesamtheit der Erscheinungen unserer Erde und der Welt überhaupt. – Nur die eingehendste Rücksichtnahme auf die Beziehungen aller Teile zum Ganzen in dem Sinne, dass das Kleinere so gestaltet wird, wie es dem dazugehörigen Grösseren schönheitlich nützen kann, wird uns davor bewahren, dass jene hässlichen Störungen im Gesamtbilde der Erde auftreten, wie sie unsere moderne Civilisation leider vielfach schon verschuldet hat.«[7]

Gabriel von Seidl wird als Architekt an der stets verneinten Frage gemessen, ob seine Werke in eine vorgestellte Entwicklung hin zur modernen Baukunst eingereiht werden können oder ob sie lediglich als letztes Festhalten am traditionellen Bauen gesehen werden müssen. Auf diese Frage wird die Antwort eine zweifache sein müssen. Denn Seidls Architektur war für einen kurzen Moment Aufsehen erregend neu und im selben Moment schon veraltet. Er stand »am Beginn einer neuen Aera deutscher Baukunst […], während die Formensprache in der Architektur, die er selbst mit begründet und heraufgeführt, mit ihm schon ihre volle Reife gefunden hat und mit ihm vielleicht auch schon zur Neige geht.«[8] Dieser schnelle Umbruch in der Architektur zeigte sich besonders deutlich an der kontroversen Besprechung der 1900 eröffneten Bauten des Bayerischen Nationalmuseums und des Künstlerhauses. Während die ältere Generation diese Gebäude noch als Höhepunkte der Architekturentwicklung feierte, konnte die jüngere Generation darin nur den »Schwanengesang der Alten«[9] sehen. Die Verwendung historischer Stile, besonders der mit der Ausstellungsabteilung des Bayerischen Kunstgewerbevereins mit dem Motto »Unserer Vaeter Werke« im Jahr 1876 vollzogene bewusste Anschluss an die deutsche Renaissance als Heraufbeschwörung einer kulturellen Tradition, die mit bürgerlichen Höchstleistungen in Kunst und Gesellschaft verbunden wurde, ist jedoch nur eine Seite von Seidls Schaffen. Denn bei Seidl zeigt sich bereits ein Oszillieren zwischen Tradition und neuer Freiheit in der Uminterpretation der herkömmlichen architektonischen Konzepte. Kennzeichnend bleibt jedoch für Seidls Architektur der Versuch, Altes und Neues in einer gesellschaftsstützenden Harmonie zu vereinen. Selbst dort, wo

sich die Widersprüche in seinen Bauten am deutlichsten zeigen, etwa bei St. Rupert in der formalen Diskrepanz zwischen Innen und Außen, bleibt die traditionelle Fassade immer erhalten. Eine Kunst, die unabhängig von der Stilrichtung nicht auf Harmonie abzielt, war für Seidl unvorstellbar. Er war der Ansicht: »In der Kunst ist für die Güte eines Werkes aber nicht der Stil oder die Richtung entscheidend (so wenig wie im Leben die Partei für den Menschen) man muß nur zwischen gut und schlecht zu unterscheiden verstehen lernen, unbekümmert um die Richtung. […] Die Gesetze der Kunst und der Schönheit […] beruhen alle auf der Harmonie - aber nach Zeit, Ort und gegebenen Verhältnissen stets verschieden in ihrer Anwendung, bringen sie stets Neues und wirken ewig verjüngend.«[10] Diese Formulierung Seidls könnte als Ausblick auf die so genannte gemäßigte, regional orientierte Moderne gesehen werden, die den Wunsch nach Harmonie nicht aufgab, in München bis heute beliebt ist und beispielsweise von Theodor Fischer und Fritz Schumacher fortgeführt wurde.

ABKÜRZUNGEN

AR: Architektonische Rundschau

BAK: Blätter für Architektur und Kunsthandwerk

Bm: Der Baumeister

DBZ: Deutsche Bauzeitung

KuH: Kunst und Handwerk. Zeitschrift des Bayerischen Kunstgewerbevereins zu München, München 1897-1932 (vormals Zeitschrift des Bayerischen Kunstgewerbevereins)

MBBG: Münchener Bürgerliche Baukunst der Gegenwart. Eine Auswahl von charakteristischen öffentlichen und privaten Neubauten, München 1898-1909, Reprint München 1985

MGZ: Münchener Gemeinde-Zeitung

SBZ: Süddeutsche Bauzeitung

SchBZ: Schweizerische Bauzeitung

StaatsAM: Staatsarchiv München

StadtAM: Stadtarchiv München

ZBk: Zeitschrift für Baukunde

ZBKV: Zeitschrift des Bayerischen Kunstgewerbevereins zu München

ZBw: Zeitschrift für Bauwesen

ZGBr: Zeitschrift für das gesammte Brauwesen

ANMERKUNGEN

EINE KÜNSTLERBIOGRAPHIE IN DER PRINZREGENTENZEIT (SEITE 9-27)

1 »Der Seidl-Garten«, etwa 1909 von Gabriel von Seidl verfasst.
2 Schlagintweit, S. 449
3 E. Schleich, Einst und Heute. In: Allotria, S. 8
4 Wolf, S. 126
5 Doering, S. 15
6 Ausstellungskatalog »Richard Riemerschmid«, S. 21
7 Bayer. Staatsbibliothek, München, Handschriftenabteilung, Seitziana III
8 Ebd.
9 Wolf, S. 139
10 Von Ostini, Die Münchner Allotria. In: Allotria, S. 22
11 Centenarfeier der Stadt München, S. 47
12 Weinmayer, S. 270
13 Hoh-Slodczyk, S. 73
14 Kneipzeitung Allotria 1898
15 Ranke, S. 278
16 Goetz, S. 147
17 Ausstellungskatalog »Richard Riemerschmid«, S. 15
18 Kneipzeitung Allotria 1898

DIE ANFÄNGE ALS INNENARCHITEKT (SEITE 29-50)

1 ZBKG 1877, Taf. 8
2 Günther, S. 39
3 Schmaedel 1911
4 Münchner Merkur 1952
5 Münchner Stadtanzeiger 13, 31.3.1950
6 Stadtarchiv München, Nachlaß Pössenbacher, vol. 1
7 100 Jahre Bußmann KG Maschinenfabrik 1868-1968
8 Siegfried 1929, S. 96

9 Siegl, Marc, Die Cramer-Klett's, eine Industriellen-Familie und ihre Bedeutung für das Priental, Chronik Aschau i. Ch. III, 1998, S. 67 ff. Die folgenden Zitate und Informationen sind den Memoiren des Herrn Theodor Freiherrn von Cramer-Klett (jun.), Privatbesitz Cramer-Kletts, ca. 1924-1934, und einem Besuchungsbericht aus dem Jahre 1880, beide im Cramer-Klettschen Privatarchiv, Hohenaschau entnommen.

10 Thiersch und Schmaedel 1911

11 Schlagintweit, S. 293 ff.

GABRIEL VON SEIDL UND DER HEIMATSTIL
(SEITE 51-82)

1 Schultze-Naumburg 1900, S. 23

2 Zitat aus Seidls Skizzenbuch. Abgebildet in: Bayerischer Heimatschutz, 12. Jg., 1914, S. 39 und 45

3 Zitat Messerer 1910, S. 53

4 Posener 1979, S. 160

5 Muthesius 1910, S XVI

6 Der Bauplan, am 27.8.1886 von Seidl signiert, ist beim jetzigen Besitzer der Villa erhalten.

7 Kratzsch 1999, S. 198

8 StaatsAM, Baupläne Berchtesgaden, Nr. 1890/69.

9 Zeitschrift für Christliche Kunst 1913, S. 36

10 StaatsAm, Baupläne Berchtesgaden, Nr. 1890/70

11 So die Eintragung im Seidl-Plan.

12 Die Pläne sind beim Landesamt für Denkmalpflege München erhalten. Sie sind vom »Juni 1891« datiert und von Seidl signiert.

13 Hupp 1927, S. 34 f.

14 Bis 1903 kaufte Hupp ständig angrenzende Flurstücke hinzu, so dass ihm letztendlich über 5 Hektar Land gehörten. Kataster Oberschleißheim NP 13277-1905. Heute gehören zu dem Anwesen nur noch die ursprünglichen 5033 Quadratmeter. Das übrige Areal kaufte die Gemeinde Oberschleißheim.

15 Zu den Querelen um die Sanierung siehe Süddeutsche Zeitung, 57. Jg., 14./15.8.2001, Nr. 186, Bayernausgabe.

16 Die heutige Farbe entspricht nicht mehr dem berühmten »Seidl-Grün«, da Rahmen und Läden, genauso wie die ursprünglich in Sternform aufgedoppelte Haustür, einige Male überstrichen wurden.

17 Hupp hat das Werk auf der Wand datiert: ausgemalt »im Juli 1909 bei geheiztem Ofen«.

18 StaatsAM, Baupläne Tegernsee, Nr. 1898/56

19 Ludwig Kester und vor ihm sein Vater hatten das Unternehmen zum Erfolg geführt. 1890 gehörte die Fabrik, »die jährlich 60 000 Rinder- und 15 000 Schweinehäute verarbeitete, zu den bedeutendsten Arbeitgebern Münchens.« Turner 1998, S. 26

20 Ebd., S. 19

21 Ebd., aus einem Werbeplakat für eine Villenkolonie in Fürstenfeldbruck, das im Nachlass Ludwig Kesters erhalten ist. Die Familie besaß ein circa 3 000 Quadratmeter großes Ufergrundstück mit Badehaus an der Amper, das über einen Feldweg vom Wohnsitz aus leicht zu erreichen war. (Freundliche Mitteilung von Nikolaus Turner, Geschäftsführer der Kester-Haeusler-Stiftung).

22 Die Originalpläne zu diesem Projekt befinden sich im Nachlass der Familie Kester.

23 Turner 1998, S. 22

24 Für die Angaben zur Familie danke ich Herrn Franz-Gabriel Roeckl, dem Enkel des Bauherrn, der das Gut weiterführt.

25 Das Relief über der Bogenöffnung zur Halle zeigte den heiligen Martin, das zweite Relief ist verloren.

26 Abbildungen bei Zell 1903, S. 161 ff.

27 Laut Bauabrechnung, die sich im Besitz der Familie befindet, kostete die Stuckausstattung der Wohnräume 1 107 Mark.

28 Laut Bauabrechnung kostete der Bau 53 329 Mark; 7 Prozent davon berechnete Seidl sich als Honorar.

29 August Fischer war Bezirksamtmann in Tölz. Diese Stellung entspricht in etwa der heutigen Position eines Landrats.

30 Fischer 1914, S. 49 f.

31 Dem Heimatort seiner Väter stattete er mindestens einmal im Jahr einen Besuch ab. Er unter-

stützte den Erhalt der Baudenkmäler vor Ort mit Rat und Tat.

32 Engels 1902/03, S. 209

33 Zell, 1902, S. 109

34 Bärbel Kleindorfer-Marx, S. 125

35 Freundlicher Hinweis von Karl Floßmann, Bad Tölz

36 StaatsAM, LRA Tölz, Nr. 164945

37 Gräfin Sascha von Schlippenbach war eine Tochter des Frankfurter Bankiers von Metzler und Witwe des Friedrich von Schlippenbach, königlich preußischer Kammerherr der »Frau Prinzessin Friedrich Karl von Preußen«.

38 Für die Auskunft zum Kaufpreis danke ich Herrn Dr. Richard May, Kreuth.

39 Die Urkunde ist erhalten und im Entree des Gebäudes ausgestellt.

40 Das Datum der Grundsteinlegung geht aus der Urkunde hervor. Unter den Zeugen waren: Graf Eberhard von Tattenbach, Neffe der Bauherrin und »praesumptiver Erbe«, Familie von Thielmann, der Bürgermeister von Kreuth und Elisabeth von Bülow.

41 Die Bemalung am Bruckmair-Haus in Degerndorf, Gemeinde Münsing, 1814 gebaut, könnte als Vorbild gedient haben. Wenn Seidl es nicht aus eigener Anschauung kannte, so kannte er gewiss die Abbildung bei Aufleger 1904, S. 6, Tafel 58

42 Zitat aus dem Zusatz zur Grundsteinlegungsurkunde, die der spätere Besitzer dem Originaltext angefügt hat und in Kopie wieder im Haus einmauern ließ.

43 StaatsAM, Baupläne Tölz, Nr. 1911/16

44 Die Jodquelle und der Ort Heilbrunn waren ursprünglich im Besitz des Klosters Benediktbeuren und dienten den Wittelsbachern schon unter Wilhelm IV. (etwa ab 1530) bis zur Regierungszeit Max Emanuels als Heilbad. Durch die Säkularisation war der Besitz 1803 an den Staat gefallen. Zu dem Zeitpunkt, als das Ehepaar Höck die Badeeinrichtungen erwarb, waren sie schon sehr heruntergekommen und wohl entsprechend günstig zu haben. Für die Angaben zur Baugeschichte danke ich Frau Birgit Hüttner, Bad Tölz.

45 Die Grundmauern wurden verstärkt, innere Umbauten beseitigt und die Dachgauben wieder auf Originalgröße gebracht.

46 StaatsAM, Baupläne Tölz 1912/62

47 Seidl 1912, S. 376

48 Höfler 1914, S. 60

49 Fischer: 1914, S. 52

50 Bayerische Staatsbibliothek, Handschriftenabteilung, Seppiana 65, Brief von Seidl an Prof. Sepp, vom 26.1.1906

51 In der Literatur wird die Stuckornamentik häufig als nach Seidls Entwurf entstanden dargestellt. Die Autoren beziehen sich auf einen Aufsatz von Franz Zell in der Süddeutschen Bauzeitung, 15. Jg., 1905, S. 278ff. Zell äußert sich hier aber nicht eindeutig. Im Stadtarchiv Bad Tölz ist eine Abbildung des Gebäudes erhalten, die vor der Neugestaltung durch Seidl entstanden ist. Sie zeigt bereits die Stuckierung.

52 Petzet 1995, S. 66

53 Türkheim 1921, S. 67

54 Zell 1905, S. 278

55 StaatsAM, LRA Tölz, Nr. 134748

56 StaatsAM, LRA Tölz, Nr. 134962

57 Ebd., Brief des Stadtmagistrats an das Bezirksamt vom 7.9.1907

58 Münchner Stadtchronik 8.12.1908: Die Feier zum 60. Geburtstag Gabriel von Seidls im Künstlerhaus.

59 Schickel 2000, S. 94

DIE ERFINDUNG DER GEMÜTLICHKEIT - SEIDLS GASTHÄUSER UND BIERPALÄSTE (SEITE 83-111)

1 Huret 1911, S. 123f.

2 Streiter 1896, S. 249

3 Walter 1992

4 Schlichthörle 1844, S. 96f.

5 Behringer 1991, S. 124

6 Baumann 1832, S. 162. Daneben existierten über 200 Bierwirte.

7 Bauer 1982, S. 13. Brauereilisten finden sich in den Münchner Adressbüchern von 1842 und 1866 sowie bei Nagler 1863, Teil 2, S. 7f.

8 Regnet 1879, Tafel 1

9 vgl. Glöckle 1985, Ottomeyer 1987

10 Bericht der Regierungsfinanzkammer vom 8.1.1857, gezeichnet von Aschenbrenner, zitiert nach Staubwasser 1900, S. 234

11 Michel 1907, S. 214f. Vgl. auch Ostini 1896, S. 26 und KuH 1897/98, S. 392

12 Die historische und bauliche Entwicklung dieser »Kellerstadt« liegt bis heute weitgehend im Dunkeln; vgl. Megele 1951, Plananhang; Wilhelm 1986, S. 44ff.; Heerde 1977, S. 106f.

13 Dempp 1843; Heckhorn/Wiehr 1989, S. 24f.

14 Hard 1991, S. 80ff.; Behringer 1991, S. 127f.

15 Dempp 1843, S. 122 erwähnt eine Schankstube des Pschorrkellers an der Bayerstraße.

16 Haushofer; Ottomeyer 1987, S. 358ff.

17 StaatsAM, RA 25455/3, Schreiben vom 4.1.1812

18 Haushofer

19 Zentner 1962, S. 66ff.

20 Walter 1997a

21 Markmann 1900, S. 30ff.

22 Markmann 1900, S. 86ff.

23 Behringer 1991, S. 170

24 Strom 1988, S. 183f.

25 SBZ 1896, S. 316

26 Trefz 1899

27 Schwabenmajers Allotria 1879

28 Thoma 1968, S. 103

29 Heilmann & Littmann 1897, S. 10

30 Trefz 1899, S. 73

31 ZBKV 1874, Heft 3, Tafel 1/2

32 Reber 1876, S. 85f.

33 Pecht 1888, S. 291, 295

34 Bachmeier 1988, S. 41ff., Kat. Nr. 3.20

35 ZBKV 1882, S. 48, Tafel 17, 18; Hirth 1885, S. 188f.

36 ZBKV 1877, S. 92f.

37 SBZ 1900, S. 98f.

38 ZBk 1881, Sp. 177ff., Bl. 8 und 9; BAK 1888, S. 44, Tafel 22; Bayerischer Architekten- und Ingenieur-Verein 1912, S. 267; Bößl 1966, S. 98ff.

39 Etwa das Kneipzimmer von W. Felix, in: Hirth 1885, S. 307

40 Pecht 1888, S. 294

41 Walter 1992

42 Sedlmayr 1951; Bößl 1966, S. 18; Laufer 1985, S. 288ff.

43 Bayerischer Architekten- und Ingenieur-Verein 1912, S. 300; Wolf 1925, S. 116ff.

44 Salvisberg 1888, S. 257

45 »Café ›Victoria‹ in München«. In: ZBKV 1891, Tafel 5; »Café ›Neptun‹ in München«. In: AR 1895, Heft 12, Tafel 96; »Café-Restaurant ›Kaiser Franz-Joseph‹ in München (Maximiliansplatz)«. In: SBZ 1900, S. 321ff.; Der Architekt 1900, S. 20, Tafel 39/40; Bm 1905, Heft 2, S. 18; »Café ›Kusch‹ in Nürnberg«. In: Bm 1910, H. 6, S. 70

46 Zimmermann 1985, S. 280

47 Ragl 1939, S. 2f.

48 Schliepmann 1896, S. 5f.

49 Berliner Bierpaläste 1887, S. 40

50 Zitiert nach Isabella Held: »Münchener Bier in Berlin«. In: Münchener Zeitung vom 3.12.1929

51 Walter 1997b

52 Herdegen 1888, S. 345f.

53 Architekten- und Ingenieur-Verein für Elsaß-Lothringen 1894, S. 548ff.

54 Baukunde des Architekten (1902)

55 Nohlen 1982

56 DBZ 1890, S. 366, Abb. S. 377

57 Zimmermann 1985, S. 275

58 AR 1897, Tafel 65; Bm 1903, Heft 4, S. 47, Tafel 13-14a; MBBG 1898, Tafel 5; SchBZ 1900, S. 269, 271, 273; Bößl 1966, S. 102f.

59 Hoffmann 1901, S. 9ff.; Gartenlaube 1901, 2. Beilage zu Halbheft 11, S. 1f.

60 ZGBr 1898, S. 37; MGZ 1898, S. 1154, 1261

61 StadtAM, LBK 1313/1, die frühesten Pläne datieren vom 28.8.1900, aktenkundig wurde das Bauvorhaben am 1.8.1901.

62 Wolf/Wolter 1925, S. 116ff.

63 Bayerischer Architekten- und Ingenieur-Verein 1912, S. 304f.

64 ZGBr 1898, S. 674

65 StadtAM, GA 4705, Schreiben vom 7.3.1903

66 Krauss 1988, S. 28; Haertle 1988, S. 168f.; Nipperdey 1990, S. 286

67 Einfeldt, S. 431

68 ZGBr 1902, S. 737

69 Situationsbericht 1906, S. 7

70 StadtAM, LBK 1313/2
71 DBZ 1908, S. 660f., 665f.; SBZ 1905, S. 281, 322; Österreichische Wochenschrift für den öffentlichen Baudienst 1913, S. 233ff.
72 Korn 1984, S. 9f.
73 KuH 1908/09, S. 217ff.
74 Korn 1984, S. 54ff.
75 Zitiert nach Cullen 1983, S. 348
76 ZBKV 1895, Tafel 12
77 ZBKV 1879, S. 2
78 AR 1903, S. 46
79 Zitiert nach Staubwasser 1900, S. 31ff.
80 Hammerschmidt 1985, S. 614f.
81 Pecht 1888, S. 294f.

Die Münchner Bauten (Seite 113-150)

1 Heilmeyer 1913, S. 146
2 Braun 1918, S. 49f.
3 vgl. Schickel 2000, S. 73ff.
4 »München und seine Neubauten«, 1900, S. 61
5 Förster 1851, S. 3
6 vgl. Nerdinger 1987, S. 15
7 Nerdinger 1987, S. 16: »Königsburgen, Paläste, Theater, Kirchen bildeten große Gruppen zusammen, Gebäude von allen möglichen Bauarten, alle gleich neu, sah man hier vereinigt, während dort alte geschwärzte Kuppeln, Rat- und Bürgerhäuser einen schroffen Gegensatz machten.« (Zitat Gerhard Kaiser, Gottfried Keller - das gedichtete Leben, Frankfurt/Main 1981, S. 201ff.)
8 Doering 1924, S. 4
9 Grässel 1903, S. 6
10 Voit 1851, S. 29
11 Ebd., S. 31
12 »Berichterstattung über die im Jahre 1876 stattfindende 25jährige Jubiläumsfeier des Münchener Kunstgewerbe-Vereins. Rede gehalten von Herrn Inspektor von Miller, Vereinsvorstand und Präsident des Ausstellungs-Direktoriums 7. Jan. 1876«. In: Zeitschrift des Kunst-Gewerbe-Vereins, München 1876, Nr. 1 & 2, S. 1
13 Schmädel 1876, S. 1
14 Ebd., S. 3
15 Ebe 1886, S. 193
16 Hirth 1879, S. 4f.
17 Pecht 1877, S. 3
18 Ebd., S. 1
19 Fritsch 1876, S. 383ff.
20 Ebd.
21 Selig 1983, S. 10
22 Braun 1918, S. 35
23 Engels: »Gabriel von Seidl«, S. 203
24 Ebe 1886, S. 196
25 Festschrift zur Jubiläums-Feier des Münchener Kunstgewerbe Vereines 1876, S. 19
26 W.: »Gabriel v. Seidl«. In: Münchener Zeitung, 8.12.1908
27 Henrici 1903, S. 308
28 Trzeschtik 1877, S. 81
29 Wölfflin 1913, S. 108f.
30 Trzeschtik 1877, S. 83
31 Henrici 1903, S. 309
32 Hofmann 1913, S. 328
33 Doering 1924, S. 10
34 Hochederfeier. In: SBZ, 13. Jg., 1903, S. 109
35 Weckbecker 1913, S. 372
36 Doering 1924, S. 11
37 Schwarz 1899, S. 104f.
38 Ebd.
39 Ebd.
40 Ebd.
41 Ebd.
42 Ebd.
43 »Gabriel von Seidls Bedeutung für Münchens neue Architektur«. 1909, S. 3
44 Hofmann 1913, S. 327
45 Weimayer 1912/13, S. 270
46 Hofmann 1913, S. 336
47 Blochmann 1991, S. 79
48 Städtische Galerie im Lenbachhaus 1987, S. 12
49 Blochmann 1991 S. 84
50 Doering 1924, S. 12f.
51 Weckbecker 1913, S. 373
52 Groeschel 1903, S. 209
53 Ebd., S. 212
54 StadtAM, LBK 6620, Max-Joseph-Straße 3
55 Wölfflin 1913, S. 108f.
56 Lux 1908, S. 122

57 Selig 1983, S. 35

58 »Bericht aus dem Architekten und Ingenieur-Verein zu Frankfurt a. M«, 1908

59 Stübben 1895, S. 8

60 Ebd., S. 12

61 Grässel 1902, S. 7

62 Ebd., S. 12

63 StaatsAM, RA 51119, Die Katholische Stadt-pfarrkirche St. Anna

64 Süddeutsche Bauhütte 1909, S. 81 ff.

65 vgl. Steiner 1990

66 vgl. Schickel 2000, S. 37 ff.

67 Hofmann 1900, S. 497

68 Ebd., S. 491

69 Ebd., S. 537

70 vgl. Bartsch 2000, S. 129 ff.

71 Der Torturm wurde 1938 im Zusammenhang mit dem Bau des Luftgaukommandos beseitigt. Das Haus Nr. 48 wurde 1972 abgerissen.

72 »Das Künstlerhaus in München« 1901, S. 622

73 Das Münchener Künstlerhaus und die sogenannte öffentliche Meinung. München 1886. Rede Lenbachs

74 Ebd.

75 »Das Künstlerhaus in München« 1901, S. 623

76 Abendzeitung, Mittwoch 4.7.2001, S. 8

77 »Das Münchener Künstlerhaus« 1900, S. 343

78 vgl. Bergeijk 1988, S. 227 f.

79 Hofmann 1913, S. 336

80 Blössner 1906, S. 660

VON BAD TÖLZ ÜBER WORMS BIS NACH BERLIN: DIE AUSWÄRTIGEN BAUTEN (SEITE 151-174)

1 Hupp, S. 10

2 Romero 1993, S. 42 ff. Für die Erlaubnis zur Publikation der Pläne aus dem Gemeindearchiv von Seeheim-Jugenheim und die bereitwillig gewährten Auskünfte bedanke ich mich bei der Gemeindeverwaltung.

3 Reuter 1993

4 Sie befindet sich heute inmitten eines Neubaugebiets und ist durch dichte Bepflanzung vor neugierigen Blicken geschützt.

5 vgl. Schultz 1969 und 1960

6 Festzeitung für das VII. Deutsche Bundes-schießen

7 vgl. Vielsmeier 1992, S. 255 ff. und Gondesen 1992, S. 275 ff.

8 Das Schloss wird restauriert und soll in luxuriöse Eigentumswohnungen aufgeteilt werden.

9 Die Auskünfte zur Entwicklungsgeschichte von Schloss Ramholz verdanke ich Frau Christina Enders, die die Baugeschichte des Schlosses an der Universität Marburg als Dissertation vorbereitet. Sie hat die Pläne im Schlossarchiv geordnet und mir sehr unkonventionell die ersten Ergebnisse ihrer grundlegenden Arbeit mitgeteilt. Der Plan Seidls zur Villa Stumm hat sich als kolorierte Zeichnung erhalten und wird in ihrer Arbeit publiziert werden.

10 Kunst und Handwerk 61, 1911, S. 194

11 Mettlach 1992

12 Müller, 1989, S. 142

13 Maierhofer 1988; Bernrieder 1987

14 Für die ausführliche Schlossführung bedanke ich mich bei Dr. Herfurt von der Internatsschule Neubeuern.

15 Nöth 1988/89, S. 257 ff. Für die sachkundige und ausführliche Führung und die Hilfestellung bei der Beschaffung der Fotos möchte ich mich bei Hans Agsteiner bedanken.

16 SBZ 29 und 31, 1909 und Der Bayerwald 2 und 3, 1915; Bm 6, 1909. Die Bauakten befinden sich im Staatsarchiv Landshut.

17 Huesmann

18 Erman 1954

19 Die Baupläne sind in den Bauakten der Stadt Düsseldorf erhalten.

20 Zendralli 1938. Für die bereitwillig erteilten Auskünfte und die Erlaubnis zur Reproduktion und Publikation der Pläne aus dem Schlossarchiv bedanke ich mich bei Herrn Pfaffenlehner.

21 Burmeister 1981, S. 29

22 Distl/Englert 1986; Vitzthum, S. 212

23 DBZ 36, 1913, S. 324

24 Doering, S. 27

25 DBZ 38, 1913 und 41, 1913

Anwalt für die Isar (Seite 175-194)

1 Münchner Neueste Nachrichten, 16.2.1902
2 Ebd.
3 ANL 1998, S. 11
4 Falter 2001, S 33
5 Rudorff 1880, S. 261
6 Ernst 1996, S. 10
7 Roth 1942, S. 3
8 Isartalverein 1912, S. 3
9 Satzung des Vereines zur Erhaltung der landschaftlichen Schönheiten in der Umgebung Münchens, besonders des Isartals e. V. 1902
10 Isartalverein 1903, S. 12
11 Isartalverein 1904/5, S. 4f.
12 Gabriel von Seidl an den Magistrat Münchens, 16.6.1904. In: 2./3. Jb. Isartalverein 1904/5, S. 6
13 Isartalverein 1904/5, S. 7
14 Ebd., S. 8
15 Als man die Isar nördlich von München nach 1919 doch für Kraftwerkszwecke nutzen wollte, musste erst eine Kläranlage gebaut werden.
16 Zur Isarkanalisierung: Münchner Neueste Nachrichten, 12.7.1904
17 Isartalverein 1904/5, S. 8
18 Stadtarchiv München, Tiefbauamt 598, Magistratsrat Schlicht an Gabriel von Seidl vom 22.8. 1905 zit. nach Andersen, A./Falter, R. 1988, S. 298
19 Isartalverein 1906, S. 1
20 Ebd.
21 Isartalverein 1911, S. 4
22 Isartalverein 1912, S. 14
23 Isartalverein 1913, S. 13 ff.
24 Ebd., S. 17
25 Falter 1987, S. 117 f.
26 Vgl. Falter 1988
27 Heimatschutz 1908, S. 49
28 eine Strecke von ca. 45 km
29 Heimatschutz 1908, S. 50
30 Ebd., S. 51
31 Falter, 1988, S. 81
32 Landesausschuss für Naturpflege 7. August 1909
33 Falter, 1988, S. 79
34 Jahrbuch des Landesausschusses für Naturschutz 1912, S. 10
35 Falter 1988, S. 94
36 Falter/Reiff/Uhrmeister 1998, S. 113
37 Isartalverein 1903, S. 7 f.
38 Isartalverein, S. 11
39 Isartalverein (1903), S. 3 f.
40 Ebd., S. 5
41 Isartalverein (1904/5), S. 21
42 Ebd., S. 19
43 Roth 1942, S. 4
44 Isartalverein 1942, S. 5 f.
45 Münchner Neueste Nachrichten vom 29.12.1937
46 Isartalverein 1906, S. 7
47 Ebd., S. 9
48 Klages 1973, S. 5
49 Bezeichnend ist, dass auf einen kritischen Artikel in der Zeitschrift des Museums (Falter 1993) von Seiten der Wasserkraftlobby eingewandt wurde, so etwas dürfe keinen Platz im Museum haben. Es sei mit dem Erbe Millers nicht vereinbar und stelle eine Verunglimpfung seines Andenkens dar.
50 Nachlass Kahr, HSTAM München, Abt. 5
51 Reichslandschaftsanwalt und späterer Vorsitzender des »Bund Naturschutz« in Bayern, dazu Falter 1995
52 Bürgermeister von Lenggries und Vorsitzender der Schutzgemeinschaft »Rettet die Isar jetzt«.
53 Kraus 1956, S. 11
54 Falter/Reiff/Uhrmeister 1998, S. 115
55 Falter 1998

Zusammenfassung (Seite 195-198)

1 Endell 1904, S. 738
2 Lexikon der Kunst 1977, S. 295
3 Schumacher: 1902, S. 47 f.
4 Hochederfeier. In: SBZ Jg. 13, 1903, S. 109
5 Schumacher (1902), S. 52
6 Karl Hocheder: »Baukunst und Bildwirkung«. In: SBZ, 13. Jg. 1903, S. 100
7 Ebd.
8 Süddeutsche Bauhütte, 1913, S. 145
9 Karikatur in der Kneipzeitung zum Stiftungsfest des Künstlerhauses. Archiv Künstlerhaus-Verein. Abb: Grassinger 1990, S. 115
10 Seidl 1897/98, S. 78

Literatur

»100 Jahre Waggonfabrik Joseph Rathgeber AG 1852-1952«. In: *Münchner Merkur.* 1952

Albert, Joseph: *Münchener Neubauten.* München 1896

Allotria - ein halbes Jahrhundert Münchner Kulturgeschichte. München 1959

Andersen, Arne / Falter, Reinhard: »Lebensreform und Heimatschutz«. In: Prinz, Friedrich / Krauss, Marita (Hg.): *München - Musenstadt mit Hinterhöfen; die Prinzregentenzeit 1886-1912.* München 1988, S. 295 ff.

ANL - Bayerische Akademie für Naturschutz und Landschaftspflege (Hg.): *Gabriel von Seidl (1848-1913) Gründer des Isartalvereins.* Faltblatt 12/1998

Architekten- und Ingenieur-Verein für Elsaß-Lothringen (Hg.): *Straßburg und seine Bauten.* Straßburg 1894

Aufleger, Otto (Hg.): *Bauernhäuser aus Oberbayern und den angrenzenden Gebieten Tirols.* München 1904

Ausstellungskatalog »125 Jahre Bayerischer Kunstgewerbeverein«. München 1976

Ausstellungskatalog »Die Prinzregentenzeit«. München 1988/89

Ausstellungskatalog »Richard Riemerschmid - vom Jugendstil zum Werkbund, Werke und Dokumente«. München 1983

Bachmeier, Doris: *Lorenz Gedon 1844-1883. Leben und Werk.* München 1988

Bartsch, Eckehard: »Die Prinzregentenstraße und das Bayerische Nationalmuseum«. In: Bauer, Ingolf (Hg.): *Das Bayerische Nationalmuseum. Der Neubau an der Prinzregentenstraße 1892-1900.* München 2000, S. 27 ff.

Bauer, Richard / Graf, Eva: *Stadtvergleich. Münchener Ansichten.* München 1985

Bauer, Richard (Hg.): *Zu Gast im alten München. Erinnerungen an Hotels, Wirtschaften und Cafés.* München 1982

Baukunde des Architekten, 2. Auflage. Berlin 1902

Baumann, C. A. (Hg.): *Die Haupt- und Residenzstadt München und ihre Umgebungen. Ein Taschenbuch für Fremde und Einheimische.* München 1832

Bayerischer Architekten- und Ingenieur-Verein (Hg.): *München und seine Bauten.* München 1912

Bayerischer Heimatschutz. 12. Jg./1914

Bayerischer Landesausschuss für Naturpflege: *Jahresbericht.* München 1912

Behringer, Wolfgang: *Die Spaten-Brauerei 1397-1997.* München/Zürich 1997

Behringer, Wolfgang: *Löwenbräu. Von den Anfängen des Münchner Brauwesens bis zur Gegenwart.* München 1991

Bergeijk, Herman van: »Ausgestaltung des Karlstor-Rondells«. In: Götz, Norbert / Schack-Simitzis, Clementine (Hg.) (unter Mitarbeit von Schickel, Gabriele): *Die Prinzregentenzeit.* München 1988, S. 227 ff.

»Berliner Bierpaläste«. In: *Baugewerks-Zeitung.* 1887, S. 20, 39 f., 56 f., 72

Bernrieder, Josef: *Chronik des Marktes Neubeuern.* Neubeuern 1987

Blochmann, Georg M.: *Zeitgeist und Künstlermythos. Untersuchungen zur Selbstdarstellung deutscher Maler der Gründerzeit.* Münster 1991

Blössner, A.: »Wettbewerb zur Erlangung von Entwürfen zu einem Gebäude für das Deutsche Museum in München«. In: *DBZ.* 40 Jg./1906, S. 623 f., 659 ff., 675 ff.

Blössner, A.: »Wohn- und Geschäftshaus des Kunsthändlers A. S. Drey in München«. In: *Bm.* 11. Jg./1913, S. 101

Bößl, Hans: *Der Architekt Gabriel von Seidl und seine Münchener Bauten.* München 1962

Bößl, Hans: *Gabriel von Seidl (1848-1913).* München 1966

Braun, Alex von: »Gabriel von Seidl«. In: *Münchener Silhouetten nach dem Leben.* München 1918, S. 49 ff.

Braun, Alex von: »Nachruf auf Rudolf von Seitz«. In: *Allgemeine Norddeutsche Zeitung.*910

Bredt, E. W.: *Das Münchener Künstlerhaus.*

Bucher, Bruno: *Die Kunst-Industrie auf der deutschen Ausstellung in München.* Wien 1876

Burmeister, Enno: *Das Schloß Seefeld zu Toerring-Jettenbach. Baudokumentation.* Arbeitshefte zur Denkmalpflege 19. München 1981

Centenarfeier der Stadt München zum 100. Geburtstag König Ludwigs 1. von Bayern 29. bis 31.7.1888 (Repr. München 1986)

Cullen, Michael S.: *Der Reichstag. Die Geschichte eines Monumentes.* Berlin 1983

»Das Künstlerhaus in München«. In: *DBZ.* 100/1901, S. 621 ff., 629, 635 ff.

»Das Münchner Künstlerhaus«. In: *Die Kunst für Alle.* 1900, S. 339 ff.

Das Münchener Künstlerhaus und die sogenannte öffentliche Meinung. München 1886

»Das neue Korpshaus Germania, München«. In: *SBZ.* 18. Jg./1908, S. 273 f.

Dempp, Karl Wilhelm: *Die erste Dampfbierbrauerei in München. Mit einer gedrängten Zusammenstellung des Wichtigsten über stehende Dampfmaschinen und einer Zugabe, die bautechnische Beschreibung der bayerischen Sommer- oder Lagerbierkellergebäude enthaltend.* München 1843

»Der Ausführungsentwurf für den Neubau des ›Deutschen Museums‹ in München«. In: *DBZ,* 42. Jg./1908, S. 173 ff., 181 ff.

»Der Seidl-Garten«. MS Stadtarchiv München

Die Gartenlaube. 1901, 2. Beilage zum Halbheft

»Die neue katholische Stadtpfarrkirche St. Anna in München«. In: *Centralblatt der Bauverwaltung.* 9. Jg./1889, S. 195 ff.

»Die neue Pfarrkirche St. Rupertus in München«. In: *SBZ.* 12 Jg./1902, S. 102 ff.

Dienel, Hans L.: *Das Deutsche Museum und seine Geschichte.* München 1998

Distl, D./Englert, K.: *Franz von Lenbach.* Schrobenhausen 1986

Doering, Oscar: »Gabriel von Seidl«. In: *Die Kunst dem Volke.* München 51/1924

Doering, Oscar: *Zwei Münchner Baukünstler.* München 1924

Ebe, Gustav: »Das Zeichnen im Sinner der Renaissance«. In: *DBZ.* 20. Jg./1886

Einfeldt, Wilhelm: *Bier und Brauereien in München.* Manuskript o. J. [1921]

Endell, August: »Das Bayerische Nationalmuseum«. In: *Freistatt.* 1904

Engels, Eduard: »Gabriel von Seidl«. In: *Velhagen und Klasings Monatshefte.* 7/1903, S. 199 ff.

Ermann, Hans: *August Scherl. Dämonie und Erfolg in wilhelminischer Zeit.* Berlin 1954

Ernst, M.: »Professor Dr. Ing. H. C. Gabriel Ritter von Seidl«. *Grünwalder Porträts.* 17/1996, S. 7 ff.

Falter, Reinhard: »Harlaching. Stadterweiterung und Naturschutz im Isartal«. In: Thomas Guttmann (Hg.): *Giesing, Vom Dorf zum Stadtteil.* München 1990, S. 210 ff.

Falter, Reinhard: »Achtzig Jahre Wasserkrieg. Das Walchenseekraftwerk«. In: Linse, U./Falter, R./Rucht, D./Kretschmer, W.: *Von der Bittschrift zur Platzbesetzung. Konflikte um technische Großprojekte.* Bonn 1988, S. 63 ff.

Falter, Reinhard: »Die Auseinandersetzungen um das Kraftwerk Mühltal an der Isar. Ein Lehrstück«. In: *Ökologie.* 1/1998, S. 14 ff.

Falter, Reinhard: »Ein Leben für die Landschaft. In memoriam Alein Seifert (1890-1972)«. In: *Novalis.* 3/1995, S. 38 ff.

Falter, Reinhard: »Pioniere des sozialen Wanderns«. In: Kulturreferat der Landeshauptstadt München (Hg.): *Empor zum Licht.* München 1987, S. 110 ff.

Falter, Reinhard/Reiff, Nicola/Uhrmeister, Bernd: *Rettet unsere Flüsse. Kritische Gedanken zur Wasserkraft.* Oberschleißheim 1998

Falter, Reinhard: »Unser Naturverhältnis im Spiegel der Geschichte«. In: *25 Jahre ANL.* Laufen 2001, S. 27 ff.

Fentsch, Eduard/Rattelmüller, Paul Ernst (Hg.): *Bavaria (ca. 1854-57).* München 1989

Fester, August: *Lebenserinnerungen 1871-1890.* Stadtarchiv München

Festschrift zur Jubiläumsfeier des Münchner Kunstgewerbe Vereines. München 1876

Festzeitung für das VII. Deutsche Bundesschießen. München 1881

Fischer, August: »Auf das Grab Gabriel von Seidls«. In: *Bayerischer Heimatschutz.* 12/1914, S. 28 ff.

Förster, Ernst: »Kunst und Gewerke«. In: *Zeitschrift des Vereins zur Ausbildung der Gewerke in München*. 1. Jg./1851

Fritsch, K. E. O.: »Wie kann die Baukunst wieder volksthümlich gemacht werden?«. In: *DBZ*. 10. Jg./1876, S. 383 ff.

Fritsch, K. E. O.: *Die deutsche Renaissance*. 1880-84

»Gabriel von Seidl (zu seinem 60. Geburtstag am 9. Dezember)«. In: *Münchener Zeitung*. München 286/1908

»Gabriel von Seidls Bedeutung für Münchens neue Architektur«. In: *Münchener Rundschau*. München 01/1909, S. 1 ff.

Gedon, Brigitte: *Lorenz Gedon*. München 1994

Glöckle, Hanns: *München Bier Oktoberfest. Acht Jahrhunderte Bier- und Stadtgeschichte*. Dachau 1985

Gmelin, Ludwig: »Zum fünfzigjährigen Bestehen des Bayerischen Kunstgewerbevereins«. In: *KuH*. 1901/02, S. 49 ff.

Goetz, Norbert: »… der Münchener ist nicht zu packen. Vom Streit der Positionen 1896 bis 1933«. In: *Form-vollendet. Der Bayerische Kunstgewerbeverein 1851-2001*. München 2001, S. 38 ff.

Gondesen, Elfriede: »Clara Schumann und ihre Beziehungen zu Büdesheim«. In: *Butensheim - Büdesheim 817-1992*. S. 255 ff.

Grän, P. Sigfried: Kath. *Stadtpfarrkirche St. Anna München-Lehel*. München/Zürich 1990

Grässel, Hans: »Architektur und Landschaft in ihren gegenseitigen Beziehungen«. (Nach einem Vortrag, gehalten im Münchener Architekten- und Ingenieurverein am 11. Dez. 1902.) In: *SBZ*. 13. Jg./1903, S. 6 ff., 10 ff.

Grassinger, P. (Hg.): *Münchner Feste und die Allotria. Ein Jahrhundert Kulturgeschichte*. Dachau 1990

Groeschel, Julius: »Das Haus Klopfer in München«. In: *SBZ*. 13. Jg./1903, S. 209 ff.

Günther, Sonja: *Das deutsche Heim. Luxusinteriers und Arbeitermöbel von der Gründerzeit bis zum »Dritten Reich«*, Gießen 1984

Haertle, Karl-Maria: »Münchens ›verdrängte‹ Industrie«. In: Prinz, Friedrich/Krauss, Marita (Hg.): *München - Musenstadt mit Hinterhöfen. Die Prinzregentenzeit 1886-1912*. München 1988, S. 164 ff.

Hammerschmidt, Valentin W.: *Anspruch und Ausdruck in der Architektur des späten Historismus in Deutschland (1860-1914)*. Frankfurt/Bern/New York 1985

Handbuch der Architektur, 3. Auflage. Stuttgart 1904

Hard, Mikael: »Überall zu warm. Vorbilder und Leitbilder der Kältetechnik«. In: *Unter Null. Kunsteis, Kälte und Kultur. Katalog der Ausstellung im Centrum Industriekultur Nürnberg und im Münchner Stadtmuseum*. München 1991, S. 68 ff.

Haushofer, Max: *50 Jahre Münchener Geistesleben*. Handschriftliches Manuskript. Stadtarchiv München

Heckhorn, Evelin/Wiehr, Hartmut: *München und sein Bier. Vom Brauhandwerk zur Bierindustrie*. München 1989

Heerde, Walter: *Haidhausen. Geschichte einer Münchner Vorstadt*, 2. Auflage. München 1977

Heilmann/Littmann (Hg.): *Das königliche Hofbräuhaus in München*. München 1897

Heilmeyer, Alexander: »Gabriel von Seidl, Nekrolog«. In: *Süddeutsche Bauhütte*. 14. Jg./1913, S. 145 ff.

Heimatschutz. H. 4-6/1908

Held, Isabella: »Münchener Bier in Berlin«. In: *Münchener Zeitung*. 3.12.1929

Henrici, Karl: »Von innen nach außen oder von außen nach innen?«. In: *SBZ*. 13. Jg./1903, S. 307 ff.

Herdegen, F.: »Über den Baustil bei Restaurationsanlagen«. In: *Zeitschrift für das gesamte Brauwesen*. 1888, S. 343 ff.

Himmelheber, Georg: »Gabriel von Seidls Bau des Bayerischen Nationalmuseums«. In: *Münchner Jahrbuch der bildenden Kunst*, 3. Folge. Bd. 23/1972, S. 187 ff.

Hirth, Georg: »Deutsche Renaissance einst und jetzt«. In: *Zeitschrift des Kunst- und Gewerbe-Vereins in München*. München 1979

Hirth, Georg: *Das deutsche Zimmer der Renaissance*. München 1880

Hirth, Georg: *Das deutsche Zimmer*, 3. Auflage. München 1885

»Hochederfeier«. In: *SBZ*. 13. Jg./1903, S. 101 ff., 108 f.

Hoffmann, Friedrich Wilhelm: *Führer durch die kunst- und kulturgeschichtliche Ausstellung »München im 18. Jahrhundert«.* München 1901

Höfler, Max: »Tölzer Erinnerungen an Gabriel von Seidl«. In: *Bayerischer Heimatschutz.* 12. Jg./1914, S. 59 f.

Hofmann, Albert: »Gabriel von Seidl (Nekrolog)«. In: *DBZ.* 47. Jg./1913

Hofmann, Albert: »Neuere Kunst- und Gewerbemuseen. IV. Das neue Gebäude des Bayerischen Nationalmuseums in München«. In: *DBZ.* 34. Jg./1900

Hoh-Slodczyk, Christine: *Das Haus des Künstlers in München,* München 1985

Huesmann, Heinrich: »Wille in Stein. Seidl - Architektur in Schrobenhausen«. In: *Schrobenhausener Kulturschätze.* Schrobenhausener Kunstreihe, Bd. 5

Hupp, Otto: *Autobiografie.* München

Hupp, Otto: »Eine Selbstbiografie«. In: Albert Schramm (Hg.): *Taschenbuch für Büchersammler.* München 1927

Huret, Jules: *En Allemagne. La Bavière et la Saxe.* Paris 1911

Jahrbuch des Landesauschusses für Naturschutz. 1912

Jahrbücher des Isartalvereins

Kahn, Julius: *Münchens Großindustrie und Großhandel.* München 1913

Klages, Ludwig: *Mensch und Erde. Gesammelte Abhandlungen.* Stuttgart 1973

Kleindorfer-Marx, Bärbel: *Mechanismen der Produktion und Rezeption von »Volkskunst«, Entwürfe Franz Zells für die Möbelfabrik Schoyerer*

Kneipzeitung Allotria. 1998

Korn, Hans-Enno: *Otto Hupp. Meister der Wappenkunst 1859-1949. Katalog der Ausstellung im Bayerischen Hauptstaatsarchiv.* München 1984

Kratzsch, Klaus: »Villen und Landhäuser des 19. Jahrhunderts in Berchtesgaden«. In: Walter Brugger et al. (Hg.): *Geschichte von Berchtesgaden: Stift - Markt - Land, von 1810 bis zur Gegenwart,* Bd. 3. Berchtesgaden 1999

Kraus, Otto: *Bis zum letzten Wildwasser.* Aachen 1956

Krauss, Marita: »Banken, Sparer, Spekulanten. München als Finanzplatz«. In: Prinz, Friedrich / Krauss, Marita (Hg.): *München - Musenstadt mit Hinterhöfen. Die Prinzregentenzeit 1886-1912.* München 1988, S. 26 ff.

Kunst und Handwerk 61. 1911

Landesausschuss für Naturpflege (Hg.): *2. Denkschrift zum Walchenseeprojekt.* 1909

Laufer, Ulrike: »Gabriel Sedlmayr, Vater und Sohn, die großen Pioniere des bayerischen Brauwesens«. In: Müller, Rainer A. (Hg.): *Unternehmer - Arbeitnehmer. Lebensbilder aus der Frühzeit der Industrialisierung in Bayern.* München 1985, S. 284 ff.

Lexikon der Kunst, Bd. 2. Leipzig 1977

Licht, Hugo: *Architectur Deutschlands.* Berlin 1879-1882

Lübbeke, Hans-Wolfram: »Das Bayerische Nationalmuseum an der Prinzregentenstraße«. In: Ludwig Grote (Hg.): *Die deutsche Stadt im 19. Jahrhundert. Stadtplanung und Baugestaltung im industriellen Zeitalter* (Studien zur Kunst des neunzehnten Jahrhunderts Bd. 24). München 1974, S. 223 ff.

Lübbeke, Hans-Wolfram: *Das Bayerische Nationalmuseum von Gabriel von Seidl. Über die Problembereiche eines Bautyps des späten 19. Jahrhunderts.* Salzburg 1970

Lübke, Wilhelm: *Geschichte der Renaissance in Deutschland,* 3. 1914

Lux, Joseph August: »München als Städtebaubild«. In: *SBZ.* 16/1908, S. 122

Maierhofer, W.: *Neubeuern.* Prien 1988

Malkowsky, Georg: *Die Pariser Weltausstellung in Wort und Bild.* Berlin 1900

Markmann, Heinrich (Hg.): *Geld und Zeit in München.* München 1900

Megele, Max: *Baugeschichtlicher Atlas der Landeshauptstadt München.* München 1951

Messerer, Ernst: »Biedermeierstil 1820-1850«. In: *SBZ.* 12. Jg./1910, S. 51 ff.

Mettlach, Marie-Luise: »Vom Rittergut zum Gourmettempel: Schloß Lerbach«. In: *Rheinischbergischer Kalender 62.* 1992

Michel, Karl: *Beiträge zur Entwicklungsgeschichte der Bierbrauerei.* München 1907

Mittelrheinischer Architekten- und Ingenieurverein: »Zum Haus des Major von Heyl in Darmstadt«. In: *Deutsche Bauzeitung 82.* 1891

Monacensia München: *Rudolf von Seitz - Eine Erinnerung für seine Freunde.* München 1911

Müller, Anton: *Gebsattel, Chronik eines fränkischen Dorfes.* Rothenburg 1989

»München und seine Neubauten«. In: *SBZ.* 10. Jg./1900, S. 61 ff., 71 f., 81 ff., 83, 88 f., 97 ff.

Münchner Stadtchronik: *Die Feier zum 60. Geburtstag Gabriel von Seidls im Künstlerhaus,* 8.12.1908.

Muthesius, Hermann: *Landhaus und Garten, Beispiele neuzeitlicher Landhäuser nebst Grundrissen, Innenräumen und Gärten,* 2. Aufl. München 1910.

Nachlaß Sibylle Seidl-Obermayer. Bayerisches Wirtschaftsarchiv S9-06

»Nachruf auf Gabriel von Seidl«. In: *Die christliche Kunst.* 1912/13, S. 245 ff.

Nagler, G. K.: *Acht Tage in München. Wegweiser für Fremde und Einheimische.* München 1863

Nerdinger, Winfried: »Weder Hadrian noch Augustus - Zur Kunstpolitik Ludwigs 1.«. In: Nerdinger, Winfried (Hg.): *Romantik und Restauration. Architektur in Bayern zur Zeit Ludwigs 1. 1825-1848.* München 1987, S. 9 ff.

Nipperdey, Thomas: »Arbeitswelt und Bürgergeist«. In: *Deutsche Geschichte 1866-1918,* Bd 1. München 1990

Nohlen, Klaus: *Baupolitik im Reichsland Elsaß-Lothringen 1871-1918. Die repräsentativen Staatsbauten um den ehemaligen Kaiserplatz in Straßburg.* Berlin 1982

Nöth, Stefan: »Das neue Schloß Steinach 1905-1945«. In: *Jahresbericht des Historischen Vereins für Straubing und Umgebung.* 1988/89, S. 257 ff.

Ostini, Fritz von: »Vom Münchner Hofbräuhaus«. In: *Daheim.* Jg. 32/1896, S. 24 ff.

Ottomeyer, Hans (Hg.): *Biedermeiers Glück und Ende ... die gestörte Idylle 1815-1848.* Katalog der Ausstellung im Münchner Stadtmuseum. München 1987

Pecht, Friedrich: »Zur Eröffnung des neuen Jahrgangs«. In: *Zeitschrift des Kunst-Gewerbe-Vereins.* München 1877

Pecht, Friedrich: *Geschichte der Münchner Kunst im 19. Jahrhundert.* München 1888

Petzet, Michael (Hg.): *Denkmäler in Bayern. Landkreis Bad Tölz - Wolfratshausen,* Bd. 1.5. München 1995.

Posener, Julius: *Berlin auf dem Weg zu einer neuen Architektur.* München 1979

Ragl, Franz Xaver: »Bayerisches Bier in Berlin - 50 Jahre Berliner Pschorrhaus. Eine historische Reminiszenz«. In: *Der Bayerische Bierbrauer.* Nr. 30/1939, S. 1 ff.

Ranke, Wilhelm: *Franz von Lenbach. Der Münchner Malerfürst.* Köln 1986

Reber, Franz: *Bautechnischer Führer durch München.* München 1876

Regnet, C. A.: *München in guter alter Zeit. Nach authentischen Quellen culturgeschichtlich geschildert.* München 1879

Reuter, Fritz: *Karl Hofmann und das neue Worms. Stadtentwicklung und Kommunalbau 1882-1918.* Darmstadt/Marburg 1993

Reuter, Fritz: *Worms ehemals, gestern, heute.* Stuttgart 1985

Riehl, Wilhelm Heinrich: »Die Familie«. In: *Die Naturgeschichte des Volkes als Grundlage einer deutschen Social-Politik,* 4 Bde. Stuttgart/Tübingen 1851-1869

Romero, Rolf: »Villa Schönbühl, Villa von Heyl«. In: *Seeheim - Jugendheim, früher und heute.* Pfungstadt 1993

Rose, Hans: »München und der Seidl-Stil«. In: *Der Zwiebelturm* 5. 1953, S. 115 f.

Rosner, Karl: *Das deutsche Zimmer im 19. Jahrhundert. Eine Darstellung desselben im Zeitalter des Klassizismus, der Biedermeierzeit, der rückblickenden Bestrebungen und der neuen Kunst.* München/Leipzig 1898

Roth, H.: »Dem Gründer des Isartalvereins zum Gedächtnis«. In: *40. Jahresbericht des Isartalvereins.* 1942, S. 3 f.

Rudorff, Ernst: »Über das Verhältnis des modernen Lebens zur Natur«. In: Heinrich Treitschke (Hg.): *Preußische Jahrbücher.* 1880

Salvisberg, Paul von (Hg.): *Chronik der Deutsch-Nationalen Kunstgewerbe-Ausstellung München 1888.* München 1888

Sandtner, Kurt: *Rupprecht von Wittelsbach. Kronprinz von Bayern.* München 1954

Schaefer, Carl: *Von deutscher Kunst. Gesammelte Aufsätze und nachgelassene Schriften.* Berlin 1910

Schickel, Gabriele: »Der Architekt Gabriel von Seidl«. In: Bauer, Ingolf (Hg.): *Das Bayerische Nationalmuseum. Der Neubau an der Prinzregentenstraße 1892-1900.* München 2000, S. 73 ff.

Schickel, Gabriele: »Die architekturhistorische Bedeutung von Gabriel von Seidls Neubau des Bayerischen Nationalmuseums«. In: Bauer, Ingolf (Hg): *Das Bayerische Nationalmuseum. Der Neubau an der Prinzregentenstraße 1892-1900.* München 2000, S. 37 ff.

Schlagintweit, Felix: *Ein verliebtes Leben.* München 1946

Schlichthörle, Anton: *Die Gewerbsbefugnisse in der k. Haupt- und Residenzstadt München,* Bd 1. Erlangen 1844

Schliepmann, Hans: »Bier- und Kaffeehäuser«. In: Architekten-Verein Berlin (Hg.): *Berlin und seine Bauten,* Teil 3. Berlin 1896, S. 1 ff.

Schmaedel, Josef von: »Rudolf von Seitz«. In: *Kunst und Handwerk 6.* 1911

Schmaedel, Joseph von: »Architekt der Ausstellung. Zweck und Ziel der allgemeinen deutschen Kunst- und Gewerbe-Ausstellung in München«. In: *Zeitschrift des Kunst- und Gewerbe-Vereins.* München 1876

Schmaedel, Joseph von: »Gabriel von Seidl (Nekrolog)«. In: *Wasmuth's Monatshefte für Baukunst.* 1. Jg./1914/15, S. 31 ff.

Schmidkunz, Hans: »Aus der Münchener Moderne«. In: *Der Architekt.* 1900, S. 5 f.

Schultz, Karl: *100 Jahre historisches Museum der Pfalz,* Festschrift. Speyer 1969

Schultz, Karl: *Festschrift zum 50jährigen Bestehen des Neubaus des Pfälzischen Museums.* Speyer 1960

Schultze-Naumburg, Paul: »Kulturarbeiten«. In: *Der Kunstwart.* 14. Jg./1900, Heft 1

Schumacher, Ernst: *Strömungen der deutschen Baukunst.* 1935

Schumacher, Ernst: *Stufen des Lebens.* 1934

Schumacher, Fritz: »Bürgerliche Baukunst«. In: *Im Kampfe um die Kunst. Beiträge zu architektonischen Zeitfragen.* Straßburg 1902

Schwabenmajers Allotria. München 1879

Schwarz, Johann: *Das Handwerk der Bäcker in München.* München 1899

Sedlmayr, Fritz: *Die Geschichte der Spatenbrauerei unter Gabriel Sedlmayr dem Älteren und dem Jüngeren 1807-1874 sowie Beiträge zur bayerischen Brauereigeschichte dieser Zeit.* Bd. 1: München 1934, Bd. 2: Nürnberg 1951

Seidl, Gabriel von: »Das Familienhaus«. In: Bayerischer Architekten- und Ingenieur-Verein (Hg.): *München und seine Bauten.* München 1912

Seidl, Gabriel von: »Das Projekt zum Erweiterungsbau der Pfarrkirche in Thalkirchen«. In: *SBZ.* 16. Jg./1906, S. 81 f.

Seidl, Gabriel von: »Die Isar und das Walchenseeprojekt.« In: *Heimatschutz.* Nr. 4-6/1908, S. 49 ff.

Seidl, Gabriel von: »Erinnerungen an Franz Xaver Krieger«. In: *Volkskunst und Volkskunde 10.* 1908

Seidl, Gabriel von: »Für das Isartal«. In: *Münchner Neueste Nachrichten.* 16.2.1902

Seidl, Gabriel: »Zum Streit um kunstgewerbliche Anschauungen«. In: *KuH.* 1897/98

Seidlein, Peter von: *Die Familien Radspieler-Lippert 1819-1956.* München 1979

Seitziana 1, 111, VI. Bayerische Staatsbibliothek München, Handschriftenabteilung

Selig, Heinz: *Stadtgestalt und Stadtbaukunst in München 1860 bis 1910.* München 1983

Siegfried, Walter: *dem Bilderbuch eines Lebens.* Zürich/Leipzig 1929

Siegl, Marc: »Die Cramer-Klett's, eine Industriellen-Familie und ihre Bedeutung für das Priental«. In: *Chronik Aschau i. Chiemgau 111.* 1998, S. 67 ff.

Sitte, Camillo: *Der Städtebau nach seinen künstlerischen Grundsätzen.* 1899

Situations- und Rechenschaftsbericht der Vereinigung der Gastwirte Münchens und Umgebung. München 1906

Staubwasser, Johann Nepomuk: *Beschreibung der in den Jahren 1874 mit 1899 beim Königlich Bayerischen Hofbräuhause München zur Ausführung gelangten Neu- und Umbauten, Betriebsverbesserungen und sonstigen wesentlichen Vorkommnisse.* Handschriftliches Manuskript. 1900 (Verwaltung Hofbräuhaus)

Steffen, Hugo: »Gabriel von Seidl (Nekrolog)«. In: *Wochenschrift für den öffentlichen Baudienst.* 19. Jg./1913, S. 483 ff.

Steiner, Peter: *Pfarr- und Wallfahrtskirche Maria Thal-kirchen.* München/Zürich 1990

Streiter, Richard: »Aus München«. In: *Pan.* 1896, S. 248 ff.

Streiter, Richard: *Münchener bürgerliche Baukunst der Gegenwart.* München 1901

Striedinger, Ivo: *Das Künstlerhaus in München.* München 1900

Strom, Martin: »Elektrizität, Telephon, Großmarkt-halle - innovativer Wandel einer Großstadt«. In: Prinz, Friedrich/Krauss, Marita (Hg.): *München - Musenstadt mit Hinterhöfen. Die Prinzregentenzeit 1886-1912.* München 1988, S. 183 ff.

Stübben, Hermann Joseph: *Der Bau der Städte in Ge-schichte und Gegenwart,* Festrede zum Schinkelfest des Architekten-Vereins Berlin 13. März 1895. Berlin 1895

Sturm, Joseph: *Die St. Anna-Pfarrkirche in München mit einer kurzen Geschichte der Pfarrei und des Kirchenbaues.* München 1915

Süddeutsche Bauhütte. 10 Jg./1909

Süddeutsche Zeitung. Nr. 186 vom 14/15.8.2001

Thiersch, Friedrich von: »Nachruf auf Gabriel von Seidl«. In: *Der Baumeister.* 9/1913, S. B 201 ff.

Thoma, Ludwig: »Erinnerungen«. In: *Gesammelte Werke in sechs Bänden,* Band 1. München 1968

Trefz, Fritz: *Das Wirtsgewerbe in München. Eine wirt-schaftliche und soziale Studie.* Stuttgart 1899

Treschtik, Ludwig: »Das Malerische in der Archi-tektur«. In: *Allgemeine Bauzeitung.* 1877, S. 81 ff.

Türkheim, L. von: »Die Entwicklung des Tölzer Stadtbildes im Wandel der Jahrhunderte«. In: *Bayerischer Heimatschutz.* 19. Jg./1921

Turner, Nikolaus: »Die Familien Kester, Haeusler und Ashton«. In: Kester-Haeusler-Stiftung (Hg.): *Zehn Jahre Kester-Haeusler-Stiftung, 1988-1999.* Fürstenfeldbruck 1998

Verein zur Erhaltung der landschaftlichen Schön-heiten der Umgebung Münchens, besonders des Isartales e. V.: *Jahrbücher 1* (1903), *2/3* (1904/5), *4* (1906), *5* (1907), *7* (1909), *9* (1911), *10* (1912), *11* (1913)

Verein zur Erhaltung der landschaftlichen Schön-heiten der Umgebung Münchens, besonders des Isartales e. V.: *Satzung - München, 1902, Denk-schrift zum Walchenseeprojekt.* Beilage zum 7. Jahresbericht, 1909

Vielsmeier, Bernd: »Das neue Schloß Büdesheim. Be-sitzer - Baumeister - Besucher«. In: *Butensheim - Büdesheim 817-1992.* S. 255 ff.

Vitzthum, Werner: »Das Rathaus zu Schroben-hausen«. In: Bickel, Benno/Distl, Dieter (Hg.): *Schrobenhausener Lese- und Bilderbuch.*

Voit, August: »Über den gegenwärtigen Standpunkt der Architektur, sowie über die Mittel und Wege zum Fortschritt dieser Kunst in Deutschland«. In: *Zeitschrift des Vereins zur Ausbildung der Gewerke in München.* Heft 1/1851

Volk, Peter: »Der plastische Schmuck der Haupt-fassade des Bayerischen Nationalmuseums«. In: Bauer, Ingolf (Hg.): *Das Bayerische National-museum. Der Neubau an der Prinzregentenstraße 1892-1900.* München 2000, S. 129 ff.

Walter, Uli: *Bierpaläste. Zur Geschichte eines Bautyps.* München 1992

Walter, Uli: »Bierpaläste«. In: *Wirtshäuser in Mün-chen um 1900.* München 1997 a, S. 22 ff.

Walter, Uli: »Bier, Bier, überall Bier …«. Münchner Bierkultur in Europa. In: *Wirtshäuser in München um 1900.* München 1997 b, S. 72 ff.

Weckbecker, Ludwig von: »Professor Dr. Gabriel von Seidl (Nekrolog)«. In: *Neudeutsche Bauzeitung.* 9. Jg./1913, S. 372 ff.

Weinmayer, Konrad: »Nachruf auf Gabriel von Seidl«. In: *Kunst und Handwerk 9.* 1913

»Wettbewerb zur Erlangung von Bauplänen für die Bebauung des Ruffini-Areals in München«. In: *SBZ.* 13. Jg./1903, S. 369 ff.

»Wettbewerb zur Erlangung von Entwürfen für das Deutsche Museum«. In: *SBZ.* 16. Jg./1906, S. 361 ff., 387 ff.

Wilhelm, Hermann: *Materialien zur Haidhauser Geschichte,* Band 1: *Gasteig und Rosenheimer Berg.* München 1986

»Wohn- und Geschäftshaus von Hofantiquar Julius Böhler, München, Briennerstrasse«. In: *SBZ.* 22. Jg./1912, S. 41 f.

Wolf, Georg Jacob/Wolter, Franz (Hg.): *Münchner Künstlerfeste, Münchner Künstlerchroniken.* Mün-chen 1925

Wölfflin, Heinrich: »Über den Begriff des Malerischen«. In: *Kunstwart 26.* 1913, S. 108f.

Zeitschrift für Christliche Kunst. 9. Jg./1913

Zell, Franz: »Aus Tölz«. In: SBZ. 15. Jg./1905, S. 278ff.

Zell, Franz: »Landhaus ›Oberhof‹ in Tölz«. In: *SBZ.* 13. Jg./1903, S. 161ff.

Zell, Franz: »Landhaus des Herrn Professor Gabriel von Seidl in Tölz«. In: *SBZ.* 12. Jg./1902, S. 109f.

Zendralli, A. M.: *I De Bassus die Poschiavo.* Bellinzola 1938

Zentner, Wilhelm (Hg.): *Gastfreundliches München. Das Antlitz einer Stadt im Spiegel ihrer Gäste.* München 1962

Zimmermann, Florian: »Bier-Architektur. Wirtsbude - Bierburg - Brauereifestzelt«. In: Dering, Florian (Hg.): *Das Oktoberfest. 175 Jahre bayerischer Nationalrausch.* Katalog der Ausstellung im Münchner Stadtmuseum. München 1985, S. 272ff.

Danksagung

Unser Dank gilt Franz Gabriel Roeckl, dem Urgroßneffen Gabriel von Seidls, ohne ihn wäre dieses Buch
nicht zustande gekommen. Er hat erhebliche Kosten
übernommen, Kontakte hergestellt und nicht zuletzt
mit seiner Begeisterungsfähigkeit und seinem Engagement viel Unterstützung geleistet.

Des Weiteren danken wir der Spaten-Brauerei
und der Kester-Haeusler-Stiftung in Fürstenfeldbruck für das freundliche Sponsoring.

Gedankt werden soll dem Stadtarchiv Bad Tölz
und natürlich auch allen, die mit Hinweisen, Zeitungs-
artikeln, alten Postkarten, Plänen, Fotos und Gesprä-
chen den Autoren in ihrer Recherche weitergeholfen
haben.

Bildnachweis

Der Verlag hat sich bemüht, alle Rechte und Rechts-
nachfolger ausfindig zu machen. Wer berechtigte
Ansprüche hat, aber nicht kontaktiert wurde,
möge sich bitte beim Verlag melden.

Adressbuch des Kunstgewerbevereins, 1883: S. 37
Akademischer Architektenverein München, Fest-
  gabe zur Feier des 25jährigen Bestehens der
  Königlich Technischen Hochschule zu München,
  s. l. s. d. [1907]: S. 160
Allotria: Ein halbes Jahrhundert Münchner Kultur-
  geschichte, 1959: S. 33
Allotria Kneipzeitung, 1898: S. 19
Archiv Isartalverein: S. 179 m., u.
Archiv Landesamt für Wasserwirtschaft: S. 189 o., m.
Archiv Reinhard Falter: S. 175, 179 o., 181, 183 (2),
  189 u., 190
Bayerischer Heimatschutz 1914: S. 53
Bayerischer Landesverein für Heimatpflege: Mün-
  chen: S. 65, 74, 81
Bayerisches Landesamt für Denkmalpflege, Mün-
  chen: Umschlagfoto (Künstlerhaus), S. 59 u.
  (Joachim Sowieja), 70 (Joachim Sowieja), 129,
  132, 134, 137, 138 u., 141, 145, 147
Bayerisches Wirtschaftsarchiv: S. 10 r., 15 o., 16, 25
Bildarchiv Foto Marburg: S. 124, 138 o.
Carl Schäfer: Von deutscher Kunst, Berlin 1910:
  S. 172
Carlo Epp, München: S. 161, 162, 163, 166, 167 u.,
  170 (2)
Der Baumeister, 6/1909: S. 169
Deutsche Bauzeitung, 1894: S. 140 (2)
Deutsche Bauzeitung, 1906: S. 149
Deutsche Bauzeitung, 1913: S. 174
Die christliche Kunst 9, 1912/13: S. 164 (2), 171
Eduard Engels: »Gabriel von Seidl«, in: Velhagen &
  Klasings Monatshefte, VII, 8, 1903, S. 35 o.
Festschrift zum 50jährigen Bestehen des Neubaus des
  Pfälzischen Museums: S. 157
Festzeitung zum VII. Deutschen Bundesschießen
  1881: S. 9, 22 (3 o.)

Firmenarchiv der Voith AG, Heidenheim an der
    Brenz: S. 167 o.
Foto Krammer: S. 44
Gemeindearchiv Seeheim-Jugenheim: S. 153 u.
Hessisches Staatsarchiv, Darmstadt: S. 159
Hirth: Das deutsche Zimmer der Renaissance:
    S. 30 (4), 31, 32 (2), 34, 35 u.
Hirth's Formenschatz 1901, Nr. 48: S. 43
Hugo Licht: Architectur Deutschlands, Berlin
    1879-82: S. 153 o., S. 154 u.
IHK-Wirtschaftsarchiv für München und Ober-
    bayern: S. 104
Kester-Haeusler-Stiftung, Fürstenfeldbruck, S. 60
Kunst und Handwerk 63, 1912/13: S. 47 u.
Kunst und Handwerk 64, 1912/13: S. 48
München und seine Bauten, München 1912: S. 94,
    95, 103
Münchner Bürgerliche Baukunst der Gegenwart:
    S. 90
Neudeutsche Bauzeitung, 1909: S. 108, 109
Otto Bürger, Oberschleißheim: S. 57
Privatbesitz Autoren: S. 54, 64, 66, 72 u., 79, 88, 89 u.
Richard May, Kreuth: S. 69 (2)
Rudolf von Seitz: Eine Erinnerung für seine Freunde:
    S. 20 (2)
Schwarz: Die Bäckerinnung: S. 21
Spaten-Archiv: S. 99, 101
Staatsarchiv München: S. 55, 56, 59 o., 71 (2)
Stadtarchiv Bad Tölz: S. 63, S. 67, S. 72 o., 75,
    76 (2), 77, 78
Stadtarchiv Darmstadt: S. 155
Stadtarchiv München: Umschlagfoto (G. v. Seidl),
    23, 13 (2), 122, 123, 127 (2), 131, 133, 85, 86,
    105, 107
Stadtarchiv Schrobenhausen: S. 173
Stadtarchiv Worms: S. 154 o.
Stadtmuseum München: S. 10 l., 89 o.
Straßburg und seine Bauten: S. 102
Streiter, Richard: Münchner bürgerliche Baukunst
    der Gegenwart, München 1901: S. 41, 42 o.r., u.l.,
    S. 47 o.

Süddeutsche Bauzeitung: 1900, S. 121
Trautmann, Karl: Kulturbilder aus Alt-München,
    Bd. v, München 1919-1930: S. 29
Wolf Jakob: Münchner Künstlerfeste, Münchner
    Künstlerchroniken, 1925: S. 11 (2), 15 u., 27
Zeitschrift für Baukunde, 1883: S. 97
Zeitschrift des Bayerischen Kunstgewerbevereins
    1878: S. 45
Zeitschrift des Bayerischen Kunstgewerbevereins
    1879: S. 40 o.l., o.r., u.r.
Zeitschrift des Bayerischen Kunstgewerbevereins
    1880: S. 46 o.l., o.r.
Zeitschrift des Bayerischen Kunstgewerbevereins
    1882: S. 42 o.l., 46 u.l., u.r., 93
Zeitschrift des Bayerischen Kunstgewerbevereins
    1884: S. 40 u.l., 42 u.r., 156
Zeitschrift des Bayerischen Kunstgewerbevereins,
    1885: S. 100

Die Autorinnen und Autoren

Nach einer Ausbildung zur Luftverkehrskauffrau entschloss sich **Irmgard Bommersbach** im Jahr 1988 zum Studium der Kunstgeschichte, Kirchengeschichte und Kommunikationswissenschaft. Seit dem Abschluss des Studiums an der Ludwig-Maximilian-Universität im Januar 1994 ist sie freiberuflich als Kunsthistorikerin tätig. Zur Zeit arbeitet sie an einer Dissertation mit dem Thema »Die Bauberatung des Bayerischen Vereins für Heimatschutz 1902-1945«.

Dr. Sigrid Epp war als Modegrafikerin im Entwurf und Produktmanagement einer Textilfirma beschäftigt. Nach dem Studium der Kunstgeschichte promovierte sie an der Ludwig-Maximilian-Universität München. In Rom arbeitete sie über viele Jahre hinweg an mehreren Forschungsprojekten, vor allem über die barocke Malerei. Heute lebt sie als freie Wissenschaftlerin und Autorin in München.

Der Historiker, Philosoph und Naturschützer **Reinhard Falter** hat bereits diverse Veröffentlichungen zur Geschichte und Gegenwart des Mensch-Natur-Verhältnisses, zur Landschaftsästhetik und bayerischen Geschichte vorgelegt. Er ist der Begründer der Initiative »Mühltal« zur Isar-Renaturierung südlich von München.

Die Biologin **Gerti Fluhr-Meyer** war bis zur Geburt ihrer ersten Tochter in der Wasserwirtschaft tätig. Seit 1993 arbeitet sie freiberuflich für die Bayerische Akademie für Naturschutz und Landespflege an einem längerfristigen Projekt zur Geschichte des Naturschutzes in Bayern. Schwerpunktmäßig befasste sie sich bisher mit den Anfängen des Naturschutzes in Bayern in den ersten vier Jahrzehnten des vorigen Jahrhunderts. Seit Februar 2000 ist Gerti Fluhr-Meyer wissenschaftliche

Mitarbeiterin einer Abgeordneten im Ausschuss für Landesentwicklung und Umweltfragen im Bayerischen Landtag. Sie ist verheiratet, hat zwei Töchter und lebt in München.

Dr. Gabriele Schickel ist promovierte Kunsthistorikerin. Früher Architekturmuseum der Technischen Universität München, Eidgenössische Technische Hochschule Zürich, Lehrstuhl für Städtebau und Bayerisches Nationalmuseum. Heute arbeitet sie selbstständig als wissenschaftliche Autorin und hat bereits zahlreiche Aufsätze zur Architektur des 19. und 20. Jahrhunderts veröffentlicht.

Die Kunsthistorikerin und Autorin **Veronika Hofer** arbeitet hauptsächlich für Hörfunk und Fernsehen. Ihr Interesse gilt vor allem Menschen, die ihre Umgebung auf kultureller, wirtschaftlicher und sozialer Ebene nachhaltig positiv verändern.

Dr. Uli Walter studierte Kunstgeschichte, Klassische Archäologie und Volkskunde in München und Paris mit dem Schwerpunkt der Architektur- und Gesellschaftsgeschichte des 19. und 20. Jahrhunderts. Bisher arbeitete er zu Themen wie Stadtumbau, Fabrikarchitektur, Schlachthäuser, Bierpaläste, Sozialer Wohnungsbau, Arbeitersiedlungen sowie Nachkriegsarchitektur in München. Er legte monografische Arbeiten zu Robert Vorhoelzer oder der Gemeinnützigen Wohnungs- und Siedlungsgesellschaft München (GWG) vor und beteiligte sich an mehreren Ausstellungs- und Forschungsprojekten zur Kultur- und Sozialgeschichte Münchens. Seit 1994 ist er als Gebietsreferent am Bayerischen Landesamt für Denkmalpflege im Bereich der Praktischen Bau- und Kunstdenkmalpflege tätig.

Glossar

Altan: im Gegensatz zum frei vorkragenden Balkon ein bis zum Erdboden unterbauter, mit einer Brüstung versehener Austritt an oberen Stockwerken

Apsis (Pl. Apsiden): halbkreisförmiger Raum, der mit einer Halbkuppel überwölbt ist und einen Hauptraum ergänzt

Arabesken: islamische Dekoration aus rein geometrischen Formen und stark entnaturalisierten Pflanzenranken

Baluster: kleine Säule als Geländerstütze

Balustrade: ein aus Balustern gebildetes, durchbrochenes Geländer an Treppen, Brücken oder als Dachabschluss

Basilika: Das Mittelschiff ist höher als die Seitenschiffe und hat in den Hochwänden Fenster, die über dem Dachansatz der Seitenschiffe liegen.

Biedermeierzeit: Eine Zeit (1815-1848), die später als Wunschbild bürgerlichen Daseins galt. Die bei aller Behaglichkeit bescheidene bürgerliche Lebenshaltung drückte sich besonders in der Wohnkultur aus.

Biforium (Pl. Biforen): Doppelarkade oder Doppelbogen

Blendbogen: Bogen, der keine Maueröffnung überbrückt, sondern der geschlossenen Wand nur vorgeblendet ist

Comptoir: Büroräume vor einem Lagerhaus

Dachreiter: schlankes, meist hölzernes Türmchen, das auf dem Dachfirst zu reiten scheint

Epitaph: Grabdenkmal

Fayence: Erzeugnis aus gebranntem Ton, das mit einer meist weißen und mit Farben bemalten Glasur aus Zinn oder Blei überschmolzen ist

Feston: Dekoration in Form eines bogenförmig durchhängenden Gewindes aus Laub, Blumen und Früchten

Fiale: typische Architekturform der Gotik, eine schlanke, spitze Pyramide, oft als Bekrönung von Strebepfeilern

Gaube: stehendes Dachfenster

Gebälk: Gesamtheit der Balken einer Decken- oder Dachkonstruktion

gepicht: geteert, gepecht

Gesims: ein meist horizontales Bauelement, das eine Außenwand in einzelne Abschnitte gliedert

Heraldik: Wappenkunde

Hohlkehle: konkaves Zierprofil, hauptsächlich bei Gesimsen

Intarsien: Einlegearbeit aus verschiedenfarbigen Holzfurnieren, die zu ornamentalen oder figürlichen Mustern zusammengesetzt werden

Joch: Gewölbefeld eines Bauwerkes, das in der Richtung der Längsachse gezählt wird

Kapitell: ausladendes Kopfstück einer Stütze

Kartusche: Zierrahmen für Wappen und Inschriften

Kassette: vertieftes Feld in einer Decke

Kniestock: Aufbau auf dem obersten Stockwerk zwecks Nutzung der Dachräume, zum Beispiel unter einem flachen Satteldach

Kolossalordnung: Säulen oder Pilaster, die samt ihrem Sockel mehrere Geschosse einer Fassade zusammenfassen

Konsole: vorspringendes Tragelement

Kreuzgewölbe: Gewölbe, das durch Verschneiden zweier gleich hoher Tonnengewölbe entsteht

Leite: Berghang

Lisene: senkrechter, pilasterähnlicher Mauerstreifen, doch ohne Basis und Kapitell

Loggia: offene Laube; Säulenhalle eines Bauwerks

Louis-seize: Klassizistische Stilrichtung der französischen Kunst seit den 1760er Jahren bis zur Revolution von 1789 (auch Zopfstil genannt)

Lunetten: Bogenfeld über Türen und Fenstern, das oft dekoriert ist

Majolika: Töpferware mit Zinnglasur (siehe Fayence)

Mansarddach: Einfach gebrochenes Walmdach, ermöglicht schräge Dachräume (Mansarden)

Mezzanin: Halb- oder Zwischengeschoss

Numismatik: Münzkunde

Palladio-Motiv: Verbindung eines mittleren, breiteren Bogens mit zwei schmäleren Seitenöffnungen, die von einem Gebälk abgeschlossen sind

Patina: die grünliche Schutzschicht auf Kupfer oder Kupferlegierungen; Edelrost

Piano nobile: Hauptgeschoss eines größeren Gebäudes

Pilaster: Wandpfeiler

Pitsche: Krug

Postament: Piedestal, Unterbau; in der Baukunst meist Sockel von Stützgliedern oder Statuen.

Prinzregentenzeit: Regierungszeit des Prinzregenten Luitpold (1886-1912)

Pultdach: Halbdach, halbes Satteldach, das manchmal an eine höhere Mauer anschließt

Rabitzverputz: über einem Gitter aufgebrachter Putz

Risalit: vor die Flucht des Hauptkörpers vorspringender Bauteil, der auch höher sein kann und oft ein eigenes Dach hat

Rustika: Mauerwerk aus Bruch- oder Buckelsteinen

Sala terrena: (offener) Gartensaal eines Schlosses

Salettl: laubenähnlicher Sommeranbau

Satteldach: zwei gegeneinander ansteigende Dachflächen

Schopfwalm: Der Giebel wird im oberen Teil durch Dachflächen ersetzt.

Schutenhut: Biedermeierhut für Frauen

Sgraffito: Kratzputz, Putz aus mehreren farbig getönten Schichten

Spolien: ein wieder verwendeter Bauteil, der einem abgerissenen Gebäude entnommen ist

Stuck: plastische Dekorationen

Traufe: untere waagrechte Begrenzung eines Daches

Traufständig: Gebäude, das mit der Traufseite zur Straße steht

Traverse: Querträger

Tympanon: Giebelfeld eines antiken Tempels

Vestibül: Vorhalle eines Hauses, meist mit Garderobe

Volute: Spiral- oder Schneckenform

Walmdach: Wenn bei einem Satteldach beide Giebel durch je eine weitere Dachfläche ersetzt werden, entsteht das Walmdach.

Zwerchdach: ein Dach mit quer zum Hauptdach verlaufendem First

Zwerchgiebel: Blendgiebel, ein Giebel vor einem Zwerchdach

Zeltdach: Dachflächen, die nach oben gleichmäßig spitz zu laufen und in einem Firstpunkt enden

Zopfstil: deutsche Bezeichnung für den »Louis-seize«-Stil

REGISTER